博士

全球化背景下外商直接投资与中国产业结构优化研究

(第二版)

Quanqiuhua Beijing Xia Waishang Zhijie Touzi
yu Zhongguo Chanye Jiegou Youhua Yanjiu

吴 凡 著

西南财经大学出版社
SOUTHWESTERN UNIVERSITY OF FINANCE & ECONOMICS PRESS

文庫

图书在版编目(CIP)数据

全球化背景下外商直接投资与中国产业结构优化研究/吴凡
著.—2版.—成都:西南财经大学出版社,2015.3(2024.1重印)
ISBN 978-7-5504-1745-8

I.①全… Ⅱ.①吴… Ⅲ.①外商直接投资—研究—中国②产业结
构优化—研究—中国 Ⅳ.①F832.6②F121.3

中国版本图书馆 CIP 数据核字(2014)第 300931 号

全球化背景下外商直接投资与中国产业结构优化研究(第二版)

吴 凡 著

责任编辑:邓克虎
封面设计:大 涛 张姗姗
责任印制:封俊川

出版发行	西南财经大学出版社(四川省成都市光华村街55号)
网 址	http://www.bookcj.com
电子邮件	bookcj@foxmail.com
邮政编码	610074
电 话	028-87353785 87352368
照 排	四川胜翔数码印务设计有限公司
印 刷	北京业和印务有限公司
成品尺寸	148mm×210mm
印 张	11.25
字 数	290 千字
版 次	2015 年 3 月第 2 版
印 次	2024 年 1 月第 2 次印刷
印 数	1—3000 册
书 号	ISBN 978-7-5504-1745-8
定 价	67.50 元

序

　　当今中国正以前所未有的广度和深度融入世界经济和国际社会。我们经历了近代几百年屈辱贫弱的历史后，终于选择了走出国门、吸纳世界的具有中国特色的社会主义发展道路。三十年的改革开放历程证明，这条道路注定会是中国走向民族复兴的必由之路，尽管在今后还会遇到诸多困难和艰难险阻！

　　凡事都会有两面性甚至是多面性。在中国走出国门、吸纳世界的经济发展过程中，我们各行各业的总量规模正在不断扩大，我们的比较优势得到了彰显，我们的经济结构、产业结构也正在发生剧烈的变动。与此同时，由于国际社会面对中国突如其来的发展与崛起，在方方面面出现不适甚至难以接受，再加上我们自身在体制上结构上调整的滞后，给我们带来了许多"成长中的烦恼"。我们如何更顺畅地走出国门，如何更有效地吸纳世界，吸纳更有利于成长进步的生产要素和管理体制；哪些困难和问题是我们必然面对的，哪些矛盾又是我们可以努力避免的；我们如何通过自身的主动调整——战略的、结构的、体制的调整，去迎接国际化、市场化的洗礼，去适应具有普适价值的游戏规则，去参与游戏规则的制订。这些发展实践中的课题亟待各个领域的学者和研究者去调查研究、去总结分析，以便我们能趋利避害，少走弯路，更好地融入世界，实现中华民族的伟大复兴。

　　本书作者正是投身于对中国发展问题进行深层次研究分析、致力于促进中国更好地融入世界的建言献策的千千万万经济学者中的一员。作为一名从事经济管理学科教育与科研的青年教师，在攻读经济学博士学位期间，通过多方面的学习、调查、研究，收集整理了大量的中国经济发展问题和世界各国发展经验的相关文献，以一个经济问题研究者的自觉，将自己的研究兴趣聚焦于中国经济发展与国际化关系领域。

　　进入 21 世纪，中国经过二十多年的改革开放和发展，各方面的影响力已越来越引起世人关注，研究世界离不开研究中国，研究世界经济发展更离不开分析中国经济的演进。同样，研究中国问题，也必须分析世界经济对中国带来的深刻影响。甚至我认为，今天我们无论研究中国经济任何领域的问题，都要加强以国际化思维来进行分析和思考，否则，我们做出的研究结论和观点、对策和建议都会是片面的、不完整的。因此，我在与作者探讨确定其博士学位论文选题时，非常明确地支持他选择中国经济发展与国际化关系领域的题目。作为应用经济学科的产业经济学专业的博士研究生，如何将国际经济因素引入到对中国产业经济问题的研究之中呢？作为博士论文的研究，我们须要既能反映实践（有的只是现象的），更能体现或训练博士生追根溯源、层层剖析见其根本的系统研究视角和方法。资本是各种生产要素中最活跃、最能影响经济活动发生变化的源头。显然，研究资本、研究资本的运动规律、研究资本的投向及其结构变化，更能从本源上透析各种层面上经济现象、经济问题产生的来龙去脉，也才能提出切中要害的应对措施。所以，在与作者深入磋商后，确定了外商直接投资（FDI）对中国产业结构的影响这一研究题目。

自改革开放以来，FDI 极大地助推了中国经济的快速发展，也改变了我们的经济结构甚至我们许多人的经济社会生活。随着世界经济一体化的不断深入发展，随着中国经济规模的增长和经济质量的提高，FDI 将对我国的经济社会带来更为深刻的影响。其正面的影响是显而易见的，在改革开放的初期，外资的大量进入大大缓解了经济发展的资金缺口和外汇缺口，带动了技术、管理水平的提高，以及其他稀缺资源的流入，进而促进了我国产业结构向合理化方向的调整。随着我国经济持续发展和鼓励 FDI 政策的普遍推行，FDI 对中国经济和产业的演进已经产生了深刻的制度效应。比如：推进了产业资本的快速增长；产业技术与产业整体的转移；各个行业逐渐全方位参与国际范围的市场竞争，使中国的经济比较优势得以充分展现，同时也极大地促进了就业、经济效益的提高、国际收支的平衡等。与此同时，FDI 的大量进入，尤其是我国各级各地政府为了加快地方经济发展竞相出台 FDI 优惠政策，使得在进入 21 世纪后 FDI 对我国经济、产业发展带来的负面影响也日益明显。诸如外商对先进技术转移的限制导致"市场换技术"战略的落空，过度引资竞争带来的产业同构化，损害国家公共利益的环境资源破坏，工人劳动环境恶化、福利水平低下，外资企业在技术、市场上的垄断对国内企业的挤压，以及不合理的 FDI 优惠政策致使内外资企业竞争条件的不平等，等等。

上述情况表明，我们必须全面正确分析 FDI 的作用，认真梳理引入 FDI 的政策和制度，理清其中的错位和障碍，找准产生或放大其负面影响的症结之所在。在此基础上，呼吁政策决策层调整完善现行政策，健全改进现有制度设计，以实现引入

序

FDI 趋其利、避其害的目的。为此，作者在本书的研究分析中，努力运用国际投资学、产业经济学、发展经济学、制度经济学等多领域的理论方法，通过将实证分析与规范分析相结合、定性分析与定量分析相结合，以图达到上述目标，并由此形成了本书的特点。

首先，作者将一国的经济发展和产业结构演变优化过程置于当今经济全球化的背景来考虑。过去我们在研究中国经济问题，尤其是产业结构演进问题时，更多的是着眼于国内社会经济要素的影响和制约作用，更多地强调地域区位特点和国内市场状况的影响。而本书作者一开始就将中国的产业结构优化问题放在了国际大背景下来阐释，直接将国际经济活动中最活跃的 FDI 因素对一国产业结构带来的重大影响确定为全书研究的主线，并围绕这一主线梳理界定了与此相联系的概念、机理以及优化标准的评价体系，总结归纳了该领域过去发展的相关特征，展望了今后演变的可能趋势，以此确定了本书研究的理论基础。

其次，作者重点运用实证分析和定量分析的方法，用具有说服力的材料，全景式地分析描述了 FDI 对东道国产业发展带来的一般性、普遍性的影响，分析论证了 FDI 通过资本、技术、产业关联等渠道，以促进产业资本形成、促进就业、技术溢出、产业转移等效应，直接或间接对东道国产业结构优化调整带来积极影响。同时，还深入地分析了 FDI 得以产生上述影响的各种制约条件，如东道国承接产业转移的综合能力、当地的市场结构与市场竞争状况、当地政府对外经济政策的选择等。对这些普适性规律的总结分析，更有助于我们对中国特色的 FDI 问题的深入探讨。

再次，作者在追溯了 FDI 的一般运行机理后，把焦点放在了对中国问题的分析研究上。从作者运用翔实数据所做的多角度专业性归纳看，可以进一步证明：FDI 在中国经济发展这个大舞台上演的大戏是与中国实施改革开放政策、坚定不移搞经济建设这一战略密不可分的。FDI 在中国持续有效发挥推进中国社会经济变革的作用（应该说 FDI 在中国发挥了比在其他发展中国家大得多的积极作用），令中外人士始料不及。改革与开放这两个车轮的齐头并进是不可缺少的制度条件，开放和引进外资，促进了我们经济体制改革，经济体制的不断深化改革又进一步促进了开放和外资的引进……

从对港澳台资的开放到对世界各国外资的开放，从对轻工业引资开放到对重工业引资开放，从制造业开放到服务业开放，从经济特区开放到对几乎所有行政区域的开放……外资一波一波进入中国，给长期封闭的中国带来了技术、管理、竞争、新的观念和意识，促使我们的社会经济结构更加健康合理，推进我们的各种制度更加完善有效，而后者给国民带来的好处应该说是难以用经济增长的量来评估的。

当然，外资进入中国天生就不是为了给中国国民增加福利，而是为了自身的最大增值，为了追逐更大的收益。由于外资进入中国的速度之快、规模之大，让刚刚学习与世界打交道的管理者们和原有体制难以有效应对，趋利政策不周，避害手段不多，更何况在不少情况下趋利与避害的目标和政策难以两容。所以作者在本书中对 FDI 在中国出现的负面影响作了深入的多角度分析：外商投资方向与我国引资优化产业结构目标错位；外商出于垄断技术获取超额利润的目标限制其技术的转移甚至溢出；由于与外资产业辅助配套产业的发展滞后导致产业结构转换缺口（出现短板）；更有各地方竞相引进外资，过度提供外资优惠政策，导致引进项目低水平重复、破坏环境资源、损害劳工和国民福利；等等。

产生这些问题，究其原因，既有快速发展转型过程中的必

序

然，也有市场竞争游戏规则导致的结果，更有我们发展社会主义市场经济与现实制度设计不协调的产物。对此，作者运用博弈论的分析方法，比较透彻地分析了这种制度设计层面的矛盾对 FDI 负面影响的放大作用。到目前为止，我们实行的是中央政府集权条件下的地方政府分权管理的社会主义市场经济体制。这种体制有利于调动中央和地方两个方面的积极性，尤其是对于调动各级地方政府发展经济的积极性和主动性具有巨大的激励作用，对推动中国经济社会高速发展功不可没。但同时，这种制度安排也使各级地方政府之间形成了经济竞争关系：他们为了在短期内（或任期内）争取到更多的经济发展资源，除了向中央要政策、要项目之外，还将很大的精力用到了向外商争取项目、争取投资上；他们在其地方权限内的政策制定或在执行中央相关政策的具体过程中，均想方设法给予外商种种优惠，以图得到 FDI 的青睐。这种以尽量多的外资优惠政策为主要特征的政府间（中央政府与地方政府之间、地方政府与地方政府之间）的经济竞争，最终演变为"竞次"战略——谁的门槛低，谁就能招徕更多的 FDI！产业结构的扭曲、环境资源的破坏、国民福利的流失便在所难免了。

当然，我们也不能苛求 FDI，毕竟 FDI 的本能是逐利的。正确的思路仍然是尽可能趋利避害，至少我们不应该去放大弊害。总结过去，对于 FDI，我们必须以更加完善有效的经济政策、产业政策、招商引资政策去规范各级政府的经济行为，更重要的是我们亟待改善制度、转换观念，让我们的政府官员们主动地、有规可循、有规必循地执行科学发展观，进而我们还必须让政府更多地关心公共管理事务，减少乃至逐步退出微观经济管理。要将这些工作做好，根本是要转换政府职能，真正实现政资分开、政企分开，改变现行的以 GDP 论英雄的干部考核晋升标准，等等。总之，经过多年的改革开放，我们已经取得了巨大的发展，一方面解决了大量的传统体制产生的问题，另一方面又在新的条件下出现了许多新的问题（也有不少是传统体制遗留下来仍未解决的问题）。我们应将过去的成绩归零，而将现实的问题置于新的发展起点，通过我们的艰苦努力，运用我们的政治智慧，边实践边探索，调整政策，完善制度，迈上新的发展平台。

值得一提的是，本书作者正是沿着上述思路，就 FDI 进入中国后的利弊得失，FDI 对我们政策体制的冲击与促进，面对 FDI 我们自身应对措施的成功与误区，用经济学研究者的专业视角和方法进行了深入的分析、归纳，提出了判断 FDI 得失的标准，针对引入 FDI 产生的问题以及因制度不健全引发的矛盾，提出了利用 FDI 促进产业结构优化政策的战略性转型和创新的政策建议。目前从产业经济学的角度，运用博弈论的方法对 FDI 问题进行深度研究的还比较少见，所以作者所做的这一工作是十分有价值的，是对这类研究的一个推进，其建议也是对我们相关政府管理层和企业界的一个有益提醒，值得理论研究者和实际管理部门的干部一读。

赵振锐

教授、博士生导师

中文摘要

　　改革开放以来，我国经济持续稳定增长，其间外商直接投资发挥了积极的推动作用。改革开放初期，外商直接投资极大地弥补了我国产业发展的资金缺口和外汇缺口，促进了我国轻纺工业的快速发展，在一定程度上扭转了我国长期存在的重工业过重、轻工业过轻的畸形产业结构格局。外资的进入带动了技术、管理、营销、网络等各个方面生产要素的流动，激发了国内企业的竞争意识，给我国经济发展注入了活力。但20世纪90年代中后期以来，随着我国经济从整体性短缺经济向结构性过剩经济的转变，虽然外商直接投资对我国经济发展的推动作用依然强劲，但对我国产业结构的优化效应却开始弱化，其负面效应正逐步显现。尤其是近些年来，我国利用外资产业政策方面出现较大偏差，各地政府中普遍存在着引资博弈困境基础上的引资行为扭曲，盲目追求引资规模，重数量轻质量、重引进轻管理的粗放型外资引进已给我国产业结构的优化调整，乃至于产业安全与可持续发展等带来了严重的负面影响。

21世纪初，经济全球化浪潮的影响日益显现，我国与外部经济的联系更加紧密，外资对我国经济发展的影响力度正逐步增强，我国利用外资促进经济发展、产业结构调整已到了一个关键时期。如何在全球化的浪潮中趋利避害，在发挥外资对我国经济的积极推动作用的同时，尽量减少外资的负面影响，是我们当前所面临的一个重大的现实问题。本书正是针对这个重大的现实问题，从产业结构优化效应的角度来具体研究全球化背景下外商直接投资对我国产业结构的影响问题，选题具有重大的现实意义和理论意义。

本书以经济全球化为研究背景，强调将开放条件下产业结构优化的一般规律与我国特定的国情相结合，以外商直接投资对我国产业结构的优化效应为研究中心，沿着"研究背景——理论基础——理论分析——实证研究——存在问题——原因剖析——政策建议"的逻辑结构来组织全书。

首先，本书从经济全球化背景下产业结构优化内涵的新变化入手，在系统探讨了一国产业结构的演变规律和决定因素的基础上，构建了全球化开放条件下一国产业结构优化指标体系。然后，集中研究全球化背景下影响一国产业结构优化的一个重要国际因素：外商直接投资（FDI）。在探讨了21世纪初外商直接投资的新发展和全球产业结构调整浪潮的新特点的基础上，进一步缩小研究视角，集中研究外商直接投资对发展中东道国产业结构优化的影响问题，从理论层面上深入探讨了外商直接投资对发展中东道国产业结构的优化效应、作用机理及制约因素等。

其次，在理论研究的基础上，本书立足于我国的特定国情，重点研究我国利用外商直接投资促进产业结构优化的现实问题。本部分运用了大量国内外相关统计数据，从实证的角度来阐释全球化背景下外商直接投资对我国产业结构优化调整的影响，这包括外资对我国产业结构的优化效应的具体表现、影响程度以及存在问题等多个方面。之后，着重从制度建设的层面，运用数理模型和博弈分析等理论分析工具，深入剖析造成我国当前利用外资促进产业结构优化效应不佳的现实原因和制度性障碍。

最后，在以上分析的结论上，基于提高利用外资产业政策有效性的考虑，从如何提高全球化背景下我国利用外资促进产业结构优化效应的角度，提出以科学发展观为指导，在利用外资的战略选择、制度建设和相关产业政策等方面进行战略性转变与创新。这些研究对指导我国当前科学利用外资、促进外资产业结构优化效应高效发挥有着重要的现实意义和理论价值。

关键词： 经济全球化、FDI、中国产业结构优化、
产业结构优化效应及机理、制约因素、制度创新

Abstract

Along with the development of Chinese market economy and economic reforms, Chinese economy has grown continuously and quickly. Within all of promoted factors, Foreign Direct Investment (FDI) has played a very important role.

At the initial stages of Chinese reform and open era, FDI had made up greatly the capital scarcity and foreign exchange scarcity of industries' development in China, which promoted Chinese light industries to develop quickly and turned round the abnormal industrial structure in some extent. FDI's enter aroused advance technologies, managerial skills, marketing methods and network and other production factors to enter Chinese market, stirred up the competition consciousness of local business enterprises, and infused new development factors into Chinese market. But, in the middle of 90's Chinese economy had transited to excessive economy from scarcity economy. Since that, although FDI's promotion function on Chinese economic develop-

全
球
化
背
景
下
外
商
直
接
投
资
与
中
国
产
业
结
构
优
化
研
究

ment was still sturdy, FDI's optimal effects to Chinese industrial structure development has started weaken and its negative effects has presented gradually. Especially in the last few years, Chinese FDI policy has exerted bigger deviation, local governments lean to increase the scale of absorbed FDI and neglect the quality of absorbed FDI, which strengthen FDI's negative effects on Chinese industrial structure, industrial security and industrial sustainable development.

With the rapid development of globalization tide at the beginning of 21 century, external factors (such as: FDI) have played more important roles in Chinese economic development, and it is the key period for Chinese industrial structure development by using FDI in globalization tide. How to tend FDI's benefits and avoid its harms is a realistic and important problem that we have to face at present. Focused on this realistic and important problem, this dissertation expounds the mutual relationship of FDI and Chinese industrial structure development from the academic angle of FDI's effects to industrial structure, which is significant to practical field and academic field.

On the background of economic globalization tide, this dissertation emphasizes on combining the general rules of industrial structure development in open situation with Chinese particular situations. It focuses on FDI's effects to Chinese industrial structure development and organizes the full text followed as the logic structure: "research background — theoretical foundation — theoretical analysis — substantial evidence analysis — existed problem analysis — reason analysis — resolve suggestion".

Started with the new changes of industrial structure development in economic globalization tide, this dissertation first systematically expounds the evolution rules and decisive factors of a country's industrial structure, and constructs a total new index system of a country's industrial structure development in open situation. Then it focuses research on FDI, an important external factor that affects a country's industrial structure development.

After expounded the FDI's new development in the early of 21 century and new characters of global industrial structure adjustment, this dissertation further contracts its study view on FDI's effects to industrial structure development of developing host countries. It researches detailedly several important views of FDI's effects to developing countries' industrial structure development, such as: FDI's effects expression, mechanism and restrictive factors, etc.

Based on the above theoretical research and combined with Chinese particular situations, this dissertation focuses on researching how Chinese government uses FDI to promote its industrial structure development. In this part it uses quantitative analysis model and a great deal of domestic and abroad statistics data, to expound deeply how FDI affects Chinese industrial structure development in globalization tide. The research view includes detailed FDI's optimal effects, influence channel and performance, current problems and others. Furthermore, from the angle of institution construction, it takes use of game models to analyze the realistic reasons and institution obstacles why FDI's effects on Chinese industrial structure development have low performance at present.

Finally, in order to improve Chinese FDI policy's validity, this dissertation gives some policy suggestions on how to improve FDI's optimal effects on Chinese industrial structure considering the influence of economic globalization and Chinese particular situations. They mainly include: led by scientific development view, Chinese FDI policy's strategic transformation and innovations on FDI selection, institution construction, related industry development policy, etc. These conclusions could play a significant role on guiding us how to use FDI efficiently and how to promote FDI's optimal effects on current Chinese industrial structure development.

Keyword: Economic globalization, FDI effects,
Chinese industrial structure development,
Restrictive factors, Institution innovation.

全球化背景下外商直接投资与中国产业结构优化研究

目　录

第一章
导　论

第一节　研究背景与选题意义

一、问题的提出：选题的现实与理论背景

经济全球化（Economic Globalization）正在成为 21 世纪世界经济发展的主潮流。经济全球化是生产、贸易、投资、金融在全球范围内的大规模发展和生产要素在国际间流动与配置的规模及范围不断扩大的过程，从而使世界各国经济高度相互依赖、相互影响、相互促进。

由于人们从不同的角度看待和研究全球化问题，因而对经济全球化的概念和含义也有不同的理解。国际货币基金组织（IMF）认为：经济全球化是跨国商品与服务交易及国际资本流动规模和形式的增加，以及技术的广泛迅速传播使世界各国经济的相互依赖性增强。WTO 前总干事鲁杰罗指出：以全球化为基础的无国界经济正在全球范围内形成，以要素自由流动为基础的经济全球化趋势不可逆转。经济合作与发展组织（OECD）前首席经济学家 S. 奥斯特雷（Sy. L. Viaostry，1990）则认为：经济全球化是生产要素在全球范围内的广泛流动和实现资源最佳配置的过程。

虽然目前对经济全球化的含义和概念阐述不尽相同，但概念中共同反映出的本质特征为：一是经济全球化揭示的是世界范围内的商品、服务和生产要素自由流动的广度和密度，并按照其自身的规律和要求合理地配置全球资源；二是经济全球化是一个历史过程，它的产生和发展是由经济发展的内在因素所决定；三是经济全球化将使各国经济在相互交织、相互依赖中逐步建立起以规则为本的运行机制，并在此基础上相互影响、

相互制约，逐步走向真正的融合；四是经济全球化进程中，任何国家面对这一趋势只能接受和适应而无其他更优选择。据此，经济全球化的内涵大致可归纳为三点：一是各国在经济上相互依存、不断加深的历史过程，二是突出表现为商品、资本和技术等要素的国际流动日益加强，三是信息革命以及贸易和金融自由化是推动其不断深化的主要因素。①

而从另一角度来看，经济全球化实质上是以发达国家为主导、以跨国公司为主要动力的世界范围内的产业结构调整和全球市场经济化的发展过程。其核心是生产要素全球性流动与配置、产业结构全球性调整和转移，以及企业价值链和产业链在全球范围内的布局和重组。这场世界性产业结构调整，与以往经济结构性调整相比具有明显的不同特点：

第一，过去产业结构调整主要是在一个国家内部或在周边国家之间进行（即小规模的区域经济一体化），而这次产业结构调整则是在全球范围内进行的，不仅资源配置时空范围大大拓展，而且在世界范围内进行产业结构转移和转换比起在一个国家内部进行结构调整效果更为明显。第二，对外直接投资已日益成为当前（全球化背景下）产业结构全球性调整和国际经济相互联系、相互依赖的基本途径和主要方式。对外直接投资的规模、流向和结构的迅速变化对世界各国的经济增长、国际收支平衡、产业结构调整、产业/企业国际竞争力乃至一国经济的持续稳定发展都产生了重要影响，对外直接投资已成为各国开放经济内外均衡发展的重要组成部分。② 第三，这一次产业结构调整不但表现在一些产业的整体转移，更重要的是同一产业一

---

① 蒋选. 面向新世纪的我国产业结构政策 [M]. 北京：中国财政出版社，2003：99 - 100.

② 程惠芳，潘信路. 入世与国际直接投资发展 [M]. 上海：世界图书出版公司，2000：1 - 2.

部分生产环节的转移。这次世界范围内的产业结构调整大体上采取两种形式：一是发达国家之间，通过跨国公司之间的相互交叉投资、企业兼并，在更大的经济规模基础上配置资源，开拓市场，更新技术，从而实现发达国家间的技术和资金密集产业的升级；二是发达国家把劳动和资源密集型的产业向发展中国家转移，特别是把这些产业包括高技术产业中的劳动密集型生产环节向发展中国家转移。

美国学者西蒙（D. F. Simen，1999）认为，从一定意义上来讲，经济全球化的核心是产业全球化。他认为："最好将'全球化'看作一种微观经济现象，它指的是产业和市场一体化和联合的趋势。"产业和市场一体化联合的趋势，反映的是产业结构在世界范围内的调整和升级，产业组织在世界范围内的竞争和垄断，高新技术产业在世界范围的崛起和各国产业政策的世界性影响。伴随各国产业相互依存、相互渗透程度的日益加深，产业全球化已成为不可逆转的历史趋势，它实现了全球范围内生产、交换、分配和消费等一系列环节的国际经济大循环和国际产业链的形成。在科技和信息革命推动下，全球产业日益成为一种密不可分的全球产业网。在产业全球化浪潮下，"没有谁可以像孤岛那样，与世隔绝而独善其身"，产业全球化推动生产要素以空前的规模和速度在全球范围内自由流动，全球产业联系变量连续变化，从而导致全球经济日益紧密地联系在一起，最终朝着无国界方向转变。①

认识到经济全球化这一实质非常重要，只有从全球产业结构调整的大背景下来考虑本国产业结构调整总体战略，才能防范和减轻经济全球化对本国经济发展可能产生的风险和弊端。无论是依附理论学派的核心与边缘学说，还是自由经济学派的

① 王述英，姜琰. 论产业全球化和我国产业走向全球化的政策选择［J］. 世界经济与政治，2001（10）.

市场资源配置学说，都深刻地揭示了经济全球化对各国产业结构的冲击及其演变的内在规律。前者通过由核心发达国家向边缘发展中国家产业转移理论，阐述了发展中国家产业结构调整不可避免地要受到发达国家的影响；后者从生产要素流动、市场机制形成、资源全球化优化配置理论等表明了跨国公司的重要地位。这意味着发展中国家的产业结构调整必定在很大程度上受到发达国家的影响。①

经济全球化中一国产业结构的变动，除了受到自身国内因素的影响外，还要受到与外部经济相联系的国际贸易、国际金融和国际直接投资等方面的影响。其中，国际直接投资是影响世界各国产业结构变动的重要外部因素。所谓国际直接投资（相对于东道国来说即为：外商直接投资或外国直接投资或海外直接投资，简称为 FDI：Foreign Direct Investment），是指一国或一地区的投资者在本国或本地区以外的国家或地区进行企业投资，参与生产经营并掌握一定经营控制权的投资行为。

在 21 世纪初全球产业结构调整浪潮中，国际直接投资作为实现国际产业转移的主要方式，无论对产业转出国的产业结构调整，还是对产业转入国的产业结构调整，都起到了积极的作用。当然，在这场以发达国家为主导的全球产业结构调整浪潮中，不同经济发展水平的国家所获得的收益和付出的代价是不同的。如何在这场全球性的产业结构大调整中逐利避害、实现自身利益最大化是每个国家（尤其是在国际分工体系中处于不利地位的发展中国家）所面临的重大现实问题。

本书拟从外商直接投资对东道国产业结构影响的角度来具体探讨 FDI 的产业结构优化效应，通过分析 FDI 产业结构优化效应的表现形态、作用机理、制约因素等来研究经济全球化背

———————
① 蒋选. 面向新世纪的我国产业结构政策 [M]. 北京：中国财政出版社，2003：102.

景下如何发挥 FDI 的产业结构优化效应，并尽量使之效用最大化。然后立足于我国的现实国情，具体研究 FDI 对我国产业结构的优化效应，主要包括我国利用 FDI 促进产业结构优化的发展情况、具体效应表现、存在问题等多个方面；之后，再剖析导致当前我国利用 FDI 促进产业结构优化效应不理想的现实原因和制度障碍，并在此基础上提出针对性的政策建议。

二、国内外现有研究的文献综述

1. 以全球为背景的一般性研究成果

现代国际直接投资理论产生于 20 世纪 60 年代初。从研究思路上来讲，已有的研究主要沿着两条路径进行：一条是探寻国际直接投资形成的动因、投资方式的选择、投资产业与区域的选择及其影响因素等；另一条是探讨国际直接投资对国际经济，尤其是东道国经济的影响，这包括影响范围、影响效应、影响机理及影响对策等多个方面。基于本书研究的需要，我们着重考察后者。

早期以新古典主义经济增长理论为基础的研究强调 FDI 对东道国经济的影响主要体现在其对东道国经济的资本积累作用。1966 年，钱纳里（H. Chenery）和斯特劳特（A. Strout）基于结构主义原理提出了著名的"双缺口模型"（Dual Gap Model），指出经济发展在于经济结构或产业结构的演变，认为由于存在结构刚性，东道国经济发展会受到国内资源不足（储蓄缺口和外汇缺口）的制约，因此引进和利用外资有助于弥补以上缺口，进而推动东道国经济增长和结构转换。储蓄缺口和外汇缺口的存在是构成发展中国家经济发展的两个主要制约因素，引进 FDI 的根本目的就在于弥补这两个缺口。

赫尔希曼（A. Hirschman，1980）从弥补"技术缺口"的角度拓展了"双缺口模型"。他认为在经济发展过程中，技术、管理和企业家的匮乏是发展中国家在发展中所面临的另一个严重的"缺口"。从发展中国家的发展实践来看，这些缺口（尤其是技术缺口）仅靠其国内的资源供给是无法弥补的，大多需要从国外引进，并且这种需求的强度和对外的依赖程度还在日益提高。对发展中国家来说，弥补这些技术缺口单靠国内企业往往是不现实的或不经济的，而通过引进的方式不但可以迅速弥补该缺口，而且还避开了技术开发与革新阶段的高成本和高风险，从而促进东道国产业结构的调整与经济的增长。

20 世纪 70 年代以后，丹尼森、索罗、肯德里尼、乔森根等人的研究引发了经济学界关于技术进步和产业结构转换之间的理论研究热潮。以索罗（R. Solow）模型为代表的新古典增长模型认为，从长期来看，FDI 影响产出增长的程度是有限的，长期的增长只能是技术与知识提升的结果；没有技术进步，国内和外国投资递减的边际收益最终将制约一国经济的增长。由于新古典增长模型假定技术进步是外生的，因而认为 FDI 不能通过促进技术进步来影响东道国经济增长，这一点是与现实经济不相符合的。

直到 20 世纪 80 年代中期以来内生增长理论（又称为新经济增长理论）的产生才使得新经济发展理论重新焕发生机。这种新理论将一些诱导增长因素，如干中学（Arrow，1962）、通过教育和培训培养人力资本（Lucas，1988）、R&D 投入（Grossman 和 Helpman，1991）、公共品和基础设施（Barro，1990；Barro 和 Salai Martin，1995；Turnovsky，1997）、国内外的知识溢出（Romer，1986；Krugman，1979；Grossman 和 Helpman，1991）等都视为内生变量，所有这些因素都与知识的产生和流动有关，知识可以自我增长并且它的收益是递增的。该理论认为，技术进步是内生的，它是影响一国经济增长的主要因素，一国技术进步的来源可分为自主创新和从外部引进、模仿及学习。其中 FDI 不仅可以解决东道国的资本短缺问题，而且还可以带来包括先进的管理技术和经验、工作技能和诀窍、完整的国际分销渠道、研发支持、品牌和无形资产等一揽子资源，是国际技术扩散的重要渠道。

哈佛大学教授弗农（Raymond Vernon，1966）以美国企业对外直接投资现象为研究对象，提出了跨国公司直接投资的产品周期理论。该理论以产品生命周期中各阶段生产区位的变化来解释国际产业转移现象。他认为，跨国企业对外投资活动与产品生命周期有关，企业的对外直接投资是企业在产品周期运动中，由于生产因素和竞争条件的变化情况而作出的决策。弗农把产品在国际市场上的生命周期划分为三个阶段：创新与市场引入期、成熟期和标准化期。而海外直接投资的产生则是产品生命周期三阶段更迭的自然结果，跨国企业顺应着产品生命周期的变化，在成熟产业向低成本国家转移的同时分别引起各自所在国的产业结构调整与升级。

著名发展经济学家刘易斯（Lewis，1972）则从人口增长、人口流动与对外投资的角度提出了劳动密集型产业结构论。他以 20 世纪 60 年代为时间背景，分析了发达国家由于人口出生率下降、劳动力不足而将劳动密集型产业向发展中国家进行转移并最终进口该产业产品的现象，从一个新的视角解释了产业在国际间转移和调整的原因。

日本学者赤松要（Kaname Akamatsu，1960）从其本国的对外投资实践中总结出了产业发展的"雁行形态发展模式"（Flying Geese Paradigm）。该模式揭示了后进国家参与国际分工实现产业结构高度化的一种途径，赤松要对日本棉纺工业从进口发展到国内生产，再发展到出口进行了历史的考察。他认为后进国家的产业发展应遵循"进口—国内生产—出口"的模式，使其产业相继更替发展；而在产业选择上，认为雁行形态发展模式首先是在生产低附加值的消费品产业出现，然后在生产资料行业出现，进而整个制造业的结构调整都会出现雁行变化格局。小岛清（Kiyoshi Kojima，1978）在雁行形态发展模式的基础上利用国际分工的比较优势原理提出了边际产业扩张理论（又称为比较优势理论）。该理论的核心是：对外直接投资应从本国已经处于或即将处于比较劣势的产业（边际产业）依次进行，而这些产业在东道国又是具有明显或潜在比较优势的部门；凡是本国已趋于比较劣势的生产活动都应通过直接投资依次向国外转移，国际贸易是按既定的比较成本进行的，根据从比较劣势行业开始投资的原则所进行的对外投资可以扩大两国的比较成本差距，创造出新的比较成本格局；而在对外投资中，可使投资双方在扩大贸易的同时升级和改善各自的产业结构。该理论有力地指导了日本通过对外投资进行产业转移的活动，对东亚地区产业结构梯度式雁行演进过程作出了较为合理的解释。

在此基础上，与邓宁（John Dunning，1981，1988）的国际生产折衷理论相结合，日本学者小泽辉智（Ozawa，1992）提出了国际直接投资阶段发展论。与邓宁不同，小泽辉智更多地强调国与国之间的阶段对应性及各国动态比较优势的互补性，并把它们作为国际直接投资流动的原因。其主要分析国家层次和产业层次上的变量对国际直接投资流动及各国投资地位的影响，而没有更多地从企业层次来强调国际直接投资发生的原因。这样的研究视角也一直是日本学派的特点。

小泽辉智模型的优点在于：突出了动态比较优势、要素禀赋和结构变化机制以及国际直接投资变化的约束条件之间的联系，强调了国际直接投资只应是一种与结构变动相对应的资本有序流动的思想，将国际直接投资变动与世界经济结构特征相结合，凸显了国际直接投资流动的现实环境及其相互作用。相对于邓宁模式而言，小泽辉智的模式更适合于解释发达国家与

第一章　导论

发展中国家之间、不同发展阶段的发展中国家之间的国际直接投资及其影响现象。

在探讨外商直接投资对发展中国家的效应问题时，除了持肯定态度的观点外，理论界中还存在持怀疑、否定乃至排斥态度的观点。如阿根廷经济学家普雷维什（Prebisch）的"中心—外围"论认为：长期恶化的发展中国家的经济滞后和收入不均都源自于国际经济的"中心—外围"关系，因此处于外围的发展中国家要实现发展就必须同中心脱钩，立足自身进行内部的工业化和政治经济改革，发挥国家的作用。巴西经济学者多斯·桑托斯（M. Santos）则在此基础上提出了更激进的国际依附论，他认为任何一个国家潜在的经济剩余都是十分巨大的，因而不存在一个国家依靠自力更生发展经济的障碍。之所以产生发展中国家"依附于"发达国家的现象，其根源在于历史发展的不平衡和当代世界资本主义的不公平体制与结构，发展中国家被迫接受不利的国际分工地位，主要是为了满足发达国家的需要。只有充分认识到这种不公平的国际依附关系，才能理解发展中国家面临困境的根源。[①]

在理论研究的基础上，国内外学者也对 FDI 和东道国经济增长之间的关系进行了大量的实证检验。主要的检验思路是将 FDI 作为一项附加变量加入到扩大的生产函数方程中，并在方程中引入 FDI 的传统测量值或其他辅助变量（如出口、进口、制度等变量），运用不同国家不同发展时期的相关统计数据来对 FDI 与经济增长之间的关系作出相应的分析。

实证研究的结论差异较大。部分学者认为 FDI 流入与东道国经济发展存在显著相关关系，FDI 对东道国会产生技术溢出效应，促进东道国的技术进步，提高东道国的产业升级、扩大出

---

① HAISHUN SUN, JOSEPH CHAI. Direct Foreign Investment and Inter-regional Economic Disparity in China [J]. International Journal of Social Economics, 1988 (25).

口，从而对东道国的经济增长起着积极的作用。如 Stefan（1992）经过实证分析指出在开放经济条件下，要素禀赋不占优势的国家或企业可以通过国际要素的引进和聚集实现经济的快速增长；Caves（1974）对澳大利亚、Globerman（1979）对加拿大、Blomstrom（1983）对墨西哥的研究均发现 FDI 对东道国的生产效率提高具有推动作用。①

　　而部分学者则认为，由于经济发展水平和技术差距的存在，FDI 对东道国经济的促进与溢出效应的发挥受到多种因素的制约，很多情况下会导致 FDI 对东道国的经济增长产生挤出或替代效应等不利影响。如 Blomstrom、Lipsey 和 Zejan（1997）依据1960—1995 年的数据对发展中国家与发达国家的有关情况进行了研究，结果表明：发达国家的 FDI 流入量与人均 GDP 增长之间存在显著关系，而在发展中国家这种关系则是不显著的；原因在于发展中国家本土企业技术水平相差太远，无法模仿跨国公司或成为跨国公司的供应商，这说明东道国有效利用 FDI 的外溢效应程度与其自身的经济发展水平密切相关。Reis（2001）的研究更进一步，他发现 FDI 分别从正反两个方向影响东道国的经济发展，一方面，FDI 通过创造性投资降低了东道国的创新成本，促进了经济发展；另一方面，FDI 同时产生了使东道国自身投资者的投资赢利能力下降以及其自身投资者不再进行未来投资的"创造性破坏"效应。FDI 对东道国的总体影响取决于这两种效应的大小比较。

　　在 FDI 对东道国产业结构影响的研究方面，Hunya（2002）通过对罗马尼亚制造业的 FDI 进行研究后发现，外资公司频繁投资的行业与出口行业相一致，外资进入并没有提升该国的传

　　① 李善民，钟良，等. FDI 对东道国产业结构和产业组织的影响研究综述[J]. 湖南社会科学，2005（2）.

统优势产业。Dongsheng Zhou, Shaomin Li, David K. Tse (2002)[1] 在研究了 FDI 与东道国企业竞争力之间的关系后发现，FDI 对同一地区而非同一行业企业的发展有积极影响，而对同一行业的其他企业则有消极影响。这是因为 FDI 通过技术、管理等多方面的溢出效应促进了所在地区的经济发展，与此同时它也抢夺了东道国同行业企业的人力资源和市场份额，造成后者竞争力的下降，因此他们认为东道国应尽量利用 FDI 去开拓新的和相对空白的产业。Akbar 和 Bride (2004)[2] 则以匈牙利银行业为例研究了外资公司投资动机、FDI 和经济发展之间的关系，其后指出以市场为导向的 FDI 有利于转轨经济国家的长期发展，而以资源为导向的 FDI 不利于东道国企业技术的进步和国民福利的增长，因此东道国对外来投资要有所选择。[3]

2. 以中国为背景的具体研究成果

FDI 与我国经济增长关系的研究一直是国内经济学界在 FDI 研究领域中的热点问题。尤其是随着我国经济的迅速发展和外资流入规模的持续走高，如何正确利用外商直接投资及其经济效应，以促进我国国民经济的持续发展成为了当前研究 FDI 中的一个重点问题。

国内关于 FDI 与我国经济增长关系的研究大致可分为三个层次的内容：一是 FDI 是否促进了我国经济的增长？二是影响 FDI 对我国经济增长的制约因素有哪些？三是 FDI 促进我国经济增长的微观机理是什么？

---

① DONGSHENG ZHOU, SHAOMIN LI, DAVID K. TSE. The Impact of FDI on Productivity of Domestic Firms: The Case of China [J]. International Business Review, 2002 (11).

② YUSAF H. AKBAR, J. BARD BRIDE. Multinational Enterprise Strategy, Foreign Direct Investment and Economic Development: The Case of The Hungrian Banking Industry [J]. Journal of World Business, 2004 (39).

③ 张斌. FDI 与东道国相关理论综述 [J]. 黑龙江对外经贸, 2006 (2).

目前国内的研究大多数还集中在第一、第二层次，研究成果很丰富但也存在着较大分歧。不少学者通过建立计量经济模型，采用 FDI 与我国 GDP 的统计数据来验证 FDI 流入与我国经济增长的关系。例如，王新（1999）根据哈罗德—多马动态经济增长模型来研究 FDI 与我国经济增长的关系，通过对 FDI 对我国经济增长贡献率的计算，得出结论：改革开放以来外商直接投资的经济增长贡献率呈现出了几个跳跃式的增长台阶。任永菊（2003）根据我国 1983—2002 年的统计数据，通过建立自回归模型（VAR Model）来验证 FDI 与 GDP 之间是否存在协整关系（即长期关系），并通过 Grange 因果检验模型来验证二者是否存在因果关系。研究结果表明：FDI 与 GDP 之间存在协整关系，但由于滞后期的不同，FDI 与我国 GDP 之间有不同的因果关系。梁琦、施晓苏（2004）运用 1980—2001 年的全国时间序列数据，对我国的外贸与 FDI 之间的相互关系进行了 Grange 因果关系验证，并以全国各省及东中西部地区数据做统计描述辅证，得出中国的外贸与 FDI 的互补作用大于替代作用、FDI 与制成品的出口具有双向的因果关系等结论。

外商直接投资在中国经济中存在着资本效应和外溢效应两方面的作用，其中外溢效应可以分为产业结构效应、技术溢出效应和制度变迁效应三个方面（江锦凡，2004）。关于外商直接投资对于产业结构变动的利弊作用，国内外学者的研究一直存在较大的分歧。Yadong Luo，J. Justin Tan（1997）就中国产业结构对 FDI 的影响进行实证研究，得出了产业结构的不稳定性和外资企业的运营风险是呈正相关关系等结论。王洛林、江小涓等人（2000）通过对全球 500 强企业在华投资项目的研究后指出，大型跨国公司的投资有助于提升我国的产业结构；但宋泓、柴瑜（1998）的实证研究却表明，外商投资企业的进入降低了中国工业结构的总体效应，加剧了中国产业结构的偏离程度，使工业结构效益大幅下降。张帆、郑京平（1999）在此基础上对外商投资主体进行分类研究，得出欧美跨国公司的投资不同于港澳台的投资，前者主要投向资本和技术密集型产业，对国内同行业的其他企业有正的外部性，总体上有助于我国经济结构向具有更高的资源配置效率方向转化。

在 FDI 对我国产业结构变动的影响程度研究方面，江小涓（2001）认为，FDI 对我国产业结构变动影响效果不明显，我国产业结构的演进主要依靠自我演进方式。陈迅、高远东（2006）运用协整分析、动态方差分解等现代计量经济学方法对我国产业结构变动与 FDI 之间的相互影响进行实证研究，结果表明：产业结构变化和 FDI 的变化之间存在着长期稳定的协同关系，但产业结构变化更多的是依靠自身的变化来完成的，且外商直接投资的增长是受东道国内在的资源、市场环境的吸引，而不是其自身增长的原因。他们进而提出应加强对外商直接投资的产业导向、发挥产业结构外溢效应等政策建议。

在对于 FDI 研究的第三层次方面（FDI 促进我国经济增长的微观机理的研究）上，目前国内的针对性研究还比较少，多是从某些具体领域，如 FDI 的溢出效应（尤其是 FDI 的技术溢出效应）的角度来进行研究。目前这方面的研究已有一定的成果，如：江小涓（2002）通过对跨国公司在华投资企业的调研发现，绝大多数在华外资企业提供了母公司先进或比较先进的技术，其中多数技术填补了国内空白，大大加快了国内产业结构的升级。王飞（2003）从国内各省的层面，运用索罗增长速率方程和计量回归的方法来分析 FDI 对我国国内企业技术进步的净影响，结果却表明 FDI 对我国国内企业的技术进步没有明显的作用，外资进入中国可能主要是为了占领中国广阔的市场，而并非是要生产出具有国际先进水平的产品或者仅仅是为了利用中国廉价的劳动力，尤其是当国内该行业的竞争比较弱时，外资企业一般不会引入其先进的技术，其外溢效应是相当有限的。① 陈明森（2004）的研究也表明，FDI 促进我国经济增长的效应受到跨国公司投资动因、东道国产业集中度、市场结构状态以及政府引资行为等多种因素的制约，目前已经出现 FDI 推动我国技术进步和产业升级乏力的现象，产生了外资流入陷阱②等问题。

关于 FDI 推动我国产业结构优化升级方面，高峰（2002）以利用外资和产业结构优化的关系为中心，在阐明外商直接投资对我国产业结构影响的基础上，初步建立了 FDI 促进东道国产业结构优化作用机理模型；徐学红（2004）在对产业结构升级模式进行归纳分析的基础上，构建了利用外资、引进技术与产业结构升级的良性循环模型；姚君（2005）从 FDI 对产业结构的作用效应角度来分析外商直接投资对东道国产业结构升级的作用机制，等等。

3. 对现有理论与研究成果的简要评价

研究 FDI 与东道国经济增长关系的理论基础从新古典增长理论发展到内生经济增长理论，标志着这方面的研究已经进入了一个崭新的时代。纵观国内外学者对 FDI 与东道国经济增长和产业结构调整关系的研究，我们发现，与国外研究相比较，目前国内的研究还存在着以下不足或是需要进一步深入研究的方面：

第一，从研究内容与层次来看，对于 FDI 与东道国（包括中国）产业发展之间关系的研究，国外的研究比较成熟规范，国内研究不仅在理论上缺乏系统性、完整性，实证研究也才刚

---

① 张斌. FDI 与东道国相关理论综述 [J]. 黑龙江对外经贸，2006（2）.

② 所谓外资流入陷阱，是指由于过度引入低质量低效率的 FDI，外资的流入只能弥补国内产业发展资金短缺与物资短缺，无法发挥改善资源配置效率、促进技术进步与产业升级的作用，而且与国内原有传统产业形成低层次水平竞争，以致产生产业发展的结构性问题（陈明森，2004）具体内容参见本书第六章第二节。

刚起步。目前国内的研究大多停留在第一、二层次，即 FDI 与经济增长和结构调整间的因果关系研究（Whether）和探讨 FDI 对中国经济增长和结构调整起着怎样的影响（What）。相比之下，国外研究已进一步深入到考察 FDI 对经济增长和结构调整的内在传导机制（How）以及具体的影响等。

在研究 FDI 促进我国经济增长和产业结构调整的微观机制方面，国内的研究大多从总量上来分析 FDI 与我国经济增长的数量关系，很少有学者研究 FDI 究竟是通过什么机理途径来影响我国经济增长和产业结构调整的。虽然有部分学者从 FDI 技术外溢的角度来考察 FDI 的影响效应，但这方面的研究还存在着较大的分歧，并且普遍存在着定性阐述多、定量分析少，提及论点多、深入分析少等不足。加强对 FDI 效应内在传导机制的研究将是当前及今后一段时期内 FDI 理论探讨的一个重要方面。

第二，从研究方法来看，计量经济方法和规范的理论经济方法（使用数理方法和数量模型）已在研究中得到了较广泛的运用，但计量经济研究的范围还比较狭窄，运用的方法也比较单一，如在验证 FDI 与我国经济增长、结构调整的互动关系上，国内学者大多采用了简单的线性回归法，虽然这种方法能说明一定的问题，但难以精确测度这种互动关系的程度，也难以解释 FDI 与我国经济增长、结构调整中的非线性关系，与国外相比还有相当的差距。在理论经济研究中，独创性的数理经济模型还很少见，国内的研究主要是对国外数理模型的引进与模仿，且研究成果也不多见。不可否认，研究方法的创新是该领域研究中的难点问题，也是我们今后长期努力的一个方向。

第三，从研究视角来看，国内的研究还普遍缺乏国际性和战略性的视角。对全球跨国公司及其对外直接投资活动的战略变化及其影响的研究，对 FDI 的发展以及结构性变化的研究，对不同国家、不同产业利用外资的对比研究等还比较欠缺；对外商直接投资的重大结构性变化或转折性变化以及外商直接投资研究中的重大理论和实践问题的关注还比较少。

第四，在政策研究方面，政策研究和理论研究存在着相互分离的现象。即理论研究（尤其是计量经济和数理经济研究方面）过于强调分析工具的选择与运用，出现了为分析而分析的"理论分析工具的唯美情结"；国内 FDI 的政策热点问题往往不是国内理论研究或实证分析的焦点，所提出的政策建议往往脱离国情或过于理论化，不具有现实可操作性。这种政策研究与理论研究焦点相分离的现象严重地制约了我国对外商直接投资研究的深度及政策建议的适用度，存在着江小涓所指出的问题："那种针对中国情况、具有一般分析框架、能容纳主要事实、合乎逻辑、经得起较长时间检验的学术研究成果还比较少见。"①

三、选题的理论及现实意义

改革开放以来，我国经济持续稳定增长，其间外商直接投资发挥了积极的推动作用。改革开放初期，外商直接投资极大地弥补了我国产业发展的资金缺口和外汇缺口，促进了我国轻纺工业的快速发展，在一定程度上扭转了我国长期存在的重工业过重、轻工业过轻的畸形产业结构格局。外资的进入带动了技术、管理、营销、网络等各个方面一揽子生产要素的流动，激发了国内企业的竞争意识，给我国经济发展注入了活力。但20 世纪 90 年代中期以来，随着我国经济从整体性短缺经济向结构性过剩经济的转变，虽然外商直接投资对我国经济发展的推动作用依然强劲，但对我国产业结构的优化效应却开始弱化，其负面效应正逐步显现。尤其是近几年来，我国利用外资产业

---

① 宋泓. 关于跨国公司及其直接投资活动研究的最新进展［J］//裴长洪. 中国对外经贸理论前言（4）. 北京：社会科学文献出版社，2006：270－271.

政策方面出现较大偏差，各地政府盲目扩大引资规模，重数量轻质量、重引进轻管理的粗放型外资引进已给我国产业结构的优化调整，乃至产业安全与可持续发展等带来了严重的负面影响。

21 世纪初，经济全球化浪潮的影响日益显现，我国与外部经济的联系更加紧密，外资对我国经济发展的影响力度正逐步增强，我国利用外资促进经济发展、产业结构调整已到了一个关键时期。如何在全球化的浪潮中趋利避害，在发挥外资对我国经济的积极推动作用的同时，尽量减少外资的负面影响，是我们当前所面临的一个重大的现实问题。

本书的研究正是针对这个重大的现实问题，从产业结构优化效应的角度来具体研究外商直接投资对我国产业结构的影响问题，选题具有重大的现实意义和理论意义。在研究中，本书强调将开放条件下产业结构优化的一般规律与我国特定的国情相结合，在对现有理论进行系统梳理的基础上，构建了与经济全球化发展趋势相适应的开放条件下一国产业结构优化指标体系。并在此基础上，着重研究经济全球化背景下外商直接投资对我国产业结构的优化效应。在具体研究中，本书运用大量国内外统计数据和现实案例，对外资对我国产业结构优化效应的具体表现、作用机制、制约因素、存在问题及解决对策等多个问题做了较为深入的研究，内容较全面，资料较翔实，研究结论有较强的现实指导意义。

尤其在针对我国特定国情的研究中，本书着力从制度建设的层面，运用数理模型和博弈分析等理论分析工具，深入剖析造成我国当前利用外资促进产业结构优化效应不佳的现实原因和制度性障碍。在此基础上，提出以科学发展观为指导，在利用外资的战略选择、制度建设和相关产业政策等方面进行战略性的转变与创新。这些研究对指导我国当前科学利用外资、促进外资产业结构优化效应高效发挥有重要的现实意义和理论价值。

第二节 研究思路与逻辑结构

一、研究思路

本书的研究以马克思主义经济学和唯物辩证法为指导，充分运用现代经济学理论的分析框架，在总结前人研究成果的基础上，采用规范分析与实证分析相结合、定性分析与定量分析相结合的研究方法。

本书研究的基本思路是：以经济全球化为背景，以外商直接投资对我国产业结构的优化效应为研究中心，沿着"研究背景——理论基础——理论分析——实证研究——存在问题——原因剖析——政策建议"的逻辑结构来组织全书。

本书首先从经济全球化背景下产业结构优化内涵的新变化入手，在系统探讨了一国产业结构的演变规律和决定因素的基础上，提出了在全球化开放条件下产业结构优化的新内涵和评判指标体系。然后，集中研究在全球化背景下影响一国产业结构优化的一个重要国际因素：外商直接投资（FDI）。并在探讨了21世纪初外商直接投资的新发展和全球产业结构调整浪潮的新特点的基础上，进一步缩小研究视角，集中研究外商直接投资对东道国（尤其是发展中东道国）产业结构优化的影响问题，拟从理论层面来深入研究外商直接投资对东道国产业结构的优化效应、作用机理及制约因素等问题。

在理论研究的基础上，本书立足于我国的特定国情，重点研究我国利用外商直接投资促进产业结构优化的现实问题。本部分运用了大量国内外相关统计数据，从实证的角度来阐释全球化背景下外商直接投资对我国产业结构优化调整的影响，这包括外资对我国产业结构的优化效应的具体表现、影响程度以及存在问题等多个方面。之后，着重从制度建设的层面，运用数理模型和博弈分析等理论分析工具，来剖析造成我国当前利用外资促进产业结构优化效应不佳的现实原因和制度性障碍。

最后，在以上分析的结论上，基于提高利用外资产业政策有效性的考虑，从如何提高我国利用外资促进产业结构优化效应的角度，对我国在经济全球化背景下利用外资的战略选择、制度建设和相关产业政策等方面提出了针对性的政策建议。

二、逻辑结构

基于以上的研究思路，本书共分为八章：

第一章：导论。在介绍本书写作的基本思路、逻辑结构、研究方法、选题意义、创新与不足等问题的同时，本章重点介绍本书的理论与现实背景，以及外商直接投资（FDI）促进东道国产业结构优化问题的国内外研究现状。在此背景介绍和文献综述的基础上，确定了本书研究的理论起点和基础。

第二、三章为本书的理论基础部分。第二章：全球化背景下的产业结构及其优化。本章从产业结构的概念、演变规律与变动决定因素入手，来分析产业结构优化的含义、主要内容、机理模型与优化评判标准等问题；其后结合经济全球化的发展特征与趋势，重新阐释了一国产业结构优化的内涵与主要内容，并根据该创新点构建了一个与经济全球化发展相吻合的新的产业结构优化评价指标体系。第三章：国际直接投资（FDI）与全球产业结构调整浪潮。本章从国际直接投资（FDI）的概念、发展历程与理论渊源入手，着重研究全球化背景下国际直接投资的新发展、新特点，以及在国际直接投资推动下愈演愈烈的全球产业结构调整浪潮及其影响。

这两章内容一方面是对外商直接投资（FDI）、产业结构优化相关观点与理论的梳理，另一方面也强调创新，重点在于探讨全球化浪潮对外商直接投资、产业结构优化的影响以及在此影响下的新发展、新特点，为以后各章节的分析打下理论基础。

第四章：FDI 促进东道国产业结构优化的效应、机理与制约因素。本章是在以上理论分析的基础上，从理论上来具体研究 FDI 促进东道国产业结构的优化效应。本章首先分析了 FDI 对东道国产业发展的若干经济效应，如产业资本形成、技术转移与溢出、国际产业转移以及就业、贸易促进与国际收支平衡等。在此基础上，运用图示与实例来剖析 FDI 的产业结构优化效应及其作用机理，重点在于分析作用传导机制，这包括资本、技术、产业关联、竞争与示范等多种作用渠道，直接或间接对东道国的产业结构产生增量或存量调整与优化。最后，本章还探讨了制约 FDI 产业结构优化效应发挥的若干因素，这主要是从东道国与跨国公司两个方面来思考的，前者主要包括东道国的产业结构与产业转移承受能力、当地市场与企业禀赋状况、市场结构与市场竞争状况、外资政策选择与管理等；后者主要包括跨国公司海外投资策略与产业控制、海外投资项目产业关联程度等。

第五章：全球化背景下 FDI 对中国产业结构的优化。基于以上理论分析，本章立足于我国的实际国情，具体研究外商直接投资对我国产业结构的优化问题。本章首先从对外开放的角度来研究我国产业结构在全球化趋势中的演变情况。其次，从实证的角度，运用大量统计数据和现实事例，从 FDI 的产业资本形成与促进效应、技术转移与溢出效应、竞争与示范效应等方面来具体探讨外商直接投资对我国产业结构优化的影响及其影响程度。最后，对当前外商直接投资在我国的产业分布和区域分布的特点与演进趋势作了较深入的分析，以探讨当前外资的产业结构优化效应绩效状况。

第六章：当前 FDI 促进我国产业结构优化中存在的问题。FDI 产业结构优化效应具有明显的双重性，它既可以促进我国产业结构的优化升级，也可能加剧我国产业结构的偏差，制约我国产业的长远发展。本章着重研究当前 FDI 促进我国产业结构优化中存在的三个主要问题：第一是 FDI 促进我国产业结构优化的局限性问题。外商投资方向选择与我国引资目标的错位、外商对先进技术转移与溢出效应的严格限制是国际产业资本逐利本性导致的必然结果，也是导致我国利用外资优化产业结构效应不佳的客观制约因素。第二是 FDI 流入陷阱的产业结构效应问题。低质低效外资的过度流入我国必将带来严重的产业结构问题，这包括产业结构转换缺口、产业结构同构化、过度竞争与寡头垄断并存的二元市场结构等问题。第三是外资对我国产业安全和可持续发展的危害问题。当前我国对外资的过度依赖和在国际产业转移中的被动接受导致了外资对国内企业的产业压制、市场垄断以及环境危害等严重问题。

第七章：引资博弈与 FDI 数量型扩张——基于制度层面的原因剖析。制约在华 FDI 产业结构优化效应有效发挥的因素既有外商投资者的因素，更有我国制度建设不完善方面的因素。本章从制度层面，主要运用博弈分析方法，来剖析导致我国利用外资产业结构优化效应不佳的现实原因和制度性障碍。在我国现行的地方政府及官员的政绩指标考核体系下，不可避免地会产生地方政府招商引资目标的多元化、短期化与功利化等问题；出于政绩与地方利益的考虑，地方政府热衷于引资优惠政策的竞争与博弈。这些博弈包括了中央政府与地方政府之间、地方政府与地方政府之间、地方政府与外商投资者之间多个层面。博弈的结果是外资的数量型扩张，低质低效率外资的过度涌入，导致地方社会福利的损失。在以上博弈分析的基础上，本章进一步运用统计数据和计量分析工具，对 FDI 的绩效拐点区和我国引资的适度规模作出了相应的推论，以进一步佐证我国当前引进外资的数量型扩张特征。

第八章：全球化背景下我国利用外资促进产业结构优化的政策。本章首先分析了我国现行的利用外资促进产业结构优化政策及其有效性，着重从制度建设的角度来探讨提高我国利用外资产业政策有效性的政策创新。然后，立足于经济全球化的背景，提出了我国利用外资产业政策进行战略性转型与创新的相关政策建议，主要包括：实施自主型引资战略，引导规范外商投资方向；规范外资优惠政策，建立健全市场竞争机制；有效利用国际产业转移，培育我国自主技术创新能力；加强法制建设，实现产业安全和可持续发展；加强配套制度建设，改善外商投资软环境等。

第三节　研究的基本方法

本书的研究涉及国际投资学、产业经济学、发展经济学以及博弈论等多个学科领域。在研究方法上，主要采用了规范分析与实证分析相统一、定性分析与定量分析相结合、理论分析与对策研究相联系以及博弈分析、数理模型推导等方法。

规范分析是对经济事物进行价值判断的分析方法；而实证分析则是在分析经济问题和建立理论时，撇开和回避对社会经济活动的价值判断，只研究经济活动中各种现象的本来面貌以及它们之间的客观联系，从而找寻经济事物运动和发展的客观规律，并用以解释和预测经济行为的后果。本书的研究是一个"从客观存在的事物到理性的分析研究再到实际应用的探索"的过程，以实证分析为主，在对现有理论进行了大量的梳理工作后，对外商直接投资对东道国产业结构优化效应及其作用机理、制约因素、存在问题等作了较为客观而翔实的描述与分析，力求客观地反映事物的本来面貌和发展规律。在本书最后的政策建议章节，则从规范分析的角度，借鉴国际先进经验，来探讨全球化背景下我国利用外资产业政策的战略性调整与改进。

本书在研究中坚持定性分析与定量分析相结合的方法，注重对统计数据的搜集与整理。由于本书的研究具有较强的时代性与前沿性，与我国目前的经济发展联系非常紧密，因此在定性分析的基础上，本书强调用数据说话，书中附有大量的统计图表，力求用我国利用外资和产业结构演变的实际经验来验证相关理论观点，使理论研究更有现实感和说服力。

注重理论与实践相结合、把理论逻辑推导与现实政策研究相结合，也是本书的一个主要研究方法。经济全球化背景下，我国利用外资促进产业结构优化问题研究是一个理论性和应用性都非常强的课题。本书的研究强调以理论研究为基础的思想，在理论研究的基础上，立足于经济全球化的大背景和我国经济发展的实际，强调政策建议的针对性、务实性。

博弈论分析方法和数理模型的应用也是本书的重要研究方法，通过对引资博弈中各行为主体的行为、成本收益等的模型描述，可以比较清楚地阐释博弈各方的行为、动机与博弈反应，对揭示当前我国利用外资促进产业结构优化效应不佳的现实原因与制度障碍、确定外资合理规模等问题有较强的理论说服力。

第四节　创新点与不足之处

一、创新点

基于以上的研究，本书拟在以下几个方面有所突破或创新：

（1）在对现有理论进行系统梳理的基础上，将开放条件下一国产业结构优化的一般规律与我国的特定国情相结合，力争在研究视角上有所创新。针对外商直接投资对我国产业结构优化效应这一具有交叉性学科特色的研究对象，着重从作用机理的角度来深入研究外商直接投资对我国产业结构优化效应的相关问题，具有较强的理论性与时代性。

（2）构建了一个全球化视角下的产业结构优化指标体系。传统的产业结构优化评价体系主要包括产业结构的高度化与合理化两大方面，更多强调一国产业结构的自主演变模式。在经济全球化背景下，各国经济联系的日益紧密以及全球产业结构调整浪潮的互动效应，迫使我们不得不重新审视原有的产业结构优化评价指标。本书在传统优化指标体系的基础上，不仅赋予了产业结构高度化、合理化指标新的内涵，而且还构建了一个以产业结构的开放化为基础，以高度化、合理化为主干，以产业国际竞争力提升为核心，兼顾产业安全化与可持续发展的产业结构优化指标体系。

（3）对外商直接投资对东道国产业结构变迁的影响机理做了较深入的分析。从 FDI 的资本促进效应、技术转移与溢出效应、产业关联效应、竞争与示范效应等方面来剖析 FDI 产业结构优化效应的作用传导机制与制约因素，在研究中注重辩证地看待 FDI 的双重效应及作用途径，并运用相关图表予以清楚表示。然后运用该分析结论来进行中国的实证研究，实证中运用了大量的统计数据进行引证，这与现有的研究多偏重于某一个问题或某一个侧面的定性分析有所不同。

（4）将竞争博弈模型引入到招商引资策略研究中，通过模型分析对其中博弈各方的行为及绩效进行剖析，对当前地方政府利用外资中的主要经济现象作出一定程度的合理解释，为后期的政策建议奠定了理论分析的基础。在分析地方政府引资行为扭曲和引资博弈问题时，运用了投标博弈模型（Bidding Game Model）来分析在有限理性、不完全信息条件下的不同质的地方政府之间的引资博弈及其后果。现有文献对地方政府引资行为及其扭曲的原因分析比较笼统，本书从制度约束条件下的有限理性经济人的角度来探讨地方政府的引资投标博弈行为及其后果，分析比较深入。

（5）在具体的制度建设与政策建议研究上，本书基于制度基础建设的层面，来探讨制约我国利用外资产业政策有效性的制度性障碍及其解决对策，并在此基础之上提出了我国利用外资促进产业结构优化政策的战略性转型与创新问题，这种研究视角在现有的文献中并不多见。

二、不足之处

事实上，对全球化背景下外商直接投资与中国产业结构优化问题的研究是一个较为宏大的系统工程，需要不断地深入进行下去。就本书现阶段的研究成果来讲，存在着以下研究的不足或是需要今后进一步深入研究的问题：

（1）外商直接投资对东道国产业结构的影响是一个国际性的问题，任何一个引进外资的国家或地区都会面临这一问题。目前欧美发达国家和亚洲新兴工业化国家在这些方面已有了一些比较成熟的经验与政策，对我国有一定的借鉴意义。但本书限于篇幅和研究重点的不同，在国际经验借鉴方面涉及内容较少，拟作为本书后续研究的一个方向。

（2）外商直接投资对我国产业结构优化效应的绩效研究是一个难点问题。本书原拟采用相关计量经济模型，用 FDI 对我国产业结构优化的影响绩效进行定量的描述与评价，但由于产业结构优化指标多以定性为主，难以找到与之对应的统计数据来进行分析；而笔者在计量经济模型的选择与建立上难有突破，故最终采用的仍是以定性的分析为主、加以数据引证的方式来佐证，但理论说服力稍嫌不足。

（3）目前理论界对产业结构优化的内涵与具体评价指标尚未形成比较一致的观点。本书对经济全球化背景下产业结构优化指标体系的构建以及书中所提出的相关论点与政策建议，是基于笔者个人研究的深度和研究视角的，可能存在着一定的局限性或不成熟性，需要在今后的研究中进一步修正或完善。

（4）全球化背景下 FDI 对一国产业结构演进的影响效应越来越突出，这不仅表现在对东道国产业结构的影响，也表现在对投资母国产业结构的影响。随着我国产业资本的日益雄厚，外向投资意愿的增强，如中石油、中石化、海尔、长虹、华为、中兴通讯等一批国有大中型企业，也包括众多的中小型企业，正纷纷走向海外市场，这对优化我国产业结构起到了不容忽视的作用。对"走出去"战略研究的重要性正日益体现，但限于本书研究的目的和视角，本书对"走出去"战略基本未有涉及，拟作为笔者今后研究的一个重要方面。

第二章
全球化背景下的产业结构及其优化

产业结构是在特定环境下形成与发展起来的，它反映了一国经济发展的方向和总水平，制约着国家经济的兴衰和经济发展的后劲。在不同的历史时期和经济发展的不同阶段，产业结构的表现形式与所处的演变阶段是不一样的，产业结构的调整与优化也有特定的历史背景，其调整优化的具体内容属于历史范畴。

20世纪80年代中后期开始展开的经济全球化浪潮带来了世界范围内的经济结构大调整，产业结构的优化已成为提高一国竞争力的重要途径，许多国家纷纷把注意力从促进经济总量增长转到了产业结构优化上。从根本上来说，一国经济发展的速度、质量和可持续发展后劲取决于该国国民经济结构（尤其是产业结构）的好坏。合理的产业结构能够使国民经济各部门、各产业按照一定的比例协调发展，能够促进技术经济的发展和人民生活水平的提高。

在全球化背景下，一国产业结构不再仅仅是某一国家或地区的产业结构，而是全球产业结构大系统中的一个子系统；一国产业结构的演进也不再仅仅是基于本国或本地区市场结构、资源禀赋、行业发展规划的较为单一而封闭的演进，而更多的是基于全球市场范围、生产要素全球流动、市场机制一体化的开放式、综合性的演进。

产业结构优化在新的历史时期下也有了新的特定内涵，这既包括对传统的产业结构合理化、高度化内涵的重新审视，也包括一国产业结构优化测度指标体系向着开放化、竞争优化以及可持续发展的方向演进。

第一节 产业结构与产业结构的决定

一、产业结构的含义

"结构"（Structure）一词的含义是指某个整体的各个组成部分的搭配和排列状态。它较早地被运用于自然科学的研究中，在经济领域的运用始于20世纪40年代。

产业结构（Industrial Structure）作为经济学范畴，是一个发展的概念。在早期利用产业结构这个概念分析经济问题时，其含义是比较模糊、混乱和不规范的；直到20世纪70年代末，随着产业结构理论与产业组织理论、产业布局理论相区别，产业结构的明确含义才基本达成一致，专指各产业间（Inter－Industry）的关系结构。这种产业间的关系结构可从两个角度考察：一是从"质"的角度，动态地揭示产业间技术经济的联系与联系方式的不断发展变化的趋势，揭示在经济发展过程中国民经济各产业部门间的演变规律及其相应的结构效应，从而形成狭义的产业结构理论；二是从"量"的角度，静态地考察某一时期内产业间联系与联系方式的技术数量比例关系，即产业间"投入"与"产出"的量的比例关系，从而形成产业关联理论，即由列昂惕夫（W. Leontief）开创的投入产出经济学。广义的产业结构理论包括狭义的产业结构理论和产业关联理论。本书的研究针对狭义的产业结构理论。

对产业结构一词概念的界定，在学术界有多种解释与界定。国内产业经济研究的先驱杨治（1985）在其著作《产业经济学导论》中就明确区分了狭义的和广义的产业结构理论，并把产业结构的概念界定为前者，即产业之间的比例关系。朱明春

（1990）进一步指出，产业结构的问题归根到底是一个资源配置的问题。资源配置是各产业生产能力形成的起点和基础，而生产能力结构作为资源配置的结构存量，实际上只是反映了这种配置的结果。最后，产出结构作为产业结构的生产结果形式，是取决于资源配置结构和生产能力结构的。产业结构是否合理，可以由产出结构与需求结构间的适应关系反映，其本质上说明着产业间资源配置的合理性。调控产业结构，必须把资源配置作为首要作用点。

在此基础上，周振华（1992）对产业结构概念进行了修正，将产业结构内部关联的分析置于特定外部环境关系的框架之中，并把产业结构定义为外部环境相互作用的产业之间的关系结构，是各产业生产能力的配置构成方式。方甲（1997）认为产业结构是指在社会再生产过程中，一个国家或地区的产业组成即资源在产业间配置状态、产业发展水平即各产业所占比重，以及产业间的技术经济联系即产业间相互依存相互制约的方式。

产业结构是经济结构的重要组成部分，是一国资源配置的具体载体和资源的转换器，其最终目的是将各种投入要素转化为产品和劳务以满足社会需求结构，产业结构优化的根本点是增强结构转换能力。这一论点已得到国内大多数学者的认同并得到不断的深入研究，如：龚仰军（1999、2002）、苏东水（2000）、李永禄、龙茂发（2002）、金镝（2003）、杨公朴、夏大慰（2005）、林峰（2006）等。

具体来讲，我们认为，产业结构是指一个国家或地区各个产业部门、行业之间的质的内在联系及量的比例关系，或指一个国家或地区的各种生产要素在该国或该地区各产业部门之间的比例构成及它们之间的相互依存和相互制约关系。

从量的方面来看，产业结构表现为各产业之间产值、劳动力、资产等的数量比例关系，即将国民经济中若干行业按照一定标准划分为第一、第二、第三产业，分析各产业在国民经济中的比重以及三大产业中各行业的内部数量关系。在三大产业内部，又可按照相应标准细分为若干个行业，如：第一产业可细分为农、林、渔、牧等，第二产业可细分为基础工业、制造业、建筑业等，第三产业可细分为商业、金融业、保险业、旅游业等。而产业结构的层次还可进一步细分，如制造业可进一步细分为食品、纺织、造纸、化工、制药、冶金、机械等业种。产业是与社会生产力发展水平相适应的社会分工形式的表现，是一个多层次的经济系统。在不同的经济发展阶段，各大产业的内部构成和发展重心都是有所差异的。

从质的方面来看，产业结构是指国民经济中各产业的技术素质的分布状态，包括技术水平、经济效益等的分布状态。它可从生产要素使用效率、生产成果的经济效益、资金技术密集度、规模效益、经济外向度等多个角度来考察。一般而言，产业结构的质的结构包括以下两个方面的内容：一是产业加工的深度、附加价值的高低、资本密度的大小以及高新技术产业所占的比重；二是产业的规模效益和国际竞争能力。[①]

从系统论的观点来看，产业结构是一个由各个相互联系、相互作用的产业部门组成的多层次经济系统体系，是与一定经济发展水平相适应的社会分工形式的具体表现。产业结构体系的研究主要包括三个方面内容：①产业部门间的比例。这既是指各产业部门间现行的资源配置比例关系，又是指要找出适合一定经济发展水平的产业资源最佳配置方式；或是说产业部门间比例对经济结构和发展的适应性，即如何实现量上的结构均衡问题。②产业部门间的联系。这考察的是各产业之间的内在的质的联系，体现在产业部门活动之间的协作性、依赖性和约

---

① 李永禄，龙茂发．中国产业经济研究［M］．成都：西南财经大学出版社，2002：25－26．

束性，主要涉及产业结构高度和结构效益问题。③产业部门间的相互影响与影响机制。从影响方式来看，产业的变动在各产业部门之间的传递机制，如新兴产业的出现或夕阳产业的衰落对其他产业的影响，包括如何影响的，影响机理、影响反馈是怎样的等；从影响范围来看，研究产业部门结构变动的波及范围和程度，一般来说，产业部门结构变动的影响不仅涉及部门结构，往往还会涉及整个经济增长。①

本书对产业结构的研究着重于从产业国际化发展的角度，研究在经济全球化的背景下外商直接投资对中国产业结构优化调整的影响效应及其作用机理，为政府制定利用外资促进产业发展、结构优化升级的产业政策提供理论依据。本书的研究不涉及过于细致的产业分类及产业之间的中间产品交换、消费、资源占有问题，而是从较为宽泛的产业视角来研究 FDI 与产业结构的关系。因此，本书研究不仅涉及 FDI 的产业结构优化效应及其作用机理，还涉及经济全球化与产业发展、产业结构调整、利用外资产业政策等制度、政策层面的问题。

二、产业结构的决定

一国产业结构的形成与变动受到多种经济因素与非经济因素的影响，国内外学者对此进行了较为广泛的研究，研究成果较为成熟。西蒙·库兹涅茨（S. Kuznets，1971）在其著作《各国的经济增长》中提出：一个国家经济结构的形成是自然和历史的过程，其总是处在动态变化过程之中的；影响其变化的因素主要有两个方面：一是"按人口平均国民生产总值提高后，人们消费需求构成发生变化，从而要求物质生产结构和国民经济结构有相应的变化"；二是"进行物质生产和服务活动的生产

---

① 何诚颖. 中国产业结构理论和政策研究 [M]. 北京：中国财政经济出版社，1997：9-10.

技术的变化引起物质生产结构和国民经济结构的变化"。筱原三代平（1955）、赤松要（Kaname Akamatsu，1960）等日本学者则强调政府产业政策对一国产业结构的决定，刘易斯（W. Arthur Lewis，1955，1978）、赫尔希曼（A. Hirschman，1958，1980）等发展经济学者提出了结构调整理论。

国内产业经济学开拓者杨治（1985）在其标志性的著作《产业经济学导论》中将决定和影响一国产业结构的众多复杂因素归纳为三大类：一国的需求结构、一国资源的供给结构和一国的国际经济关系。一国的需求结构包括中间需求和最终需求的比例、个人消费结构、消费和投资的比例以及投资结构；一国资源的供给结构包括劳动力和资本的拥有状况和它们之间的相对价格、一国资源的拥有状况、生产技术体系。以上两类因素是一国国内的既有国情对产业结构的决定，而国际经济关系则是通过进出口贸易来影响一国的产业结构。

国内学者大多沿着杨治的分析思路，对一国产业结构的决定理论作了拓展与创新。如周振华（1992）从产业生产能力结构的角度出发，认为产业结构是各产业生产能力的配置构成的方式，标准的产业结构是社会按再生产要求的投入比例建立起来的各产业生产能力配置构成的方式。因此，产业结构可进一步看作是各生产要素在各产业部门之间的配置构成方式，它既包括劳动资源在各产业部门之间的配置构成，也包括资产设备、中间要素以及技术等要素在产业部门之间的配置构成。正是这些因素共同决定了产业结构，其中任何一种因素变动都可能引起产业结构变动。归纳起来，产业结构的决定因素主要有三类：产业固定资产结构、产业技术结构和中间要素投入结构。其中，前两类因素是决定产业结构状态的长期因素，最后一类因素是短期决定的主要因素。方甲（1997）从资源有效配置的角度，认为产业的结构问题实质上就是探求如何将有限资源进行有效配置的问题。他对比研究了完全竞争市场状态下与非完全竞争市场状态下资源配置的经济法则，提出在市场经济条件下资源配置应以市场为基础，在商品经济的价值规律、供求规律、竞争规律的共同支配下进行；但市场自身的不足也必然要求国家进行干预，弥补市场失灵，实现对资源的有效配置。龚仰军（1999）采用系统论的思路，将整个产业结构看作为一个封闭系统，从系统的输入（资源的供给）、输出（市场的需求）和环境对系统的影响这三个方面来具体分析产业结构的决定与影响因素。在对产业结构形成与转换机制的研究中，石磊（1996）着重探讨了技术进步、经济体制、经济发展模式对产业结构变动的影响机制。而张中华（1999）将影响一国产业结构形成与变动的决定因素分成宏观因素与微观因素两个层面，从宏观与微观两个层面来分别考察封闭经济条件下产业结构的决定。在宏观层面上，他继承和拓展了主流观点，认为决定一国产业结构的宏观因素包括该国的需求结构、市场范围与市场容量、技术进步水平等；在微观层面上，他认为产业结构的决定与经济制度的安排紧密相关，企业投资的产业进入行为与退出行为受到市场结构、企业类型、资产性质、产品生命周期、风险与政府管制等多种因素的制约，进而影响到一国产业结构的变动。

苏东水（2000）在对国内外研究成果进行梳理与细化的基础上，认为在封闭经济条件下，产业结构的变化是需求结构和供给结构变动相互作用的结果，在开放经济条件下，应该再加上国际贸易和国际投资因素。因此，可以说需求结构、供给结构、国际贸易结构和国际投资结构这四种因素是决定产业结构形成与变动的基本因素。

沿着这个思路，结合产业结构理论的最新发展，我们先来看看在封闭经济条件下一国产业结构形成与变动的决定因素。

（一）封闭经济条件下产业结构的决定

这种产业结构理论一般不考虑国际经济因素（如国际分工、

国际贸易、国际直接投资、国际资本流动等）对一国产业结构的影响和作用，即在一个相对封闭的范围内讨论一国或一地区产业结构的形成与变动。影响与决定一国产业结构的因素主要有以下几类：

1. 从供给因素角度来看，一国或一地区的产业要素供给状况是决定该国或该地区产业结构的基础

（1）产业结构的生成与演化都是根植于一定的社会经济环境，我们把这种社会经济环境称作是产业结构形成与演变的初始条件。初始条件是历史形成的一个自然过程，其内容非常广泛，包括一国的自然条件、生产要素禀赋、国家规模、人口规模与素质、资本形成基础等多个方面。其中，影响一国产业结构形成的最基础的因素，或是说一国产业结构形成的基础，是该国的自然禀赋。这包括两方面内容：一是自然条件与要素禀赋；二是人口因素。

一国的自然条件和资源禀赋是该国产业结构形成与变动的基础。一国产业结构的形成往往带着浓厚的自然禀赋特色，如中东石油国家的单一产业结构。一般而言，自然资源丰富、国土辽阔的国家更有可能形成资源开发、加工和利用全面发展的产业结构；而资源匮乏的国家多是形成资源加工型的产业结构。作为工业化与经济增长的先决条件，自然资源禀赋在一国产业结构演变过程的不同阶段所起的作用是不同的，越是在经济发展的早期阶段，其作用越大；而当初级产品生产的比较优势被加工制造业所取代时，其作用就趋于减小了；在开放经济条件下，随着生产要素的国际性流动，自然禀赋对一国产业结构的决定作用更日渐势微。

人口因素影响着劳动力的供给程度和人均资源拥有量以及可供给能力的程度。作为经济活动过程中的主要生产要素，劳动力在其供给总量和供给结构上对产业结构的形成与变动产生

重大影响。一般而言，在劳动力供给丰裕、劳动力素质不高的国家有利于发展那些可以大量消化劳动力供给的劳动密集型产业和粗加工产业。以我国为例，根据国家人口计生委 2005 年的统计预测①，我国劳动力供大于求的状况将持续整个 21 世纪，即使按最严格的劳动力统计标准计算，我国劳动力供大于求的状况也要持续 30 余年，其中最严重的时间是 2000—2005 年，过剩劳动力达到 1.54 亿人，年均剩余 3000 余万人。显然，安排多余劳动力的就业问题已成为了我国政府制定长远规划时的一大压力，在就业生存与社会稳定的双重压力下，支持和发展劳动密集型产业就不可避免地成为了我国政府的产业政策选择之一，其结构最终影响了产业结构的变化与发展。反之，对于那些劳动力供给紧张的国家，政府往往支持资金密集型和技术密集型产业，以产业结构的升级换代来弥补劳动力不足的问题。

（2）技术水平与技术进步是决定一国产业结构的最主要因素之一。从某种意义上来说，产业形成和发展的历史就是一部产业技术进步的历史。三次产业革命的发生，根本动因在于产业技术发展的重大突破，其结果导致了原有产业部门的不断更新与细化、新产业部门的不断涌现。技术进步在推动着人类社会前进的同时，也推动着产业结构的升级换代。

技术水平与进步主要通过两个途径影响产业结构。从供给方面来看，一国产业结构总是建立在一定的产业技术水平基础上的，产业技术水平的高低直接决定了一国产业结构水平的高低。产业技术的进步将直接推动生产对象、生产方式与生产工具的创新，从而促使了劳动生产率的提高和各产业的发展。但由于不同产业发展的基础不同，技术进步的速度不一样，从而导致了各产业发展速度的差异和比较劳动生产率的差异，进而

---

① 贺丹. 中国未来人口发展趋势对劳动就业的影响 [OL]. 中国人口网. http://cpirc. org. cn/yjwx/yjwx _ detail. asp? id = 3159.

导致了资本、劳动力等生产要素在不同产业之间的流动。正如联合国工业发展组织在其《世界各国工业化概况和趋向》的报告中指出："技术的进步使世界工业结构发生了重大变化，但这种变化不是均匀地分布在各个工业部门的，而是集中在几个主要的生产领域。"①

从需求方面来看，一个产业部门所采用的生产技术体系决定了它对其他部门产品的需求。在均衡状态下，本产业部门对其他部门产品的需求与其他产业部门的供给是相适应的。当本部门的生产技术改进后，本部门的劳动生产率提高、产品生产中的资源消耗强度降低，新的需求出现，从而改变了本部门的消费观念、消费对象、消费方式等，进而改变了本部门的需求结构，迫使其上游部门对原有的生产技术体系进行改进。需求结构的改变也改变了本部门的产出结构，进而拉动下游部门改变自身需求以适应供给的变化。如此，由于技术的进步而引起的供给结构和需求结构的变动，会导致整个产业结构的演进。

（3）一国资本的积累程度是制约其产业结构演进的一个重要因素。资金供应对产业结构变动的影响包括投资总量与投资结构两个方面。投资总量主要受一国社会经济发展水平、居民储蓄率、资本积累率等因素的影响；一国资本的充裕程度直接决定了该国产业结构的形成与演变。一般而言，在经济发展初期，发展中国家往往存在着严重的资金缺口，因而迫使这些国家大力发展资金依赖度低的产业，如农业、食品业、纺织业等。相比投资总量，投资结构对产业结构形成与演变的影响更直接、更明显，可以说，投资结构直接决定了产业结构，哪一个产业获得的发展资金越多，其发展的速度和后劲就越好。投资结构主要受一国的产业政策、投资环境、投资者的投资偏好、利率、

---

① 转引自龚仰军，应勤俭. 产业结构与产业政策 [M]. 上海：立信会计出版社，1999：28.

资金回报率等方面的影响。其中，产业政策因素的影响效果最为显著，如日本政府在 20 世纪六七十年代所推行的重点产业扶持政策，引导资金大量流入电子、机械、汽车、化工等领域，促使了这些产业部门的迅猛发展。①

2. 从需求因素角度来看，需求因素是决定一国产业结构的重要因素

一国国民经济持续健康发展要求各产业部门与社会需求结构保持适应的比例关系，社会需求结构的变化将导致投资结构、产业结构的相应变化。需求的变化包括需求总量的增长和需求结构的变化。从总量角度来考虑，人口数量的增长和人均收入水平的提高都会扩大消费需求，在不同的经济发展阶段，不同的经济发展周期，需求水平有较大的差异。按照 W. W. 罗斯托的发展阶段论，随着人均国民收入水平的提高，人们的需求将从低层次需求向高层次需求转换，从"生理性需求占统治地位的阶段"到"追求便利和机能需求的阶段"再到"追求时尚和个性"的阶段。

从结构角度来考虑，需求结构对产业结构变化的影响更为直接。需求结构包括个人消费结构、中间需求和最终需求的比例、消费和投资的比例等。需求结构的变化会促使生产结构和供给结构发生相应变化，从而导致产业结构的相应变化。我们可用产业需求弹性系数来判断需求结构变量对产业结构变动的影响。产业需求弹性表示某一产业部门产品的人均消费需求量的变动对人均国民收入变动的敏感程度，其计算公式如下：

$$某产业需求弹性 = \frac{该产业产品的人均需求增长率}{人均 GNP 增长率}$$

需求弹性系数的大小，从需求方面反映了各产业部门在产

---

① 杨公朴，夏大慰. 现代产业经济学 [M]. 2 版. 上海：上海财经大学出版社，2005：191 - 192.

业结构中能占有多大的份额。一般来说，生产高需求弹性产品的产业将在产业结构中占有更大的份额，生产低需求弹性产品的产业将在产业结构中占较小的份额。[①] 一般而言，政府往往会大力发展需求弹性高的产业，而对需求弹性低的产业采取限制、收缩的产业政策。

3. 以制度供给为核心的外部环境因素是影响一国产业结构不容忽视的因素

苏东水（2000）将环境因素归入供给因素一类，此分类方法值得商榷，因为供给类因素和需求类因素都是内生变量，而环境因素是外生变量，它们对产业结构的影响机理是有较大差异的。产业结构的形成与变动是自然和历史的过程，是其内在作用机制长期作用的结果，人们不能主观地选择产业结构。但外在的环境因素可以通过对产业内部的技术、资金、劳动力等生产要素的投入和运作发生影响，间接地促进产业结构的变动。

此处我们所言的制度供给既包括一国政府对经济体制、经济发展模式的选择，也包括该国政府对各类经济政策的供给。

经济体制、经济发展模式与产业结构变动的关联机制反映在两个层次上：一是资源配置方式对产业结构变动的传导，二是特定经济体制下经济主体的行为规则如何影响产业部门和社会范围内的生产要素转移与组合。传统计划经济体制下，中央政府直接掌握着全社会的资源配置，一国或一地区产业结构的形成与变动主要受政府政策偏好的影响。在价格丧失弹性的计划体制下，资源配置由中央和地方各级政府根据计划目标以指令性调配和超经济强制方式完成，结构变动一般方程式中的非线性市场关系被简化成了"政府计划——供给结构——需求结构——产业结构"的线性关系，收入水平对最终需求变动是低弹性的，消费需求结构对产业结构变动也是低弹性的，这种资源配置方式及其派生的行为规范注定了它不可能是高效率的。①

无论在市场经济体制下，还是在传统的计划经济体制下，政府对国民经济进行必要干预的重要性已得到了普遍的认同。政府的宏观经济政策，尤其是产业政策，对一国产业的变动有重大影响。产业政策是指"一国政府为了实现某种经济和社会目的，以全产业为直接对象，通过对全产业的保护、扶植、调整和完善，积极或消极参与某个产业或企业的生产、经营、交易活动，以及直接或间接干预商品、服务、金融等的市场形成和市场机制的政策的总称。"② 产业政策的本质是国家对产业经济活动的主动干预，它可以弥补市场失灵的缺陷、完善资源配置机制，促进产业结构的合理化和高度化，实现国家的超常规发展战略。

除了制度供给外，政治、文化、社会、法律等非经济因素对一国产业结构的形成与变动也有一定的影响。决定和影响产业结构的经济因素与非经济因素都不是孤立存在的，而是相互联系、相互作用、相互交织在一起，综合地影响和决定现有产业结构及其未来的发展变化。

（二）开放经济条件下产业结构的决定

在封闭经济条件下我们只考虑了国内的相关变量对产业结构的决定，如果一国产业结构与外界发生联系，其结构的维系与变动必然受国外因素（如国际贸易、国际投资、国际技术转移等）影响，国外的需求结构与供给结构的变动，都会通过种种传导机制传递到国内，这种产业结构就是开放的结构。从这

---

① 石磊．中国产业机构成因与转换［M］．上海：复旦大学出版社，1996：21－23.

② 下河边淳，管家茂．现代日本经济事典［M］//苏东水．产业经济学．北京：高等教育出版社，2000：330.

一意义上讲，在经济全球化背景下的今天，可以说所有国家的产业结构本质上都是开放结构，无非是开放程度或与外部产业结构联系的程度有所不同而已。

经济全球化本质之一是全球经济市场化，各国通过开放国内市场、开拓国际市场，使本国经济与国际经济联系日益密切。由此所产生的劳动力、资本等生产要素跨国流动加速、产业技术跨国转移和扩散效应增强、信息跨国界传播速度加快，导致了全球范围内产业资源配置效率的提高，使国家经济增长不再单纯地取决于本国资源禀赋结构、技术进步状况和国内市场需求，而是更多地取决于国际产业转移和国际投资所产生的产业技术扩散效应对本国禀赋结构的提升。正如周振华（1996）所指出："现代经济增长是一个世界性的历史进程，其基本特征之一就是世界经济一体化趋势，所以结构效应不是一种封闭性现象，它必定包括结构开放效应的内容。在世界经济一体化趋势中，各国的产业结构深受这种国际分工变动的影响，其结构变化也对其他国家产业结构发生重大影响，所以，现代经济增长过程所要求的是深度开放结构。"

这种深度开放结构的主要标志就是国际分工与转移。国际产业分布与转移意味着产业联系的国际化，即一个完整的产业结构已突破国界走向世界。一般来说，在产业选择上，发达国家主要占据资金与技术密集的高新产业或附加值高的产业链环节，发展中国家则主要占据劳动与资源密集的传统产业或附加值低的产业链环节。这样一来，绝大多数国家的产业结构都是"残缺不全"的，发达国家注重于发展高新产业，而把其传统产业转移到发展中国家，从而产生"空心化"的产业结构；而承接了国际产业转移的发展中国家则形成了相对固化的低级产业结构。正是这么一种"残缺不全"的国别产业结构，把各国产业结构紧紧地联系了起来，它们必须相互依赖、实行互补，才能使国内产业结构更有效率，而这种互补性正是现代经济增长过程中深度开放结构的基本特征。①

全球化下各国产业结构之间内在联系紧密化的根本动因在于社会生产力的巨大发展和国际分工的不断深化。从根本上来看，社会生产力的发展具有一种内在的扩张力，不断促使社会分工深化。分工的不断深化发展，既在一国范围内发展，形成多层次的分工体系，又越过国界深化发展，在相邻或相近区域空间直至全球范围内形成多层次、多方面的立体国际分工体系。它既使各国产业结构成为相对独立的部分，又使各国产业结构之间相互依存、相互联系。随着经济全球化的不断深化，当代国际分工已经深入到各国产业结构中的部门内和企业内层次，使得各国产业结构相互紧密依存进而形成整体演进趋势，单个产业结构体已难以脱离全球产业结构的演进而实现自身产业的良性发展。

在对全球产业结构演进的研究中，汪斌（2001，2002）② 从国际经济区域发展与互动中提出了一种新的切入点和研究框架：国际区域产业结构的整体性演进。他认为，在经济全球化过程中，区域化是一个与全球化并行不悖同样值得关注的趋势。目前世界经济结构在全球化浪潮下早已呈现"板块状"格局，不仅发展中国家而且发达国家都在竞相拓展周边市场和开拓新的发展空间，进一步加强与周边同区域国家（地区）的经济一体化，因而贸易和投资已出现明显的区域内部化趋向。虽然一国产业结构的变动不仅与域内周边国家的结构变动连为一体、互动演进，而且也和域外各国的产业结构处于相互波及、互动演

---

① 周振华. 现代经济增长中的结构效应 [M]. 上海：上海三联书店，1996：445－447.

② 汪斌. 经济全球化和当代产业结构研究的新视角：一种新的切入点和研究框架 [J]. 福建论坛（经济社会版），2002（9）；汪斌. 当代国际区域产业结构整体性演进的理论研究和实证分析[J]. 浙江大学学报(人文社会科学版)，2001(5).

进中，但由于与全球化并行的区域化浪潮和世界经济结构呈"板块"状格局等，各种连接机制表现出明显的区域内部化趋向，因而往往使处在同一区域的各国产业结构间存在着更为紧密的相互依存、相互连接的关系。因此，立足全球视角，运用整体主义的系统研究方法，将国际区域产业结构作为研究对象和切入点，很有可能成为未来产业结构理论研究的一个突破口。

汪斌的研究为我们研究开放条件下一国产业结构的决定提供了一个新的研究视角和分析框架，是对原有产业结构理论的重大突破，为我们构建一个适应经济全球化时代和基于结构主义（整体主义）系统思想的产业结构研究体系框架起了重要的铺垫作用。但该研究也有不足，可以说，国际区域化发展是全球化发展的阶段性产物，全球市场的影响力总是要大于区域市场；一国产业结构演进与升级的基础更多在于该国动态比较优势的发挥和产业国际竞争战略的作用，不同经济地位的国家在其产业结构形成、开放区域选择与互动对本区域的依赖和对全球市场的考虑是存在差异的，经济大国更多以全球市场为依托。国际经济区域的形成本身不是基于区域产业结构的整体性，而是出于对区域产业政策的协调，而这种协调机制相当脆弱，尤其在松散型国际经济区域内。汪斌提出的立足东亚、面向全球的国际区域产业结构发展思路值得商榷。由于历史、政治、领土争端、民间舆论的向背与地缘利益冲突等原因（根源在于地缘利益冲突），中国与东亚区域国家的有效合作还有较长的道路要走；东亚区域市场的狭小、中国与欧美发达国家互补优势的发挥等因素都决定了中国的国际产业政策应是立足全球化，而不是区域化。

笔者认为，从全球视角来考察一国产业结构的形成与发展，就是要从资源配置和市场竞争的全球性出发，考虑经济全球化发展对一国产业形成与发展的影响和制约，研究该国产业结构在经济全球化中的开放和与其他国家间的互动。原有传统的研究以"国家"为分析单位，对产业结构从国别角度进行分析，在具体的分析中也包括将一国视为一个封闭的产业自循环体系和开放的产业经济体系两个视角；但从国别角度考察的一国产业结构开放，是以国内产业结构调整为轴心的开放型战略，强调以进出口（包括商品、资金、技术、劳动力等）来调整产业结构，以调整产业结构来促进进口，以产业结构的调整为轴心形成产业结构与对外经济活动的有机结合。

在经济全球化的时代，世界各国的经济联系日益密切，各国经济正趋于融为一个整体，演绎着一个新的有别于过去的全球性产业经济系统。该产业经济系统不是由各个独立的相对封闭、边界清晰的国别产业经济系统构成，也不是由各个独立国际区域产业系统简单组合而成的大系统，而是一个以单一国家融入相应国际经济区域和世界产业经济体系为突出特征的新产业系统。该系统内部的各个子系统具有一定的独立性（一方面，民族国家不会消失，非经济因素作用的结果使得一国在产业选择上不能完全按照经济因素作用将本国产业选择和发展完全置于开放的世界市场之中；另一方面，国际经济区域也正蓬勃发展，其发展的一个内容就是在一个国际经济区域内构建区域内的产业合作和产业体系），但是其边界将日益模糊，子系统与整体系统之间的经济交换更为密切，互动作用明显加强。简而言之，在经济全球化发展的今天，要求我们跳出原有的经济发展思维，不拘泥于国际经济区域的影响，从统一的全球市场出发来考虑本国产业的选择和产业结构升级的路径。

经济全球化下一国产业结构体系既作为一个整体受制于国内产业发展因素的影响而相对独立地成长，同时又是在其所在的国际经济区域以及与其他国际经济区域产业结构体系的相互影响、相互波及中演进，从而成为全球产业结构大系统的一个子系统（其模型如图 2-1）。其中，全球市场机制作用中的国际

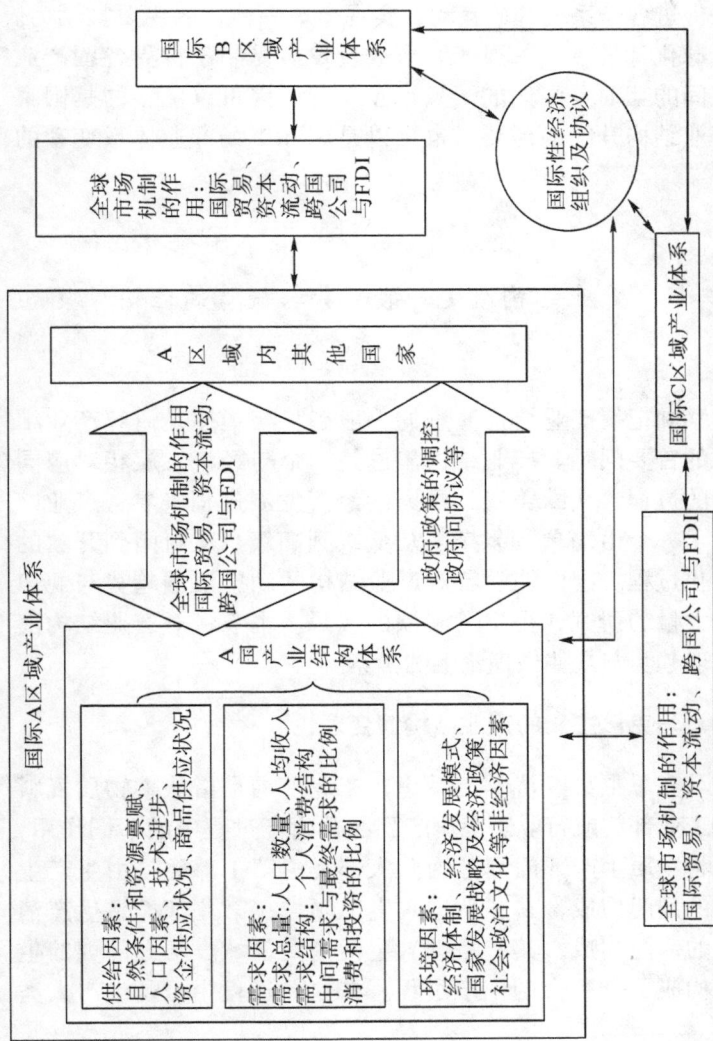

图 2-1 经济全球化下一国产业与全球产业体系的开放与互动模型示意

注：参见唐志红. 经济全球化下一国产业结构优化：一般理论及中国的运用[D]. 中国学术期刊网，2005:85. 本图略有修改。

贸易、国际资本流动、跨国公司与 FDI，以及国际性经济组织与协议是促进各子系统开放互动、实现全球一体化的主要推动力。经济全球化背景下，一国产业形成及发展受制于世界各国产业体系之间的互动是必然的，只是互动的诱因可以更多的是国家自身产业结构升级的需要，也可以是国际市场产业体系变动的结果。①

第二节　产业结构演变一般趋势与规律的理论考察

考察和把握产业结构演进的一般趋势与规律是研究产业结构问题的首要问题。产业结构演进是一个与经济发展相对应同步进行的过程，从欧美发达国家的经济发展进程来看，产业结构经历了一个由简单到复杂、从低级到高级、从封闭到开放的动态变化过程。国内外学者对产业结构的动态演进趋势与规律进行了大量的研究，得出了丰硕的成果。本节将对产业结构演变的一般趋势与规律做理论上的考察。

一、马克思主义的产业结构演变理论

在马克思主义经济学文献里，产业一词是指从事物质资料生产的工业部门或行业。根据产品在再生产过程中的不同作用，马克思将物质生产部门划分为两大部类：第Ⅰ部类是由生产生产资料的部门构成，其产品进入生产领域；第Ⅱ部类是生产消费资料的部门构成，其产品进入生活消费领域。两大部类的生产过程构成了全社会的生产过程。在这一过程中，既生产人类

---

① 唐志红．经济全球化下一国产业结构优化：一般理论及中国的运用［D］．中国学术期刊网，2005：31－34、83－85、99．

社会赖以生存的物质产品，同时也是一个在特定历史环境和经济条件下的生产关系进行的过程，因此又生产和再生产着这些生产关系本身。可见，物质资料的生产是人与人以及人与自然双重关系的总和。在物质资料的再生产过程中，社会再生产正常进行是以社会总产品的实现为核心，通过各种产品交换得以实现的，使产品的各个部分在价值上得到补偿，在物质上得到交换。

社会再生产问题，本质上就是社会经济运行的比例关系。马克思在分析社会再生产的条件时，说明了各个产业部门应均衡发展。要使社会再生产能够实现，也就是要使社会总产出全部经过交换、进入消费，实际上就是要使社会的总供给符合有支付能力的总需求。在简单再生产条件下，第 I 部类的可变资本 v 加剩余价值 m 必须和第 II 部类的不变资本 c 相等，即：$I(v + m) = IIc$。

由此引申出两个公式：

$$I(c + v + m) = Ic + IIc$$

$$II(c + v + m) = I(v + m) + II(v + m)$$

这就是说，从实物形态上来看，第 I 部类所生产的生产资料的总量应等于两大部类在生产中所消耗的生产资料之和；第 II 部类所生产的消费资料的总量应等于两大部类所需要的消费资料之和；如果这些平衡不能实现，简单再生产便无法进行。

在扩大再生产条件下，两大部类均衡发展的基本实现条件是：

$$I(c + v + m) = I(c + \Delta c) + II(c + \Delta c)$$

$$II(c + v + m) = I(v + \Delta v + m/x) + II(v + \Delta v + m/x)$$

即：第 I 部类产品在补偿两大部类生产资料消耗后的余额与两大部类追加的生产资料相等，第 II 部类在补偿两大部类现有生活消费后的余额与两大部类因扩大再生产而增加的消费需要相等。其中，两大部类之间的交换是关键，即：$I(v + \Delta v +$

m/x）＝$\text{II}(c+\Delta c)$。在这个公式里，$\text{I}(v+\Delta v+m/x)$ 这部分在供给的实物形态上是生产资料和生产服务，所需要的则是生活资料和生活服务；而 $\text{II}(c+\Delta c)$ 的供给和需求恰好相反，它提供的是消费品，需求的是生产资料和生产服务。因此，只有 $\text{I}(v+\Delta v+m/x)$ 和 $\text{II}(c+\Delta c)$ 进行交换，并且彼此的价值量相等，两大部类的产出才能都得到实现。

虽然马克思提出的两大部类仅指物质生产部门，不包括非物质生产部门，不能完全揭示产业结构演变的一般规律，但马克思关于两大部类均衡发展的深入分析，揭示了社会再生产运动的规律，清楚地阐明了社会再生产得以实现的基本条件。马克思在分析两大部类之间的依存关系时，提出了资本有机构成理论，即随着科学技术的进步，生产机器体系将得到不断更新，总资本中投在由机器、原料等构成的不变资本部分将不断增长，而用于劳动力的可变资本部分则不断减少。列宁进一步丰富和发展了马克思的上述理论，提出在技术进步条件下，生产资料生产优先增长的规律，即在扩大再生产过程中，制造生产资料的生产资料生产增长最快，其次是制造消费资料的生产资料生产，最慢的是消费资料的生产。

当然，承认生产资料生产的优先增长并不意味着生产资料的生产可以脱离消费资料生产而片面地、孤立地增长。事实上，生产资料的增长归根到底要受消费资料生产的制约。这是因为：首先，在第 I 部类生产的发展中，追加劳动力所需要的消费资料必须依赖于第 II 部类生产的发展来提供；其次，制造生产资料只是提供生产的手段和条件，它本身并不是社会生产的最终目的，第 I 部类生产的发展必然要依赖于第 II 部类的发展所提供的市场。①

----

① 吴树青，等．政治经济学［M］．2 版．北京：高等教育出版社，2002：122－127.

邓小平将马克思主义的普遍原理与我国的基本国情和改革开放的社会实践相结合，开创了具有中国特色的当代产业发展的战略思路。邓小平明确地指出，产业结构的调整与升级对促进国民经济正常稳定增长具有十分的重要性和紧迫性。新中国成立之初，受当时特殊的国际国内政治环境的影响，我国经济建设选择了优先发展重工业的战略，虽然在一段时期里经济建设取得了巨大成绩，形成了比较完善的工业体系和国民经济体系，但由于重工轻农、重积累轻消费的倾斜式发展，我国经济一直存在着比例失调的问题。邓小平强调：在经济比例失调的条件下，下决心进行必要的正确的调整，是我们的经济走向正常、稳定的发展的前提。如果再不认真调整，我们就不可能顺利地进行现代化建设。只有某些方面退够，才能取得全局的稳定和主动，才能使整个经济转上健全发展的轨道。

"发展才是硬道理"，产业发展需要以生产力的发展为基础，以生产力水平的提高为尺度。始终如一地强调"生产力标准"是邓小平经济思想的内核和显著特征。他明确提出要坚持社会主义制度，最根本的是要发展社会生产力，这个问题长期以来我们并没有解决好。社会主义的优越性最终要体现在生产力能够更好地发展上，社会主义的本质是解放生产力，发展生产力；我们所有的改革都是为了一个目的，就是扫除社会生产力发展的障碍，这是解放和发展生产力的必由之路。

二、西方学者的产业结构演变理论考察

西方学者关于产业结构演变的理论源泉最早可溯源到亚当·斯密的绝对成本论与一国生产要素的流动和产业结构的调整。之后，西方学者们对产业结构演变的趋势、规律，以及与社会经济发展的内在关系展开了多层次、多角度、多领域的研究，这种研究大体经历了从封闭到开放、从个量分析到总量分

析、从单一国家到多国关系再到全球互动的漫长过程。在研究中人们逐渐认识到，产业结构演变与经济增长具有内在联系，产业结构作为一国资源配置的载体，其资源转换效率的高低与该国经济总量增长率的高低有明显的互动关系；一国产业结构的形成和发展除了与本国经济发展相关，还与全球产业经济活动密切相关。

（一）封闭经济条件下产业结构演进的理论考察

以单一国家为考虑的基点，着重点在一国内的产业结构变动，认为影响产业结构形成与演变的因素主要是内生的，不考虑或较少考虑国际贸易、国际投资等国际因素的影响，是封闭经济条件下产业结构演进理论的出发点。从研究方法来看，这类研究主要存在两个视角：一是采用若干国家间的横断截面数据和时间序列数据，从统计分析上确认和研究经济增长和结构变化之间的某些普遍联系，典型的代表是配第—克拉克定律和霍夫曼定理；二是集中研究初始条件与经济制度相似的一批国家经济发展的历史经验，探索能够说明其结构变化过程的一些特殊理论，并进一步提出结构调整和经济发展的对策建议，典型的代表是西蒙·库兹涅茨、列昂惕夫和霍利斯·钱纳里等人的研究。这些研究在本质上都是从单一国家视角去研究一国产业结构的形成与演变趋势的。①

1. 关于产业结构演进一般趋势的研究

最早注意到产业结构演变趋势的是英国经济学家威廉·配第（William Petty，1691），他第一次发现各国国民收入水平的差异和其形成不同的经济发展阶段，关键在于产业结构的不同。威廉·配第在其代表作《政治算术》中比较了不同国家之间和不同行业之间劳动力的收入水平，得出结论：制造业比农业，

---

① 唐志红. 经济全球化下一国产业结构优化：一般理论及中国的运用 [D]. 中国学术期刊网，2005：17-18.

进而商业比制造业能够获得更多的收入，这种不同行业之间相对收入的差异将促使劳动力向能获得更高收入的产业部门转移。这一发现被誉为"配第定理"，成为产业结构演进研究领域的奠基之石。

由于时代的局限性，威廉·配第未能看到结构变动和人均国民收入水平的内在关联。英国经济学家科林·克拉克（Colin Clark，1940）引入费希尔（Fisher，1935）的三次产业分类方法，通过对四十多个国家不同时期三次产业的劳动投入和总产出资料的统计分析和研究，揭示了人均国民收入水平与产业结构变动的内在联系，重新验证了配第定理，进一步得出产业结构演变的基本趋势：即当社会经济发展处于第一产业为主体时，人均国民收入水平低并占有绝大多数劳动力；随着经济的发展，第二产业逐渐取代第一产业而占主导地位，这时人均国民收入增加，劳动力从第一产业向第二产业转移，第二产业劳动力比重逐步提高，第一产业劳动力的比重则迅速下降；随着经济的进一步发展，人均国民收入大大提高，第三产业劳动力所占比重将最大，第二产业次之，第一产业最少；而导致劳动力分布结构变化的主要动因在于产业之间在经济发展中产生的相对收入的差异。由于克拉克声称自己的研究只是对配第定理的验证，因此后人将二人的研究合称为"配第—克拉克定律"。

GNP 之父、美国著名经济学家西蒙·库兹涅茨（S. Kuznets，1971）在继承克拉克研究成果的基础上，进一步扩大与挖掘样本数据，从国民收入和劳动力在产业之间的分布两个方面对产业结构演进规律作了更深层次的研究。与克拉克的研究相比，库兹涅茨主要在以下几方面进行了改进：①库兹涅茨不仅使用了劳动力分布的指标，而且还利用了国民收入比重的指标，从劳动力和国民收入两个方面对产业结构的演进进行了综合的分析；②库兹涅茨不仅使用了时间序列的数据，而且还利用了横断面的数据进行了统计回归分析，使所得的结论更有普遍意义；③库兹涅茨不仅考察了三次产业间的变动，还将研究的视角深入到一些产业的内部，使其研究较前人深入了许多。

库兹涅茨通过对众多样本国家的数据统计，对国民收入和劳动力在产业间的分布结构进行了研究，得到了被称作是库兹涅茨法则（Kuznets Law）的结论：A 部门（第一产业）的相对比重，无论是资产结构还是劳动力结构，都处于不断地下降中。I 部门（第二产业）的产值和劳动力的相对比重是趋向上升的，但上升速度不一致，与产值的相对比重相比，劳动力的相对比重显得基本稳定或上升较为缓慢；在第二产业内部，与新兴科技关系密切的行业（如电子、机械、交通运输等）无论在产值结构比重还是在劳动力结构比重都处于上升阶段，增长较快；而一些传统产业（如食品、服装等）则在以上两个方面都处于下降趋势。在 S 部门（第三产业）无论产值的相对比重还是劳动力的相对比重与 I 部门一样，具有上升趋势；但与 I 部门不同的是，劳动力的相对比重要大于产值的相对比重；在 S 部门内部，各行业的发展也是不一样的，教育、科研和政府行政部门在劳动力的占用上显示出其比重是不断上升的。产业结构演变的动因，除了配第—克拉克定律所提出的各产业部门在经济发展中所必然出现的相对收入差异外，库兹涅茨还认为由各产业部门之间的相对国民收入的差异决定。①

库兹涅茨的结论可用表 2-1 清楚表示。

① 相对国民收入，又称为比较劳动生产率，是指国民收入的相对比重和劳动力的相对比重之比。参见：西蒙·库兹涅茨. 各国的经济增长 [M]. 常勋，等，译. 北京：商务印书馆，2005：389-396.

表 2 - 1　　　**产业发展形态的概括（三部门的构成）**

	（1）劳动力的相对比重		（2）国民收入的相对比重		（3）＝（2）/（1）相对国民收入（比较生产率）	
	时间序列分析	横断面分析	时间序列分析	横断面分析	时间序列分析	横断面分析
第一产业	下降	下降	下降	下降	下降（1以下）	几乎不变（1以下）
第二产业	不确定	上升	上升	上升	上升（1以上）	下降（1以上）
第三产业	上升	上升	不确定	微升（稳定）	下降（1以上）	下降（1以上）

　　注：时间序列分析是指按时间的推移所做的分析，横断面分析是指同一时点不同国民收入国家的比较（从低到高）；"不确定"的意思是指很难归纳出一般的趋势，从整体来看变化不大，或者略有上升。参见：杨治. 产业经济学导论［M］. 北京：中国人民大学出版社，1985：46.

　　20 世纪 70 年代以来，不少学者运用各类统计数据来验证库兹涅茨法则，如日本学者中本博皓对美、英、法、日等工业大国的国民收入相对比重进行的时间序列的研究，也验证了库兹涅茨的基本结论。但随着 20 世纪 80 年代中后期"经济服务化"趋势的加强，出现了现实与库兹涅茨法则不相符的现象：无论是劳动力还是国民收入的相对比重，主要工业化国家的第一产业的下降趋势都有所减弱，而第二产业的相对比重出现了下降的趋势，第三产业的比重强劲上升已占到了整个国民经济的一半以上，一个开放的知识经济时代悄然来临了。[①]

　　2. 关于产业内部结构演变的研究

　　在产业内部关系结构的研究中，主要集中在第二产业的工

---

　　① 龚仰军，应勤俭. 产业结构与产业政策［M］. 上海：立信会计出版社，1999：71 - 73.

业化进程上。霍夫曼（W. Hoffmann，1931）对工业化的演进规律作了开拓性的研究，他利用近 20 个国家的时间序列数据，分析了消费工业和资本资料工业的比例关系，得出了著名的霍夫曼定律：随着工业化的进程，霍夫曼系数是不断下降的（霍夫曼系数是指消费资料工业净产值与资本资料工业净产值之比）。根据霍夫曼系数的变化趋势，霍夫曼将一国工业化的进程分为四个阶段：第一阶段，消费资料工业的生产在制造业中占主导地位，资本资料工业的生产是不发达的，霍夫曼系数为 5（＋/－1）；第二阶段，资本资料工业获得较快发展，但其规模比消费资料工业的规模要小得多，霍夫曼系数为 2.5（＋/－1）；第三阶段，资本资料工业增长加速，二者规模达到大致相当的状况，霍夫曼系数为 1（＋/－0.5）；第四阶段，资本资料工业的规模超过消费资料工业，居于主导地位，霍夫曼系数为 1 以下。

霍夫曼定律的提出，给工业结构演进规律的研究带来了新思维。其后的学者对该定律进行了大量的讨论与验证。美国学者梅泽尔斯（A. Maizels）指出霍夫曼定律的局限性：一是仅从工业内部比例关系来分析工业化进程是不全面的，二是霍夫曼系数忽视了各国工业在发展过程中必然会存在的产业间生产率的差异，对于处于同一霍夫曼系数水平的不同国家，很难说它们就一定处于同一工业化进程中，所以霍夫曼定律的使用十分有限。库兹涅茨则进一步认为资本资料工业优先增长的结论是没有根据的，"在美国的经济发展过程中，看不出存在什么霍夫曼定律，因此根据美国的经验不得不放弃它"。① 日本学者盐野谷裕一针对霍夫曼分类法的缺陷，运用商品流动法（Commodity Flow Method）原则对产业分类进行了重新划分，然后运用修正

---

① 杨治. 产业经济学导论［M］. 北京：中国人民大学出版社，1985：61.

后的数据重新计算了霍夫曼系数，得出以下结论：从美国、瑞典等国的长期时间序列分析来看，制造业中资本资料生产的比重大体处于稳定状况；从轻、重工业的比例关系来看，重工业比重增大是所有国家都存在的普遍现象；从日本霍夫曼系数明显下降的事实表明，霍夫曼定律在工业化初期阶段是适用的。①

钱纳里（Chenery，1968，1975）从其标准产业结构模式理论出发，深入考察了制造业内部结构变动的规律性，揭示了制造业内部结构转换的原因主要是产业间存在的产业关联效应。其中，人均国民生产总值、需求规模和投资率对制造业的影响大，而对工业品和初级品输出率的影响小。钱纳里进而将制造业的发展分为三个发展时期：经济发展初期、中期和后期。制造业也因此划分为三种不同类型：初级产业，它是指经济发展初期对经济发展起主要作用的制造业部门，如食品、皮革、纺织等部门；中期产业，它是指经济发展中期起主要作用的制造业部门，如石油、化工、煤炭制品等部门；后期产业，它是指在经济发展后期起主要作用的制造业部门，如服装和日用品、金属制品、机械制造等部门。

科技的进步推动着工业化的不断发展，进而导致了工业结构的重心由轻工业到重工业、从原材料工业向组装加工业的转移，工业资源结构（主要指劳动力、资本与技术三者关系）也发生相应转移。一般来说，工业化进程总是从劳动密集型产业为主导转向以资金密集型产业为主导，再转向以知识技术密集型产业为主导。W. 罗斯托（W. Rostow，1963，1971）的主导产业及其扩散效应理论认为"近代经济增长实质上是一个部门的过程"，经济的发展就是充当"领头羊"的主导产业部门（Leading Sectors）首先获得增长，然后通过回顾效应、旁侧效

---

① 杨公朴，夏大慰. 现代产业经济学 ［M］. 2 版. 上海：上海财经大学出版社，2005：185 – 186.

应、前向效应①等主导产业扩散效应对其他产业部门施以诱发作用，最终带动整个经济增长的过程。罗斯托根据科学技术和生产力发展水平将一国经济成长的过程划分为六个阶段，每个阶段的主导产业如表2－2所示。同时他认为：在经济发展过程中主导产业的序列不可任意改变，任何国家都要经历由低级向高级的发展过程。

表2－2　　罗斯托的经济成长阶段和相应的主导产业

经济成长阶段	相应主导产业
传统社会阶段	自足自给的农业为主导
为起飞创造前提阶段	向工业经济过渡，但仍以农业为主导
起飞阶段	纺织工业、铁路、公路等基建行业为主导
趋向成熟阶段	机械化大生产的时代，以钢铁、电力工业为主导
高额消费阶段	高度工业化时代，以汽车工业为主导
追求生活质量阶段	后工业化时代，以教育、服务、社会福利等为主导

列昂惕夫（W. Leontief，1936）开创的投入产出分析法把封闭型产业结构定量化，并发展到了完美的程度。投入产业分析从一般均衡理论出发，研究和分析国民经济各部门之间的投入与产出的数量关系，利用投入产出表和投入产出系数来推断某一部门经济活动的变化对其他部门的影响，计算为满足社会的最终需求所需生产的各种产品总量，并分析国民经济发展和结构变化的前景。投入产出法的出现为政府制定产业结构政策提供了有力的决策工具，但由于该方法是一种静态的分析方法，并以同质性和比例性作为分析的假定前提，因此一般只适用于

---

① 　回顾效应是指主导部门增长对那些给自己提供生产资料的部门发生的影响；旁侧效应是指主导部门增长对周围地区的经济发展所起的作用，如城市化的加速；前向效应是指主导部门对新兴主导产业、新技术、新原料等的诱导作用，以解决生产中的瓶颈问题。参见：W. W. 罗斯托．从起飞进入持续增长的经济学［M］．贺力平，等，译．成都：四川人民出版社，1988：6－7.

短期分析而不适用于长期分析，适用于分析而不适用于预测，而且其在具体运用中有明显的局限性。

（二）开放经济条件下产业结构演进的理论考察

在研究单一国家产业结构演变规律时，库兹涅茨和钱纳里等人已经意识到一国产业结构的演变必然要受到国际分工、生产要素国际流动等国际经济因素的影响，进而开始了从开放角度来研究一国产业结构的演变趋势与规律。

亚当·斯密（1776）的绝对成本优势论、大卫·李嘉图（1817）的相对成本优势论、赫克歇尔和俄林（1933）的要素禀赋论中都已论及：由于各生产要素禀赋的差异导致各国资源配置的不同和比较优势的差异以及生产要素在不同国家之间的流动，进而导致各国经济结构（主要表现为产业结构）的变动。库兹涅茨在研究现代经济增长问题时已发现了世界各国相互依赖、相互作用的影响，他明确指出："各个国家并不是孤立地生存，而是互相联系的，所以一个国家的增长会影响其他国家，反过来它也受这些国家的影响。因而，经济增长除了可以从总量上和结构上来考察，还应该从国际因素的影响角度来考察"。①

库兹涅茨在其著作《各国的经济增长》中对经济总体增长和生产结构变动之间的关系做了如下结论："国际贸易和其他的国际流动，由于反映各国间产品生产相对优势变动的各国进出口结构的不断变动，从而促使了一国的产业结构的改变。产品生产相对优势的变动转过来说又可能是某一国家较其他国家拥有较高的增长率的结果……，国际贸易等国际流动对一国生产结构改变的影响可能是由下述实施造成的：技术变革的经常涌现减少了运输及通讯费用，从而扩展了国际贸易的范围，而发达国家能够在这种情况下利用其相对优势，从而引起了生产结

---

① 西蒙·库兹涅茨. 现代经济增长［M］. 常勋，等，译. 北京：北京经济学院出版社，1989：1.

构的改变。在任何一种情况下，通常作为技术进步高速发展反映的人均产值的高增长率，会有助于相对优势的迅速改变，从而也会加强国内生产结构的改变。但对外贸易业务和对比优势改变的贡献，对国家的经济规模来说是反函数，国家较小，贡献就更大。特别是在较小的发达国家中，对外贸易是一项关键因素，……它们的对外贸易比重的上升，可能是这些国家国内生产结构的高改变率的主要原因。但就对外贸易在其总产值中占较小比重的大国来说，对外贸易的扩大对国内生产结构改变的贡献可能是较为有限的。"①

库兹涅茨的研究对象主要是欧美发达国家，这些国家的经济发展在该研究阶段所表现出的是国内市场规模的作用大于国际贸易，因此库兹涅茨认为"国内的增长主要依靠领土扩展，其本身就是一种主要结构变动的来源"，其研究只是在对发达国家和发展中国家的比较中才涉及产业结构变动的国际联系方面，而没有将一国产业结构的变动受国际经济联系因素的影响深入下去。

钱纳里、赛尔奎因等人在其标准产业结构模式的研究中，已经注意到各国比较优势的差异、国际贸易的存在等国际经济因素对一国产业结构演进的影响。他们的研究认为：一国贸易战略和政策的制定总是基于其工业化的基础条件（自然条件、资源禀赋和人口规模），不同国家的贸易战略和政策上的差异导致其结构转变呈现出不同于标准模式的多样性；越是开放的经济，效率越高，全要素生产率对经济增长的贡献越大；制成品出口导向国家的经济结构变化的速度越快，国内外产业联系的程度越高，制造业对增长的贡献就越大。

关于开放条件下产业结构的演变模式，具有代表性的主要

① 西蒙·库兹涅茨. 各国的经济增长 [M]. 常勋，等，译. 北京：商务印书馆，2005：408-409.

有雁行形态发展模式、国际产品循环发展模式、同时开发发展模式三种。雁行形态发展模式（Flying Geese Paradigm）是由日本学者赤松要（Kaname Akamatsu，1960）在考察了日本棉纺工业品贸易的发展轨迹后于 1960 年首先提出的，后由小岛清等人通过对日本的纺织工业、钢铁工业和汽车工业的研究进行了验证。这一理论揭示了后发国家参与国际分工实现产业结构高度化的途径，赤松要对日本棉纺工业从进口发展到国内生产，再发展到出口进行了历史的考察，认为后发国家的产业发展应遵循"进口—国内生产—出口"的模式，使其产业相继更替发展（如图 2 - 2）。

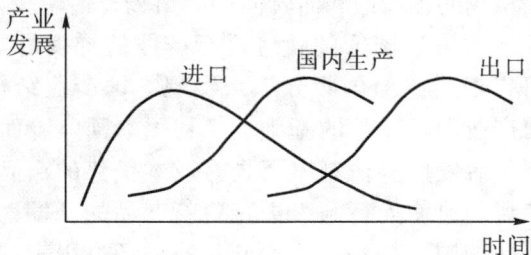

图 2 - 2　赤松要雁行形态发展模式

上述进口、国内生产和出口的发展过程，在图形上看像是三只展翅飞翔的大雁。第一只大雁是进口的浪潮，工业后发国家由于技术和资金等供给方面的原因，无法开发和生产较为先进的产品，只能通过进口来满足这部分产品的国内需求，因而导致国外商品的大量涌入，此时称为"导入期"。第二只大雁是进口所引发的国内生产的浪潮，外国商品的涌入引发了国内市场的进一步扩大，国内企业通过引进技术和管理经验，与本国的廉价劳动力和优势自然资源相结合，逐步具备了以国产化产品取代进口产品的能力，相应产业也逐步形成，这一阶段被称为"进口替代期"。第三只大雁是国内生产所促进的出口高潮，在国内需求继续扩大和工业化进程的加速时期，后发国家企业在规模经济和廉价生产要素上的优势不断累积，使其产品的生产具有比原进口产品更大的成本优势，产业竞争力上升，最终从国内市场走到了国际市场，形成了出口的高潮，即进入了"出口期"。

国际产品循环发展模式是建立在国际产品生命周期理论基础上的，由美国著名经济学家弗农（R. Vernon，1966）提出的，它揭示了国际贸易对工业发达国和后发国产业结构的影响。与赤松要的考察角度不同，弗农认为工业发达国家的产业发展是以本国工业开发的新产品在国内市场上的出现为出发点，然后随着国内市场的逐步饱和而转向国际市场，沿着较发达国家、发展中国家、欠发达国家的轨迹进行产业的梯度性国际转移；后发国家可以通过参与国际分工来实现本国产业结构的升级，在发达国家产业国际转移的基础上，利用本国廉价而丰富的劳动力和资源等后发优势仿制出更具有成本优势的产品，并打回先行国家市场，迫使先行国家进行更新产品的开发，进而开始了又一轮产品的国际循环。这种产品的循环过程表现为：新产品开发—出口—资本和技术的出口—进口—开发更新的产品……

同时开发发展模式是后发国家在发展技术密集型产业中所采用的一种主要的发展模式（如图2-3）。随着技术集约化的发展，产业技术水平日益成为一国产业结构的基础性决定因素，传统产业的主导地位逐渐被新兴产业取代，整个产业结构面临着重大的调整。为保持产业技术的领先性，各工业发达国家都投入了巨额资金竞相开发新技术、建立高新技术产业，以抢占国际市场竞争的制高点。其中，后发工业国家可利用后发优势，集中资源于高新技术产品的研发与相关产业的建立，取得与工业先行国家大致同期的高新技术水平。由于大致处于相同水平，工业先行国家与后发国家之间同类工业品的进出口虽普遍存在，但进出口数量将大幅减少；工业后发国家可以通过高新技术的突进来保持和巩固高新技术产品的国内市场，并适时向国际市场拓展。这种发展模式能使工业后发国家迅速赶超工业先行国家，它强调后发国家在赶超接近尾声时，应继续保持对高新技术产业的投入，只有持续保持自身的技术竞争优势，才能保证经济发展的强劲增长。典型的例子是20世纪80年代以来日本数控机床、机加工中心、工业机器人等微电子机械行业以及精密陶瓷等新型材料行业的迅速发展。[①]

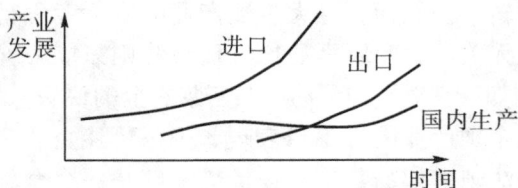

图 2 - 3　同时开发发展模式

进入 20 世纪 90 年代以来，随着经济全球化浪潮的兴起，国际市场的竞争日趋激烈，关于产业竞争力、产业竞争优势等问题的研究成了全球化背景下一国产业发展战略的热点。美国著名竞争战略专家、哈佛大学商学院迈克尔·波特教授（Michael Porter，1990，2002）的"国家竞争优势理论"是进入经济全球化时代西方产业发展理论的一个典范。

波特指出，国家竞争力的基础是产业竞争力，产业竞争力的基础是企业的竞争力。"产业必须朝全球市场迈进，因为技术、客户需求、政府政策和国际基础建设等方面的变化，会使各国企业的经济态势有相当大的差距，使全球竞争战略的重要

① 袁奇. 当代国际分工格局下中国产业发展战略研究 [M]. 成都：西南财经大学出版社，2006：161 - 162.

性日增。""全球战略没有绝对的模式，完全要看企业如何在全球竞争中选择网点、如何协调各地的利益，这样可以组合出成千上万种不同的战略。"①

但与传统产业结构演进理论对生产要素比较优势的重视不同，波特认为："越来越多的例证显示，生产要素的比较优势不足以解释丰富多元的贸易形态，……生产要素的比较优势法则对很多产业来说根本就不实际。生产要素比较优势法则的假设不考虑经济规模，认为技术具有普遍性、生产本身没有差异性，连国家资源也被设定。这个理论还假设资金与熟练的工人不会在国家之间转移。然而，绝大多数产业的实际竞争行为却几乎与这些假设无关。生产要素的比较优势法则只能解释贸易的各种形态（例如：它对平均劳动力与密集资金的说法），而无法应用于国家在个别产业的进出口表现，……更让企业对生产要素的比较优势法则失望的是，比较优势法则是一个全然静态的概念。这个理论只强调企业影响政府政策，却未考虑到在企业活动中，改善技术、发展产品差异性等战略的角色。因此，绝大多数经理人认为这套理论远离了他们关心的问题、缺乏指引的功能，事实上并不奇怪。"②

波特指出，在经济全球化背景下一国产业结构的演进与其政府产业国际竞争战略是密不可分的。"全球的产业竞争战略原则，事实上凸显了国家在产业国际竞争中的角色。企业必须了解到，由于产业结构和竞争优势等因素会随着产业种类而有所不同，不同产业需要不同的战略思考。即使在同一产业中，企业还可以根据所期望的竞争优势或产业环节，选择不同的战

---

① 迈克尔·波特. 国家竞争优势 [M]. 李明轩，邱如美，译. 北京：华夏出版社，2002：57 - 59.
② 迈克尔·波特. 国家竞争优势 [M]. 李明轩，邱如美，译. 北京：华夏出版社，2002：11 - 12.

略。……不过，战略是离不开环境的。当国家环境有助于某些产业发展适当的战略时"，该产业将得到迅猛的发展，而"国家便会随产业而兴盛"。

"长期而言，企业若要持续既有的竞争优势，一定要使产业条件升级，也就是要不断地投资在精密技术、技巧和方法等方面。当产业拥有修正战略的能力与资源时，国家也将连带受益。"反之，"如果企业停留在模仿或静态的竞争概念中，它的产业地位必然不保。""如果产业的母国市场比外国市场更进步，并在国际市场的需求出现之前就展现改进与创新的能力，那么该国的国力必然会随着产业的优秀表现而强盛。"①

三、国内学者的相关研究

国内关于产业经济学的研究是以 1985 年中国人民大学杨治教授的著作《产业经济学导论》的出版为时间界限的。之前的研究主要以马克思主义经济理论和传统计划经济理论为依据，研究如何通过国家或地方各职能部门的行政性计划与指令，来使国民经济各部门有计划、按要求地发展；产业结构的演进完全取决于政府的政策偏好，具有浓厚的计划经济意识和鲜明的中国特色。同时，出于条块管理的需要，对产业内部各部门的研究成为了该阶段研究的重点，产业经济的研究偏重于工业部门、农业部门、商业部门等部门经济，更强调各部门的发展如何通过计划保持协调等。

20 世纪 80 年代中期以后，随着西方主流经济理论在中国的逐渐普及，现代意义上的产业经济学开始在中国兴起。国内学者关于产业经济的研究内容发生了根本性的改变，开始重视研究在市场经济条件下产业结构演进的基本规律、各产业之间的

---

① 迈克尔·波特. 国家竞争优势 [M]. 李明轩，邱如美，译. 北京：华夏出版社，2002：63 - 64.

联系以及产业内各部门、各环节的经济运行规律。由于传统计划经济体制下产业发展思路与相关政策的偏差，导致了严重的结构问题，国内对产业结构的调整与优化，无论是产业结构演进的一般规律、演进机理与路径，还是产业政策的制定与作用、调整优化模式，都产生了急迫而大量的理论需求，进而形成了20世纪90年代中期以来理论界研究的热点与重点问题，并取得了相当丰富的研究成果。

归纳起来，在产业结构演变方面，国内学者的研究主要集中在以下四个方面：

（1）关于产业结构演变一般趋势与规律的探讨。由于关于产业结构演进一般规律的研究在西方理论界已有比较成熟的理论，国内学者对此的探讨主要在于对相关理论体系的介绍，多是沿用国外的经典理论和最新发展观点，创新较少。

（2）关于国外产业结构演变的研究及对我国的借鉴意义。他山之石可以攻玉，借鉴学习国外产业结构演变的规律及产业发展对策，是国内产业界研究的一个主要方面。这方面的研究主要集中在两个层面：一是针对欧美发达国家，集中研究欧美发达国家产业发展历程，试图从经济发展阶段相似论的角度得出我国产业结构演进的发展趋势、存在的问题及解决对策等；其中，对日本产业政策的研究是国内学者多为关注的领域。二是针对新兴工业国家和地区（如韩国、新加坡、中国台湾）或与中国国情相近或相似的国家（如印度、巴西），试图从这些国家和地区的产业发展路径中找到对我们有价值的发展经验或教训。

（3）关于中国产业结构演变的历程、特点、趋势、存在问题与解决对策。这是当前研究中的热点问题，相关文献比较多，国内学者们从不同的研究视角，在对西方产业结构相关理论与模型进行讨论的基础上，以中国产业结构演变的原始数据为样本来研究中国产业结构演变的历程和特点，从而揭示中国产业结构演进的大致趋势、存在问题与解决对策等。

从研究方法来看，当前国内学界主要采用了两大类分析方法，一是总量分析的方法，即采用我国产业结构演变的时间序列统计数据，对我国产业结构演变的特点进行回归分析，并对未来的演变趋势进行预测；二是采用个量分析的方法，采用横断截面数据分析，对某一特定问题进行时点判断与分析。但总的来看，规范分析多，实证分析少；政策建议多，基于翔实数据的实证分析少。

（4）进入 21 世纪后，随着全球化浪潮的兴起和中国入世效应的逐渐体现，国内学者的研究更多地集中在对全球产业结构的调整及对中国的意义研究上。新的世纪，中国经济增长的背景发生了重大改变，特别是经济全球化浪潮中的全球产业结构调整将对我国产业结构调整产生深远的影响。这种影响机理是什么，影响范围与程度怎么样，如何积极应对这种影响，正日益成为当前国内学界的一项热点和重点的研究课题。本书正是基于当前的全球化背景来具体研究全球产业结构调整中的 FDI 对我国产业结构的优化问题。

鉴于国内学者的相关研究论点将在本书的相关章节中展开叙述，在此不再赘述。

第三节　产业结构的优化及其评判标准

一国经济的发展，不仅表现在该国经济总量的增长，还表现在该国经济结构（尤其是产业结构）的优化升级。结构主义学派认为，要保持一国经济持续、稳定、健康的发展，就必须实现该国国民经济的供求均衡；这种供求均衡既包括供给数量与需求数量的均衡，也包括供给结构与需求结构的均衡。

从理论上讲，国民经济的供求结构均衡状态可以说是结构上的最优状态。但在现实经济中，这种结构均衡状态是极为偶然的，帕雷托最优状态是不存在的，处于常态的是国民经济供求结构的不均衡。国民经济供求结构的不均衡不可避免地带来了产业结构的偏差。产业结构的调整即是对不理想的产业结构进行有关变量的调整，以实现产业结构的优化。可以说，产业结构调整的中心问题就是产业结构优化。

一、产业结构优化的内涵

产业结构优化是指通过产业调整，使产业结构效率、产业结构水平不断提高的过程，即在实现国民经济效益最优的目标下，根据本国或本地区的资源条件、经济发展阶段、科技水平、人口规模与素质水平以及国际经济关系等特点，通过对产业结构的调整，使得产业结构向着协调发展、技术进步和效益提高的方向演化。

主流产业经济学者认为，要使一国或一地区的资源配置效率达到最优，产业结构优化主要包括两个方面：产业结构的合理化和产业结构的高度化。前者主要依据产业关联技术经济的客观比例关系来调整不协调的产业结构，促进国民经济各产业间的协调发展；后者主要遵循产业结构演变规律，通过创新，加速产业结构从低层次结构向高层次结构的演进。正如周振华指出："产业结构调节的全部内容的中心问题就是产业结构优化。产业结构优化并不意味着完全达到国民产品供求结构的均衡状态，而是对这种均衡状态的趋近……它具有明确而丰富的内容，具有衡量的标准……产业结构优化的两个基本点是产业结构的高度化和产业结构的合理化。"①

产业结构优化是一个动态的概念。在不同的历史发展时期和国情背景下，产业结构优化的内容是不同，但其基本目的都是围绕着：使一国或一地区的资源配置效率达到最优，实现国民经济供求结构的均衡，进而实现国民经济的持续快速增长。当然，从严格意义上来说，产业结构优化并不意味着使国民经济供求结构达到完全均衡，它不是一个"最优"问题，而是一个在一定时代背景和国情条件限制下的"次优"问题，是一个向着"最优目标"不断趋近的过程。

二、产业结构优化的机理与模型

从优化演进的动因来看，产业结构优化演进可分为自然演进和人为演进。自然演进认为随着科技水平的不断更新、经济发展水平的不断提高，一国或一地区产业结构在市场机制的作用下会遵循产业结构演进的一般规律而逐渐实现高度化和合理化，但这种演进的进程是相当缓慢而漫长的，作用是有限的。在产业经济已高度发达的今天，市场机制的缺陷、政府政策效应的强势，已使人为演进模式占据了主导地位，一国或一地区的产业结构优化更多地受到当地政府产业政策的促进与制约。产业结构优化的过程实质上更多的是通过政府产业政策调整或影响产业结构变化的相关因素，实现资源的优化配置与再配置，推进产业结构的合理化和高度化发展，在充分发挥产业结构优化效应的基础上实现国民经济持续快速的增长。

按此思路，产业结构优化的机理通过以下过程实现国民经济的持续快速增长：调整影响产业结构的决定因素→产业结构得到优化→产业结构优化效应发挥作用→国民经济得到持续快

① 周振华．产业结构优化论［M］．上海：上海人民出版社，1992：26－27.

速发展。

（1）调整影响产业结构的决定因素。这些决定因素从供求的角度来说，包括供给因素和需求因素；从投入产出的角度来说，包括投入结构和产出结构。调整产业结构的决定因素就是要调整供给结构和需求结构、投入结构和产出结构，其中包括调整国际贸易结构和国际投资结构，从而改变产业结构。在现实经济中，调整的因素往往是那些制约产业结构优化效应发挥的障碍因素。

（2）产业结构得到优化。这主要包括产业结构的高度化和合理化。

（3）产业结构优化效应发挥作用。产业结构效应是指产业结构的变化对经济增长所产生的效果，这包括产业结构的关联效应、扩散效应、结构弹性效应、结构成长效应、结构开放效应等。结构效应有正效应与负效应之分，产业结构的优化有利于发挥产业结构效应的积极作用，推动和保持经济的增长。

（4）国民经济在产业结构效应的积极作用下取得比正常增长速度快得多的增长。[1]

由此，我们可以做出如下产业结构优化模型（见图2-4）。

三、产业结构优化的主要内容与评判标准

主流产业经济学者认为产业结构的优化主要包括两个方面的内容：产业结构的合理化和产业结构的高度化。

（一）产业结构的合理化

1. 产业结构合理化的含义

目前国内学术界对产业结构合理化的含义存在着理解上的差异，不同的学者从不同的研究角度对产业结构合理化提出了

---

① 苏东水. 产业经济学 [M]. 北京：高等教育出版社，2000：284.

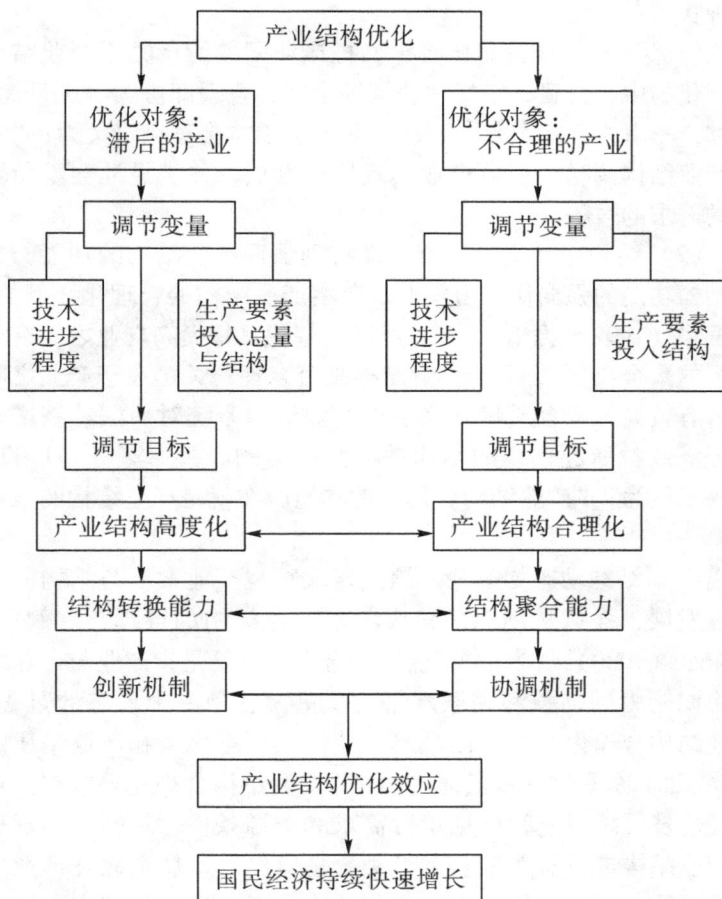

图 2-4 产业结构优化模型①

① 此模型建立思路参见：周振华．产业结构优化论［M］．上海：上海人民出版社，1992：26、30.

不同的见解，存在多种不同的定义，归纳起来，大致有以下四种：

（1）结构协调论。该类定义把产业间的协调置于产业结构合理化的中心位置，坚持"协调即合理，合理即协调"的理念。例如，李京文、郑友敬（1989）把产业结构合理化定义为："通过产业结构调整，使各产业实现协调发展，并满足社会不断增长的需求的过程。"

（2）结构功能论。该类定义特别强调产业结构的功能，并以结构功能的强弱作为出发点来考察产业结构的合理化。例如，周振华（1992）提出："产业结构合理化是指提高产业之间有机联系的聚合质量"，判断产业结构是否合理的关键在于产业之间是否有较高的聚合质量，这是以产业结构系统对一国经济增长和经济效益所起作用的结构效应为依据的。龚仰军等（1999）进一步认为："产业结构合理化的本质所在就是产业结构的聚合质量"①。

（3）结构动态均衡论。该类定义重视产业素质与结构的均衡性发展，强调从动态的角度考察产业结构的合理化。例如，苏东水（2000）认为："产业结构合理化主要是指产业与产业之间协调能力的加强和关联水平的提高，它是一个动态的过程；产业结构合理化就是要促进产业结构的动态均衡和产业素质的提高。"苏东水进一步具体指出："产业结构合理化要求在一定的经济发展阶段上，根据消费需求和资源条件，对初始不理想的产业结构进行有关变量的调整，理顺结构，使资源在产业间合理配置、有效利用。衡量产业结构是否合理的关键在于判断

---

① 产业结构的聚合质量是指由各产业间的不同联系方式和组合方法所决定的产业结构系统的资源转换能力和综合产出能力。一般来说，一个产业结构系统的资源转换能力和综合产出能力越强，该产业结构系统的聚合质量越高，该产业结构也就越合理。参见：龚仰军，等. 产业结构与产业政策 [M]. 上海：立信会计出版社，1999：100.

产业之间是否具有因其内在的相互作用而产生的一种不同于产业能力之和的整体能力。如果产业之间相互作用的关系越协调，结构的整体能力就会越高，则与之相应的产业结构也就越合理；反之，则不合理。"

（4）资源配置论。该类定义把产业结构视为是一种特定的资源转换器或资源配置的具体载体，从资源在产业间的配置结构及合理利用的角度来考察产业结构的合理化。例如，史忠良（1998）、蒋选（2004）等认为，产业结构合理化要求在一定的经济发展阶段上，遵循社会再生产过程对结构性比例的要求，根据消费需求和资源条件理顺产业结构，使资源在产业间合理配置和有效利用，追求产业规模适度、增长速度均衡和产业联系协调。

以上四种定义各有千秋，很难说孰优孰劣。本书对产业结构合理化定义的界定更倾向于资源配置论。

2. 产业结构合理化的判断标准

对产业结构合理化内涵的不同认识，导致了对产业结构合理化的不同评判标准。目前关于产业结构合理化的评判标准有多种提法，具有代表性的有：周振华（1992）的结构聚合质量的单一标准；李悦（1998）结合中国国情所提出的"三个有利于"和"三个相适应"原则；黄继忠（2002）提出的产业结构合理化的结构完整性、速度均衡性和产业协调性三个标准；苏东水（2000）认为产业结构合理化要解决三个问题，即供给结构与需求结构相适应问题、三次产业及各产业内部各部门之间发展的协调问题和产业结构效应如何充分发挥的问题，即产业结构的合理化应有三个标准：适应需求结构标准、产业协调标准和产业结构效应标准。此外，还有史忠良（1998）提出的产业结构合理化的资源合理利用、充分利用国际分工、产业间协调发展及经济社会可持续发展四项标准；杨公朴、夏大慰

（2005）提出的与"标准结构"进行比较、是否适应市场需求的变化、产业间的比例是否协调、能否合理和有效地利用资源四个标准等。

总的来说，评判一国或一地区产业结构是否合理化的基本标准主要有以下几种：

（1）标准结构基准。所谓的"标准结构"是在大量历史数据（主要是欧美发达国家）的基础上通过实证分析而得到的，它反映了产业结构演变的一般规律。该方法是将一国或一地区的产业结构与我们已知的国际标准产业结构进行比较，以确定该国或该地区产业结构合理化的程度。目前常用的参照系有：钱纳里的"产业结构标准模式"、"钱纳里—赛尔奎因模式"和库兹涅茨的"标准结构"。

"标准结构"法是根据不同国家的发展经验和大量统计数据的回归分析而得出的产业结构演进过程的一些基本规律，是对大多数国家产业结构演进轨迹的综合描述，在时间接近、条件相似的国家之间具有一定的参照价值。但该方法仅从产值结构、劳动力结构等截面视角对产业结构合理化水平进行分析，分析较为表面化，未深入到产业结构的内核层面。由于各个国家的具体国情不同，不同地区不同时期在经济发展水平、资源禀赋、科技进步、产业供需特点等都显示出差异性，导致对产业结构合理化的要求不尽相同，如：大国结构与小国结构①的差异、工业先行国与工业后发国的差异。此时，就很难简单地采用该标准结构来判断一国产业结构是否合理，它只能给我们提供一种判断产业结构是否合理的粗略线索，而不能成为判断的根据

---

① 所谓大国结构和小国结构，并不是从国土面积的大小来区分的，而是以影响一国产业结构的国内市场规模和资源禀赋充裕程度决定的。国内市场规模较大且有较为充裕资源的产业结构系统称之为"大国结构"，国内市场规模较小或资源比较贫乏的产业结构系统称之为"小国结构"。

（周振华，1992）。

（2）产业平衡基准。结构平衡问题在产业结构上的表现，就是各产业间是否具有一种比较协调的比例关系，因此产业协调性是产业结构合理化的中心内容。该观点具有一定的代表性，它把各产业间比例的平衡与否作为判断产业结构是否合理的基准，核心是把合理化定位在各产业部门间的相互关系上。该判断方法多采用投入产出分析法来清晰地反映国民经济各部门、各产品间的比例关系，通过各产业发展协调与否来判断其是否合理。从理论上讲，经济增长是在各产业协调发展基础上进行的，产业间保持比例平衡是经济增长的基本条件；一个产业结构系统中，如果缺乏产业间的协调，会极大地削弱系统的生产能力和总的产出水平[①]。

但值得注意的是，该基准分析针对的只是各产业部门间的一种静态比例关系，至于这种比例关系的合理程度没有一个明确的标准来度量，也就是它缺少一个明确的目标函数。在非均衡增长条件下，产业间的比例平衡是经过长期调整才最终实现的一种短暂现象，不能将比例平衡绝对化；否则，既难以解释部分创新型先导产业高速增长从而带动产业结构升级的现象，也会使经济走上低水平重复循环的缓慢增长道路。所以，在具体运用中，我们常常将本判断基准作为一项基础判断基准，与需求结构基准、结构效应基准等结合使用。

（3）需求结构基准。该判断标准是将产业结构的合理与否定位在供给结构与需求结构的相适应程度上，两者适应程度越高，则产业结构越趋合理；反之，则越不合理。供需适应是产

第二章　全球化背景下的产业结构及其优化

---

① 根据"木桶原则"，一个产业结构系统功能的整体发挥，不是取决于该系统中产出能力最强的产业，而是取决于该系统中产出能力最弱的产业；当一个产业结构系统存在瓶颈产业时，整个系统的生产能力将受制于这些瓶颈产业的作用发挥，该论点为我国经济发展过程中众多事例所验证。

业结构合理化的基本要求，需求结构适应观是对产业平衡基准观的深化与发展，其可借鉴之处在于考虑了产业结构的动态演化性。但是，该判断基准有一个基本前提，即需求结构的变动必须是正常的、合理的，即真实反映了经济的实际情况，需求结构没有扭曲和虚假，否则将导致产业结构的进一步失调。此外，仅凭供给结构对需求结构的满足程度来判断产业结构是否合理，容易导致产业发展陷入追求短期利益的被动局面，而忽视了产业结构素质和现有资源条件的约束。因此，需求结构基准只是产业结构合理化的一个必要条件，而不是判断的充分条件，在具体运用中应与其他判断标准结合使用。[①]

（4）结构效应基准。该判断标准克服了产业协调标准中的静态化缺陷，突出了产业结构的资源转换器核心功能，认为产业结构合理化是在一定社会经济发展战略目标要求下，实现供求结构平衡、各产业部门协调发展并取得较好结构效益的产业结构优化过程。该观点从产业结构的功能效应角度出发，强调产业结构合理化判断标准的动态性和相对性，即产业结构合理化是一个动态而相对的渐进过程，该过程的极限状态就是产业结构的最优状态。随着社会、经济的发展和科学技术的进步，合理化的产业结构状态是不断发生变化的。因此，在产业结构的演变过程中，产业合理化要实现供需结构的均衡、各产业部门之间的协调发展，不应该理解为绝对的均衡和完全的协调，而只能是对这种均衡与协调的逼近，是一种动态的、渐进的演进过程。

可以说，结构效应基准观是近些年来学术界关注较多、且认同度较大的一种观点。从一定程度上来讲，它是对以上前三种判断基准的动态综合，具有较强的合理性和现实解释力。不

---

① 焦继文，李冻菊.再论产业结构合理化的评判标准[J].经济经纬，2004(4).

足在于，由于观点较新，目前的研究尚未形成比较统一的论点，具体判断标准也缺乏明细化，对如何动态衡量产业结构的资源利用效率等问题的研究尚需进一步深入。

（二）产业结构的高度化

1. 产业结构高度化的含义

理论界对产业结构高度化含义的认识比较统一。所谓产业结构高度化，是指产业结构从低水平状态向高水平状态的发展，向着产业的技术结构和产业内部的综合生产率提高的方向演进的过程，也可称为产业结构的升级。

根据产业结构演进的一般规律，产业结构的高度化是根据经济发展的历史和逻辑序列顺向演进的，它具有以下几个基本特点[①]：①从整个产业结构的长期发展趋势来看，产业结构的发展是顺着第一、第二、第三产业优势地位顺向递进的方向演进，即第一次产业占优势比重逐级向第二、第三产业占优势比重演进。②从与技术进步密切相关的生产要素构成的变动来看，产业结构的发展顺着劳动密集型产业、资本密集型产业、技术（知识）密集型产业分别占优势地位顺向递进的方向演进。③从产业内部对劳动对象的加工深度的演化过程来看，产业结构的发展顺着低加工度产业占优势地位向高加工度产业占优势地位的方向演进。④从附加价值的增值幅度来看，产业结构的发展顺着低附加值产业向高附加值产业方向演进。

产业结构的高度化总是以新技术的研发和应用作为基础的，它是就某一经济发展阶段的社会生产力特别是科技发展水平而言的，因此，产业结构高级化的过程是一个永不停息的过程，其内容也是随着时代的变化而不断改变的。

---

① 参见：苏东水. 产业经济学 ［M］. 北京：高等教育出版社，2000：284；周振华. 产业结构优化论 ［M］. 上海：上海人民出版社，1992：27.

2. 产业结构高度化的判断标准

自配第定律以来，人们开始认识到从长期趋势来看，一国产业结构的演进总是沿着从低层次向高层次的路径不断前进的。但如何判断一国或一地区产业结构的高度，是一个争议较多的问题。在现实研究中，我们有两种基本的判别标准：一种是采用"标准结构基准"，将一国的产业结构与"标准"的产业结构进行比较，从而判断该国产业结构的高度水平；另一种是采用"参照结构基准"，将一国产业结构与特定参照国家的产业结构进行比较，通过结构相似性系数得出该国产业结构的发展程度。

（1）标准结构基准。"标准结构"是建立在大多数国家产业结构高度化演进基础上的，一般是通过统计分析、归纳总结的方法，对样本国家产业结构高度化表现出的特征进行归纳分析，进而综合出能描述某一特定高度上产业结构基本特征的若干指标，作为产业结构演进到该阶段时所应该具有的"标准"。在利用标准结构对产业结构高度化进行实证研究中，库兹涅茨（1971）、钱纳里、赛尔奎因（1986，1989）等人作出了巨大贡献，他们的研究成果为后人广泛引用，他们所归纳总结出的"标准结构"被称为"产业结构的发展范式"。

郭克莎（1993）认为产业结构高度化主要表现为四个方面的内容：产值结构的高度化、资产结构的高度化、技术结构的高度化、劳动力结构的高度化。其中，产值比例结构和劳动力比例结构指标是衡量产业结构高度的主要指标。

这里我们以经典的"钱纳里—赛尔奎因模式（1989）"为例来判断中国产业结构的高度水平（见表 2 - 3、表 2 - 4、表 2 - 5）。

表 2-3　钱纳里—赛尔奎因模式（1989）：产值比例指标的标准结构

产业结构	人均国内生产总值的基准水平（1980 年美元）					
	300 以下	300	500	1 000	2 000	4 000
第一产业	46.3	36.0	30.4	26.7	21.8	18.6
第二产业	13.5	19.6	23.1	25.5	29.0	31.4
第三产业	40.1	44.4	46.5	47.8	49.2	50.0

资料来源：SYRQUIN, CHENERY. Three Decades of Industrialization ［J］. The World Bank Economic Reviews, 1989：vol.（3）：152-153.

表 2-4　钱纳里—赛尔奎因模式（1989）：劳动力比例指标的标准结构

产业结构	人均国内生产总值的基准水平（1980 年美元）					
	300 以下	300	500	1 000	2 000	4 000
第一产业	81.0	74.9	65.1	51.7	38.1	24.2
第二产业	7.0	9.0	13.2	19.2	25.6	32.6
第三产业	12.0	15.9	21.7	29.1	36.3	43.2

资料来源：SYRQUIN, CHENERY. Three Decades of Industrialization ［J］. The World Bank Economic Reviews, 1989：vol.（3）：152-153.

表 2-5　钱纳里和赛尔奎因对经济增长阶段的划分

阶 段	人均收入水平 （1964 年美元）	人均收入水平* （1980 年美元）	工业化阶段	国家类型
0	100 以下	265 以下	初级产品生产 阶段	不发达国家
1	100~200	265~530		
2	200~400	530~1 060	传统工业化初期	准工业化 国家
3	400~800	1 060~2 120	传统工业化中期	
4	800~1 500	2 120~3 975	传统工业化末期	

表 2 - 5（续）

阶 段	人均收入水平 （1964 年美元）	人均收入水平* （1980 年美元）	工业化阶段	国家类型
5	1 500 ~ 2 400	3 975 ~ 6 360		
6	2 400 ~ 3 600	6 360 ~ 9 540	成熟工业化阶段	发达工业 国家
7	3 600 以上	9 540 以上		

资料来源：钱纳里，等. 工业化和经济增长的比较研究 [M]. 吴奇，等，译. 上海：上海三联书店，1989：71. 略有修改。表中"收入水平（1980 年美元）"栏数据，是笔者根据 1964—1980 年间美元币值变动情况得出币值换算系数为 1：2.65，进而换算得出。

苏东水、任浩（1999）以 1995 年的数据为主，采用标准基准分析方法，判断"目前我国基本处于工业化中期阶段"。中国社科院工业经济研究所（2000）以人均收入水平为主，结合三大产业的产值分布和工业内部的结构等因素，认为"中国目前大概处于工业化的中期阶段的上半期"，或者说"处于工业化的第二阶段"。胡长顺（2000）的研究认为我国经济发展"已摆脱了工业化前阶段，全面进入了工业化阶段"，但由于二元经济特征突出，在我国经济发展主体处于工业化的中级阶段的同时，也"不排除部分产业或地区处于工业化的初级阶段，部分产业或地区处于工业化的高级阶段"。

（2）参照结构基准。参照结构基准的判断有两种基本思路[1]：一种思路是将一国产业结构与特定参照国产业结构进行相似性比较，根据相似系数的大小判断该国产业结构的高度水平。相似系数 r_{AB} 的计算有多种方法，最常用的是夹角余弦法，其计算公式如下：

[1] 龚仰军. 产业结构研究 [M]. 上海：上海财经大学出版社，2002：79 - 82、100 - 102.

$$r_{AB} = \sum_i^n u_{Ai} u_{Bi} / \left[\left(\sum_i^n u_{Ai}^2 \right) \left(\sum_i^n u_{Bi}^2 \right) \right]^{1/2}$$

另一种思路是通过度量两国产业结构系统之间的差距，根据二者之间的"差离程度"来对待判别的产业结构的高度水平进行确定。常用的判别方法有：

欧氏距离法：$r_{AB} = \left[\sum_i^n (u_{Ai} - u_{Bi})^2 \right]^{1/2}$

海明距离法：$r_{AB} = \sum_i^n u_{Ai} - u_{Bi}$

兰氏距离法：$r_{AB} = \sum_i^n u_{Ai} - u_{Bi} / (u_{Ai} + u_{Bi})$

何诚颖（1997）运用夹角余弦法，以欧美发达国家的产业结构作参照系对我国1993年的产业结构进行高度化比较，得出"我国1993年三次产业产值比较接近西方市场经济国家20世纪20年代的结构水平"。龚仰军（2002）采用修正后的欧氏距离法，运用我国1999年统计数据，以同年的美、日产业结构为参照系，通过计算分析得出"从产出方面观察，我国产业结构比较接近美国1950年和日本1970年的水平"。

（3）对高度化标准的简要评价。在判断一国产业结构的高度水平时，有一点我们必须明确：产业结构高度水平的标准是相对的，无论是采用标准结构基准，还是参照结构基准，从来不存在什么"合理的"或"标准的"的判断基准。不同的国家具有不同的国情条件，一个国家在不同的历史发展阶段也有不同发展特征。即使是国情条件、发展阶段相近的国家，各国经济政策的差异也会导致其产业结构出现较大的偏差，所以，从来没有统一的绝对的标准。即使采用同一判断基准和统计数据，由于采用的分析指标的不同、计算方法的不同，所得出的结论也会大相径庭。如：江小涓（1996）以1994年的统计数据对我国所处的工业化阶段进行判断，从工业产值占国内生产总值的比例来看，我国已越过传统工业化阶段，进入发达经济阶段；但从劳动力指标和城市化水平来看，我国又处在传统工业化的初期阶段。据笔者分析，造成的原因一方面可能在于我国长期以来所执行的"重工轻农"、"重积累、轻消费"的产业发展倾斜政策；另一方面，可能在于劳动力指标本身的问题，我国严格的户籍管理制度导致了我国劳动力要素流动的障碍和统计中的偏差（如把在城市从事非农产业的劳动力归入农业劳动力）。

所以，在判断一国或一地区的产业结构高度水平时，我们应采用多项指标综合判断，忌使用单一指标；在判断过程中应考虑一国的实际国情和发展水平，勿草率作出结论，尤其是在二元经济特征突出的中国。另外，不要迷信所谓的"合理"、"标准"，判断的结论是相对的，其政策指导意义十分有限。

（三）产业结构高度化与合理化的关系

经济增长阶段是与一定的产业结构相对应的，产业结构的演变是促进经济增长的重要因素，现代经济增长从本质上来讲也是一个结构转换的过程。结构转换的核心内容就是产业结构优化，产业结构合理化和高度化二者交织在一起，相互依存，相互作用，形成了产业结构优化过程的一条纽带。

产业结构合理化主要是解决提高各产业之间有机联系和耦合质量的问题，而产业结构高度化则是解决怎样促使整个产业结构从低水平向高水平发展的问题。这二者是密不可分的，一方面，产业结构的高度化必须以合理化为基础，脱离了合理化的产业结构高度化只能是一种"虚高度化"，即在不合理的产业结构基础上片面追求高度化，就如同在沙滩上建大厦一样，其结果是结构性矛盾的积累，必然导致产业结构高度化的虚空化；另一方面，产业结构高度化和合理化是相互渗透、交叉作用的，要实现产业结构高度化，必须要使其结构合理化，而产业结构发展水平越高，其结构合理化的要求也越高（因产业之间的技术经济联系日益复杂，结构一体化的整体性要求更高）。而产业结构合理化是在产业结构高度化的动态中进行的，是一个不断调整产业间比例关系和提高产业间关联作用程度的过程，这一过程使产业结构效益不断提高，进而推动产业结构向高度化方向发展。

在处理产业结构的合理化和高度化两者之间关系时，应根据一国经济发展的特定阶段，决定该时期产业结构优化的重点。一般来说，当一国的产业结构严重不合理，结构性矛盾突出，成为阻碍该国经济发展的严重障碍时，优化的重点应放在合理化方面，通过产业结构的合理化，缓解产业间的结构性摩擦，提高整个结构的效益；而当产业结构的内部摩擦相对缓和，且整个结构显示出一种不能适应经济发展的趋势时，应把优化的重点转移到高度化上来，以产业结构的高度化来提高整个结构的转换能力和产出水平，使之适应经济发展的要求。

总之，在产业结构的优化过程中，应把合理化和高度化有机地结合起来，以产业结构的合理化来促进高度化，以高度化来带动合理化。[①]

第四节 全球化视角下的产业结构优化及其评判

经济全球化时代的来临对长期以来一国产业结构发展轨迹的认识形成了挑战。随着全球市场的形成与逐步完善，生产要素的国际性流动无论在规模上还是涉及的范围上都日趋扩大，各国产业联系的日趋紧密，导致国际分工体系的重构。一国产业结构的调整与优化已不再是一国国内的事情，除了国内的市场供求结构、资源禀赋等内在因素外，一国政府更多地考虑的

---

① 参见：龚仰军，应勤俭. 产业结构与产业政策 [M]. 上海：立信会计出版社，1999：16 – 17.

是国际资源的优化配置、本国产业在新的全球范围内的产业分工中的地位和作用等外部因素。

立足于全球化的视角，我们来重新审视产业结构的优化，发现一国产业结构的优化发生了较大的改变，这不仅表现在传统优化内容被赋予了新的内涵、优化内容有了新的拓展，而且整体评价体系也有了新的发展。

一、全球化视角下产业结构优化内容的新拓展

1. 对产业结构优化内涵的新拓展

（1）对产业结构合理化内涵的拓展。在全球化背景下，以构建开放型经济体系为导向进行产业结构的调整，不只是传统意义上产业结构调整的延伸。在日益加速的全球产业结构调整浪潮中，一国产业结构是否合理，一个主要的判断标准就是要看其能否适应产业发展国际化的要求。在产业结构的调整过程中应以能否有效地参与国际分工、能否有效地实现全球资源的整合、增强产业的国际竞争能力为评判标准，这不仅表现在一国产业结构的数量关系上，而且更应该表现在质上的大改进。具体地讲，不应当继续追求传统计划经济体制中大而全或小而全的产业结构，不应当局限于国内市场的需求来设定产业发展的目标，而应当以参与国际经济循环为立足点，以提高产业的国际竞争力为中心，真正在开放性的经济运行过程中构建一国的开放的产业结构。[①]

协调依然是全球化视角下的产业结构合理化的核心。传统产业结构合理化中的协调，主要是指资源在一国国内各产业之间的合理配置和有效利用，各产业之间有较强的互补和谐关系与相互协调能力。而在经济全球化的背景下，一国产业的资源

---

① 陈飞翔. 对外开放与产业结构调整 [J]. 财贸经济，2001（6）.

配置已突破了国家界限，产业结构的合理化需要从本国产业发展与世界产业经济体系的协调和国内各产业的协调两个层次来进行。其中，随着一国对外开放程度的不断扩大，本国产业结构体系与世界产业结构体系的协调就显得越发重要。

要推动一国产业结构体系与世界产业经济体系的协调，必须考虑到本国产业参与国际分工的合理性和协调性。可以说，当代国际产业分工是世界各国产业博弈的结果，产业博弈不仅表现在世界各国在自然资源、生产要素、市场占有等方面的竞争，还表现在对世界产业资源的占有、利用、技术创新以及市场培育和开发乃至于市场竞争秩序的设定与维持等多个方面。在全球化的背景下，要实现一国产业结构的合理化，就必须考虑到充分利用本国资源优势并把资源优势转化为产业优势和国际市场竞争优势，使本国产业发展成为世界产业结构体系中必不可少且有利地位不断提高的一个环节。

此外，随着产业结构合理化研究的不断深入，学者们逐渐认识到产业结构自身是一个有机的、开放的系统，其合理化是一个动态、渐进的过程，不应将其理解为绝对的均衡和完全的协调，而只能是对完全均衡与协调状态的逼近。

（2）对产业结构高度化内涵的拓展。产业结构高度化是产业结构动态发展的客观要求，三大产业在社会经济发展中的地位、作用和比例的变化，是产业结构高度化的基本要求，从农业到工业再到服务业的发展历程是一般意义上的产业结构高度化历程。在这个历程中，高技术含量、高附加值产业所占的比重将逐步提升。

从全球化视角出发，要求我们摒弃传统的自循环系统论和产业顺次演进论的观点。传统产业结构优化论研究的对象是一国相对封闭的完整产业体系，是以一国产业经济系统的自循环为主的。但在经济全球化的今天，一个突出的特点就是：现代产业经济系统是一个开放的系统，各个国家以不同的方式、不同的程度将本国经济融入到世界产业循环中，使本国产业经济系统成为世界产业分工体系中的一环。基于这样的理解，各国产业发展应充分考虑如何合理利用国内、国际两个市场及两类资源的问题，各国应着力发展本国具有国际比较优势和竞争优势的产业，而适当放弃那些处于比较劣势的产业的发展，将本国处于发展劣势的产业转移到其他国家。这样虽然一国产业经济系统的完整性被打破了，但整体产业结构效益却提升了。不同的国家，开放战略和政策的不同必然影响到其产业经济系统开放程度的高低，但不论实施何种战略，一国产业经济发展都直接或间接受制于世界范围内产业运动的影响，特别是发达国家产业发展态势的影响。这就要求我们不能再简单地按照一国产业自发展和自演进的思路来观察和推动产业结构的优化。

另外，传统意义上讨论的产业结构高度化主要是遵从产业结构演进的一般规律，从产业发展顺次演进的角度来思考的。但现代发展经济学的研究已经表明，后发国家可以利用后发优势，主动借鉴与利用先发国家的发展经验，通过引进先进技术、模仿创新或产业的直接引进等手段，越过产业发展的某些较低阶段而直接进入较高阶段。尤其是进入20世纪90年代以来，知识经济时代的来临与经济全球化浪潮的相互作用，使得一国产业发展兴衰的根本并不在于其"静态比较优势"，不在于一定时期内既定的竞争优势，更不在于其国内固有的要素禀赋，而在于一个国家、一个民族的创新能力和创新意识。谁能在某一领域内掌握高新技术，谁就能在该领域内实现突破而发展到国际产业分工的更高层次上，从而为后发国家或发展中国家实现产业发展突破提供了可能。发展中国家可以集中国内外资源于某些特定产业科技领域，通过特定产业技术的突破性进展而直接发展相应高层次的产业，使得其产业发展二元结构不一定总是经济发展的障碍，反而也可能成为经济发展的助推剂。从而，产业发展的一般顺序也就得以打破，使其产业结构的高度化与一般的演进进程发生了区别。印度软件产业的发展就是一个很好的例证。①

2. 对产业结构优化内容的新拓展

在全球化的视角下，产业结构优化的内容得到了极大的拓展，这不仅有对产业结构优化的传统指标（合理化与高度化）在内涵上的新拓展，而且在优化的具体内容方面也有新的拓展，还应包括产业结构的开放化、安全化、可持续发展与产业国际竞争能力的提升等新的内容。

（1）产业结构的开放化。经济全球化时代的一个显著特征就是各国经济相互融合、相互影响，一国国内产业的选择、发展及产业结构的变动都要受制于国与国之间产业竞争及博弈的影响。经济全球化是世界各国产业结构开放及互动作用的结果，其本质上是产业全球化。正如我们在前面章节中所提到的，"现代经济增长是一个世界性的历史进程，其基本特征之一就是世界经济一体化趋势，所以结构效应不是一种封闭性现象，它必定包括结构开放效应的内容。或者说，结构开放效应是现代经济增长中的结构效应的一个重要组成部分。"②

笔者认为，在全球化的背景下，这种产业结构的开放是有异于以往的深度的开放。当代国际分工已经深入到了各国产业结构体中的部门内和企业内，使得各国产业结构体间相互紧密依存进而形成整体演进趋势，单个产业结构已难以脱离全球产业结构的演进而实现自身产业的良性发展。因此，我们在评判

第二章 全球化背景下的产业结构及其优化

---

① 参见：唐志红. 经济全球化下一国产业结构优化：一般理论及中国的运用[D]. 中国学术期刊网，2005：48－50、117－118.

② 周振华. 现代经济增长中的结构效应［M］. 上海：上海三联书店，1996：445.

一国产业结构优化内容时，必然要考虑产业结构开放化的问题，这既是当前产业结构优化的基础与背景，也是一国产业结构优化的重要内容。其评判指标包括：产业外贸依存度、产业生产要素供给的国际依存度、产业贸易结构水平以及产业生产组织的国际化程度等。

（2）产业结构的安全化。所谓产业结构的安全化，是指一国产业经济在融入到世界产业体系的过程中，如何把握好本国经济主权、产业自主发展的主动权以及对国际政治经济风险实施有效防范的问题。

我们必须清醒地认识到，经济全球化是一把"双刃剑"，各国产业结构的开放与融入世界产业体系在获得国际分工优化效应的同时，也不可避免地会受到国际政治、经济、金融等多方面国际风险和危机的影响，不同的国家参与全球产业分工体系所获得的地位与损益是不同的。正如唐志红（2005）所指出的，经济全球化一个突出的特点是经济、金融风险和危机的国际传播，国际经济危机或金融危机的爆发对世界各国的经济发展产生的影响越来越大。同时，经济全球化也是发达资本主义国家利用其优势地位，蚕食其他国家经济、政治主权，攫取最大限度利润的过程。因此，在全球化背景下优化一国的产业结构还应该根据国内状况以及本国在世界政治、经济中的地位充分考虑本国产业经济体系的安全性，以避免经济主权的丧失。产业结构的优化包括提高产业系统抗拒国际经济和金融波动风险的能力，确保本国产业体系成功融入世界产业体系而又不成为他国产业系统的依附体，这就是经济全球化下一国产业结构安全化的基本内容。

传统产业结构优化内容往往是从产业发展自身来研究产业发展之间的协调性及其与人均国民收入水平的适应性，基本上不涉及非经济因素。但任何经济活动或多或少都与一定的政治相联系，而且在经济全球化发展的时代，国际政治博弈、国家经济主权、产业安全等非经济因素的影响日益凸现。个别媒体与学者提出一国经济发展应尽量迎合经济全球化的大潮流，甚至还提出要不要民族产业发展的问题，这些观点在笔者眼里是极其荒谬和不切合现实的空想。笔者认为，世界产业竞争并非只是经济竞争，经济竞争的背后总是或多或少与一定的政治利益紧密联系在一起的，各国参与世界产业竞争不可能完全脱离国家或民族的利益而实现纯粹的"全球化"。因此，一国在经济全球化时代积极参与全球产业结构体系时，还必须充分考虑本国产业结构的安全性。例如，日本农业的发展条件并不好，但日本政府始终不放弃对农业的保护，这就是根据自身产业体系安全的要求作出产业选择的例子。

（3）产业结构的可持续发展。产业结构是一国资源配置的具体载体和资源的转换器，优化产业结构的一个基本出发点是优化资源配置，增强结构转换能力和提升产业竞争实力。这种能力能否长期的、可持续性的获得，是我们在参与国际分工体系时必须认真思考的问题。

在全球化背景下，产业结构的可持续发展问题主要包括以下两个方面：

一是比较优势陷阱的问题。比较优势是一国或一地区参与国际分工的基本出发点。根据比较优势理论，在全球化背景下，各国应依据其自身生产要素禀赋条件来参与国际分工，分别发展其具有国际比较优势的产业，而将相对劣势的产业转移到其他国家，从而让世界各国都参与到全球产业体系之中，"各居其位，各司其职"。从理论上讲，这是一种理想的、能够让全球产业体系发挥最大结构效应的状态。但从现实角度来看，由于各国经济发展水平的不同、生产要素禀赋条件的差异，各国在国际分工体系中处于不同的层次，所获得的损益也是截然不同的。

发达国家在技术、资金方面的强大优势使其在整个国际分工体系中处于较高的层次，不仅主导着全球产业的发展方向，而且掌控着全球产业价值链中收益最丰厚的环节；而发展中国家则陷入国际分工体系的底层，处于被动接受的地位，在劳动密集或自然资源密集的产业或生产经营环节中只能获得微薄的收益。

从短期来看，发展中国家确实能从参与国际产业分工中获得相应收益；但从长期来看，这种倚重于发展中国家现有比较优势的产业结构普遍具有低层次发展的特点，不具有可持续发展后劲，随着国际贸易条件的不断恶化，将不可避免陷入每况愈下的比较优势陷阱之中。因此，在评判一国产业结构优化与否时，我们更应该从生产要素动态优化的角度来考虑，这一点对于我国这么一个发展中的大国有着特别的意义。

二是污染与环境保护的问题。21世纪倡导建立以人为本的和谐社会，任何一个社会想获得长期、可持续性的发展，都离不了保护环境的问题。但在以国际产业转移为主要方式的全球产业结构调整浪潮中，欧美发达国家纷纷将其高污染、高能耗的产业转移到发展中国家；发展中国家在承接这些产业获得产业技术提升、产业结构调整的同时，也承担着由此带来的"污染转移"。

在全球化背景下，我们强调走新型工业化道路，强调人与社会、自然环境的和谐发展，走可持续发展的工业化道路。因此，对产业结构优化的评判应包含环境保护与可持续发展的内容。

（4）产业国际竞争力的提升。一国产业结构优化效应的好坏最终体现在该国产业的国际竞争力上。所谓产业的国际竞争力，是指一国特定产业通过在国际市场上销售其产品而反映出的生产力，它反映的是各国同产业或同类企业之间相互比较的生产力。从一国特定产业参与国际市场竞争的角度看，特定产业的国际竞争力就是该产业相对于外国竞争对手的比较生产力。其基本判断指标就是相关国家特定产业的产品的国际市场占有率和赢利率。①

全球化进程中的一个突出特点就是"竞争"在国际经济关系中的重要性越来越突出，越来越全球化。在新的历史条件下，竞争已经不再作为单纯的"手段"或"工具"存在，而已经逐步演变成为主权国家和企业生存与发展的核心动机，而各国也把竞争能力的提升摆到了前所未有的战略地位。一国产业总体的国际竞争力并不只是其各产业的国际竞争力的简单相加，它不仅涉及各国同类产业之间的比较生产力关系，而且还涉及各国产业结构之间的比较关系。可以说，对一国产业结构优化效应好坏的评判，最直接的指标就是该国产业国际竞争力的提升情况。

二、全球化视角下产业结构优化指标体系的建立

产业结构优化是促进一国产业发展、经济增长的重要途径。全球化视角下一国产业结构优化涵盖了产业结构的高度化、合理化、开放化、安全化、可持续发展和产业国际竞争力提升等多个方面，它们之间既相互促进，又在一定程度上相互制约，其共同作用而形成一个适应全球化发展需要、确保本国在新时代发展利益的一国产业经济系统。

基于以上的分析，我们尝试性地建立一个与传统优化指标体系有所差异的、全球化视角下的产业结构优化指标体系，即从封闭或相对封闭条件下单纯强调产业结构的高度化、合理化，到全球化背景下以产业结构的开放化为基础，以高度化、合理化为主干，以产业国际竞争力提升为核心，兼顾安全性与可持

---

① 金碚，等．竞争力经济学［M］．广东：广东经济出版社，2003：35－37、271－272.

续发展的产业结构优化指标体系（如图2-5所示）。

```
                    ┌──────────┐
                    │ 产业国际 │
          ┌─────────┤ 竞争力  ├─────────┐
          │ 产业结构 │ 的提升  │ 产业结构 │
          │ 可持续发展│         │ 安全化  │
    ┌─────┴─────────┴─────────┴─────────┴─────┐
    │ 产业结构合理化        产业结构高度化      │
    │ 核心：协调化          核心：高效化        │
  ┌─┴───────────────────────────────────────────┴─┐
  │              产业结构开放化                     │
  └─────────────────────────────────────────────────┘
```

图2-5　全球化视角下一国产业结构优化指标体系

　　首先，在这个指标体系中，产业结构的开放化是经济全球化时代一国产业结构优化的基本出发点。经济全球化使各国的产业经济发展相互联系，从而使一国将本国产业与世界产业经济体系恰当地融合在一起，在市场机制的作用和政府政策的引导下，实现本国产业结构资源配置效率的提升。可以说，产业结构的开放化既是经济全球化背景下各国必须面对的现实，也是各国基于世界产业资源和世界市场在更高层次上实现产业结构合理化和高度化的基础。

　　其次，产业结构的合理化和高度化是经济全球化时代一国产业结构优化的主干。开放化使一国产业结构合理化和高度化的内涵有了新的拓展，而产业结构的合理化和高度化又反过来进一步促进了开放化。基于全球化视角的产业结构合理化依然以协调化为核心，强调本国产业发展与全球产业结构体系和国内各产业及产业内部等多层次的协调发展；而基于全球化视角的产业结构的高度化则更多地强调以高效化为核心，突出以国际竞争优势为基础的产业结构升级。这二者在动态变化中相互依赖、相互影响，互为因果又互相促进，共同构成产业结构渐进优化的动态过程。

　　再次，产业结构的安全化和可持续发展问题是在产业结构开放化的基础上所延伸出来的新的内容，也是全球化时代一国产业结构优化的重要内容。从长远来看，全球化时代产业结构的合理化和高度化脱离不了产业结构的安全化和可持续发展，这一点对于在国际分工层次和全球产业结构体系中处于不利地位的广大发展中国家来说，具有尤其重要的意义。

只有一国产业结构具备了安全性，才有自主发展和主动选择的可能，也才能确保本国产业利益的实现，否则实现基于全球化下一国产业结构优化无从谈起。也只有一国产业结构具有了可持续发展潜力，才能在长期的全球竞争中处于有利地位。当然，安全化和可持续发展提升了非经济效益指标在产业发展中的作用，其实现将在一定程度上对产业结构的开放程度、合理化和高度化产生限制，但这种限制对于实现国家利益是必需的。①

最后，本优化指标体系强调全球化时代产业结构优化的核心是产业国际竞争能力的提升。在全球竞争日益激烈的 21 世纪，"产业必须朝全球市场迈进，因为技术、客户需求、政府政策和国际基础建设等方面的变化，会使各国企业的经济态势也有相当大的差距，从而使全球竞争战略的重要性日增。"② 可以说，产业国际竞争力的提升是全球化下一国产业结构优化的最主要的目的。

综上所述，基于经济全球化的产业结构优化是当今世界各国在新时期的一项重要战略。

产业结构变动是经济发展中的客观现象，积极研究和主动利用产业结构变动的规律来促进本国产业发展是一国产业政策的重要内容。传统封闭条件下的产业结构调整主要是从不同发展阶段的产业构成和一般产业结构演进规律，以产业结构的合

第二章　全球化背景下的产业结构及其优化

---

① 参见：唐志红. 经济全球化下一国产业结构优化：一般理论及中国的运用 [D]. 中国学术期刊网，2005：120 – 121.

② 迈克尔·波特. 国家竞争优势 [M]. 李明轩，邱如美，译. 北京：华夏出版社，2002：57.

理化和高度化为中心的产业结构优化，政策的着力点是推动一国工业化的进程，或研究不同经济发展阶段的主导产业选择及发展问题。而基于经济全球化发展的时代特点，各国都立足于本国产业经济的战略利益，从平衡资源、环境、竞争、市场、现实及目标之间的关系角度出发，在参与全球产业分工中实现对本国产业结构的调整与优化，这是新时期产业结构调整的新特点和新要求。

不同产业发展水平和目标的国家其产业结构优化路径和目标都存在着差异。对发达国家而言，基于经济全球化优化本国产业结构，可使发达国家继续保持在全球产业发展中的主导权，获得更多的国际产业分工收益。对广大发展中国家而言，基于经济全球化优化本国的产业结构是其利用后发优势，实现经济追赶，缩短与发达国家经济发展水平的差距之必须。① 但是，发达国家主导了当前全球产业调整浪潮的方向和进程，如何在参与全球产业分工体系中确保本国的发展利益、实现本国经济社会可持续发展目标，是摆在广大发展中国家面前的现实问题。

可以说，在封闭经济条件下，产业结构调整主要是通过一国经济内部要素流动与配备来实现的，而在全球化的开放经济条件下则通过国际生产要素流动和配置以及产业的国际转移来实现产业的升级和转换，国际直接投资是其中的一项非常重要的国际因素。这不仅包括对外投资、转移国内劣势产业以实现国内产业结构的调整，而且还包括通过吸引外资获得经济结构调整所需的资金、技术及管理经验等来推动国内产业结构之间的调整以及产业内部的优化升级，这是每一个国家都必须面对的重大课题。

① 参见：唐志红. 经济全球化下一国产业结构优化：一般理论及中国的运用 [D]. 中国学术期刊网，2005：5－6.

第三章
国际直接投资与
全球产业结构调整浪潮

　　自从 19 世纪中期出现产业资本国际性大流动以来，对外直接投资（FDI）作为一种重要的国际经济活动，经历了产生、发展和扩大的过程。进入 20 世纪 80 年代以来，随着经济全球化的发展，国际直接投资迅速超越了国际贸易活动，取得了前所未有的迅猛发展，成为当今国际经济活动中居于首位的国际经济联系方式。据联合国贸易和发展会议的统计，1985—2004 年国际直接投资以年均约 30% 的速度飞速发展，是同期世界出口年均增长率的 4 倍多；截至 2004 年年底全球国际直接投资存量总额已高达 9 万亿美元，跨国公司海外子公司 2004 年实现销售收入约 19 万亿美元，是 1982 年 6.75 倍；跨国公司海外生产总值占全球 GDP 的比重已从 1982 年的不足 5.5% 增长至 2004 年的 9.6%。[①]

　　国际直接投资既是全球经济一体化的产物，也是推动全球经济一体化的重要推动力量。国际直接投资促使了生产要素在国际间流动，促使了生产要素输出国和转入国的产业结构调整与优化，并形成了新的国际产业分工关系。21 世纪初的全球产业结构调整浪潮正是以跨国公司为主要载体、以国际直接投资为主要方式，通过产业的国际转移来实现产业资本输出国和接受国进而是全球的产业结构调整浪潮。

---

　　① 数据来源：根据联合国贸易和发展会议在《2005 年世界投资报告》中的相关数据计算得出。

第一节　国际直接投资及其发展的历史考察

一、国际直接投资的内涵与类型

1. 国际直接投资的内涵

国际直接投资（相对于东道国来说即为外商直接投资或外国直接投资或海外直接投资，简称为 FDI：Foreign Direct Investment），是指一国或一地区的投资者在本国或本地区以外的国家或地区进行企业投资，参与生产经营并掌握一定经营控制权的投资行为。联合国贸易与发展会议认为，国际直接投资资本有如下三种具体表现形式：①股权资本，即对外直接投资者在本国之外拥有的企业股权；②利润再投资，即对外投资者用于再投资的国外分支机构股份（直接参股比例）的未分配红利或未汇回的收益；③企业内贷款（或称企业内债务），即投资母公司与其海外分支企业之间的短期或中长期贷款。[①]

从理论上讲，国际直接投资与国际间接投资的根本区别在于是否获得投资企业的有效控制权。但严格来讲，如何判断有效控制权的标准并不明确（小岛清，1981）。在某种情况下，可能仅获得 10% 的股份就可以获得有效控制权；但其他情况下，则可能是即使获得 49% 的股份，也不能获得有效控制权。因此，现实中很难有一个明确而统一的量化标准，需要根据具体情况来加以判断。

笔者认为，国际直接投资与国际间接投资有本质的差异，具体表现为以下几个方面：

① 联合国贸易与发展会议. 2002 年世界投资报告 [M]. 冼国明，译. 北京：中国财政经济出版社，2003：253.

（1）投资资本的构成与投向不同。国际直接投资和国际间接投资都会导致资本的国际性流动，但前者是产业性资本流动，投资资本中除了货币资金流动之外，还包括技术、品牌、管理经验甚至原材料、生产设备、劳动力等生产要素的跨国流动，其主要为投向国外市场的产业部门（或称实业部门）；而后者则是金融性资本流动，是单一的货币资金流动，其投向主要集中在国外的资本市场，如股票市场、债券市场与金融借贷市场等。

（2）投资的目的不同。国际直接投资的主要目的是获得生产经营权以获得长期稳定的投资收益，其往往更看重东道国的投资环境和投资政策等长期的宏观因素；而间接投资的目的主要在于股息或利息收益，其往往更看重短期收益。

（3）投资者的权限不同。不管是新建、并购、合资还是独资，国际直接投资者往往需要亲临东道国参与被投资企业的经营管理活动，拥有被投资企业的有效控制权；而间接投资者一般仅拥有被投资企业的小部分股权，并不参与被投资企业的经营管理活动，无有效的控制权。

（4）投资周期与投资风险不同。国际直接投资的周期多为长期，一经投入往往需要经过多年才能收回投资成本与获得收益，投资者往往要承担跨国生产经营过程中的所有风险，尤其是海外独资方式；而间接投资的周期则较短，风险也要小得多，一般不存在生产经营性风险，即使出现了投资收益风险，也可以通过资本市场出售股权或债权，迅速收回投资，灵活性较强。

总的来说，与间接投资不同，国际直接投资是产业资本国际流动的主要方式之一，产业资本的国际流动不仅可以弥补东道国的投资缺口，而且还能带来一揽子生产要素的国际转移，从而促进国际贸易、技术进步和生产效率的提高，推动投资国和被投资国的经济增长与产业结构调整。

2. 国际直接投资的主要类型

我们可以根据国际产业资本的流向、投资国和被投资国

（东道国）之间的社会经济水平的差异，将国际直接投资分为三种基本类型。

（1）水平型投资（Horizontal FDI）。水平型投资是指在要素禀赋和经济技术发展水平相近或相似的国家之间的相互投资，跨国投资企业在国外设立分支机构直接生产与母公司产品相同或相近的产品以供应当地市场，其投资动机主要在于国外的销售市场，因此又称作市场需求型 FDI。

（2）垂直型投资（Vertical FDI）。垂直型投资是指在要素禀赋不同的国家之间的投资，主要是指经济技术水平较高的发达国家跨国公司向经济技术水平发展较低的发展中国家与地区的投资，跨国投资企业根据各国的比较优势，将生产的不同阶段分布于不同国家，其产品主要返销母国或第三方市场。其投资的动机主要在于利用国际间要素禀赋的差异，将生产环节放在成本相对较低的发展中国家与地区，因此又称作效率寻求型 FDI。

（3）逆向型投资（Inverse FDI）。逆向型投资是指处于经济技术发展劣势的发展中国家的企业向经济技术水平先进的发达国家的投资。这是近几年来随着发展中国家经济实力的发展所兴起的一种比较新颖的投资模式。

传统的国际直接投资理论认为，一国企业要实现跨国投资与经营必须拥有一定的垄断优势，如先进的技术、知名的品牌或科学的管理模式，以获得比东道国市场上竞争对手更强的市场竞争力；否则无法生存。以发达国家跨国公司为主导的水平型投资和垂直型投资是传统的对外直接投资模式，理论上已有了相当丰富的研究成果。在实践中，发达国家是资本的主要流出地，发达国家之间以及发达国家向发展中国家的投资占了全球 FDI 投资总量的 90% 以上，是对外直接投资的主流。

但随着近些年来发展中国家经济实力的发展，逆向型投资已成为一个不容忽视的现象。可以说，逆向投资是发展中国家企业适应经济全球化背景下投资主导型国际分工和全球竞争挑战的一种必然选择，也是发展中国家参与国际竞争、提高国际竞争力的一个重要途径。就其动机来看，逆向型投资具有明显的阶段性、层次性与变动性。吴彬、黄韬（1997）、刘海云（1998）等认为，发展中国家的对外直接投资应分为两个阶段：学习与经验积累阶段和利用企业优势拓展阶段。投资的阶段性导致了投资目的的层次性，投资企业一般会经历从获得投资经验、了解东道国市场到获得补偿性资产再到获得企业竞争优势的过程。因此在一定程度上，逆向投资又称为优势获取型 FDI。[①]

二、国际直接投资发展的历史考察

从历史发展的进程来考察，资本在国际范围内的流动首先表现为商品资本的流动，即国际贸易；其次表现为货币资本的流动，即以国际借贷、国际证券投资为主要形式的国际间接投资；最后表现为产业资本的流动，即国际直接投资。产业资本的国际化流动是资本在国际范围内运动的最高形式，在不同的发展阶段具有不同的特点。

早期的国际直接投资大约出现于 19 世纪中期的西欧，它是在工业革命不断发展的基础上，适应资本主义殖民扩张的需要而发展起来的。从商品输出到资本的输出，是资本主义发展的必然规律。资本的国际流动不仅体现了生产国际化的要求，也是资本追求剩余价值的本质所决定的，由于资本是在不断地运动中寻求增殖与发展的，并具有无限扩张的趋势，因此必然使资本的循环和增殖过程超出一国范围向外延伸，形成资本的国

---

① 杨润生. 逆向型 FDI 动因理论与逆向 FDI 动因探讨 [J]. 广东经济管理学院学报，2005（6）.

际运动。"不断扩大产品销路的需求，驱使资产阶级奔走于世界各地……它必须到处落户、到处创业、到处建立联系。"正是资本的这种国际性本质，促使它"冲破了封建社会地域和国家割据的罗网，建立了统一的、无所不包的世界资本主义体系。"①

随着世界市场的逐步形成以及国际商品资本、货币资本的发展，进一步加深了国际分工，促进了社会生产力的发展，资本在国际间的流动要求采取更高的形式，于是国际直接投资应运而生。国际直接投资的产生与跨国企业的出现是密不可分的，跨国公司是产业性资本跨国流动的主要载体。19 世纪中期开始出现了具有现代意义的跨国公司，如：美国的胜家（Singer）缝纫机器公司、西屋电气公司、英国的帝国化学公司、瑞士的雀巢公司等，标志着国际直接投资的正式产生。

在第一次世界大战爆发前的 40 多年里，世界经济一体化程度得到了飞跃式的发展，主要表现在：①国际贸易规模急剧扩大，国际贸易越来越成为许多国家参与国际经济竞争的主要方式，主要西方国家的出口贸易的增长高于其国内经济的增长。②劳动力市场的国际化达到前所未有的程度，劳动力跨国迁移的自由度大大增强，移民数量增长迅猛；1870—1915 年间有3600 多万人离开欧洲，其中大部分到了美国；中国和印度迁移到东南亚各国的移民甚至超过欧洲移民，而欧洲内部的移民也达到相当规模。② ③国际投资得到了极大的发展，但投资形式仍以国际间接投资为主。基于当时的国际政治经济格局，国际直接投资主要表现为资本主义宗主国（以老牌资本主义国家英国、法国、德国、荷兰等为主）凭借其政治、经济、军事优势，对

---

① 中共中央马克思格格斯列宁斯大林著作编译局．马克思恩格斯选集：第一卷［M］．北京：人民出版社，1995：274 - 275.
② 李东阳．国际直接投资与经济发展［M］．北京：经济科学出版社，2002：13 - 15.

其殖民地国家进行的垂直型投资，其带有浓厚的"帝国主义资本输出"的色彩，资本输出成了促进商品输出的主要手段。

两次世界大战给人类社会带来了空前的浩劫，1929—1933年的全球经济大危机又带来了整个世界经济的萧条。在战火纷飞、动荡不安的国际大环境下，国际直接投资的发展受到了重大挫折，处于停滞乃至倒退的状态，决定海外投资因素已不再是经济因素，而是政治因素。在此期间，英国、法国、德国、荷兰、意大利等老牌帝国主义国家的经济实力遭到了极大的削弱。出于战争考虑，各国严格限制本国资本的外流，同时大量抛售海外资产或将资产转移到相对安全的美国、瑞士等国。与此相对应的是，大发战争财的美国成了两次世界大战的最大赢家，一跃成为了全球最大的资本输出国。

第二次世界大战结束后，国际政治经济局势相对稳定，随着各国经济的恢复与发展，国际直接投资也得到了迅速的恢复与飞速的发展。从 1946 年到现在的半个多世纪的发展，可以将其划分为三个时期：

第一时期为恢复发展期（1946—1960 年）。两次世界大战让各交战国的生产力受到极大的破坏，无论是英、法、荷、比等战胜国，还是德、意、日等战败国，都面临着重建家园、恢复建设的问题，此时它们基本上没有对外投资的能力和意愿。直到20 世纪50 年代末期，它们才开始恢复对外投资，但其规模也比较有限，具有明显的恢复特征。而远离战场、大发战争财的美国则一跃成为世界头号经济强国，成为全球最大的资本输出国。到1960 年年底，美国的对外直接投资存量几乎占了全世界存量的一半，达 48.3%，而整个发展中国家和地区的对外直接投资存量仅占到 1.1%。①

---

① DUNNING J H. Multinational Enterprises and the Global Economy [M]. Addison - Wesley Publishing Company, 1993：117.

　　这一时期，国际直接投资主要集中在制造业和资源开采业。各国经济的快速复苏对资源的需求大幅增加，为保证国内生产所需的原材料、能源等供应，欧美跨国公司的资本主要集中在发展中国家的采矿、石油等原材料与能源行业。

　　第二个时期为快速增长时期（1961—1980 年）。20 世纪 60 年代以来，国际政治经济格局相对稳定，全球生产力得到了极大的恢复和发展，各国经济联系日益增强，进入了被西方学者称之为的"战后发展的黄金时期"。在此良好的国际大背景下，国际直接投资获得了飞速的发展，发达国家对外投资的规模急剧扩大，仅美国、英国、法国、联邦德国、日本五国的对外投资总额 1970 年就达到 1040 亿美元，比 1950 年增长了近 10 倍，比 1960 年增长了 1.5 倍。20 世纪 70 年代的两次世界性石油危机使战后高速发展的世界经济处于转折时期，但上述五国的对外直接投资仍然保持较强劲的增长，1980 年其对外投资总额高达 3628 亿美元，比 1950 年增长了 29 倍，比 1960 年增长了 6 倍多。①

　　20 世纪 70 年代中后期的两次世界性石油危机让西方国家纷纷陷入"滞胀"泥潭，经济转入低速增长，对外贸易发生了较大困难，但逐利的本能与国际分工的进一步深化却促进了对外直接投资的迅速发展。国际分工的进一步深化表现在：传统的以自然资源为基础的国际分工逐步发展为以现代工艺、技术为基础的分工；各产业部门间的分工逐步发展到各个产业部门内部的分工，进而发展到以产品专业化为基础的分工，沿着产品界线所进行的分工逐步发展到沿着生产要素界线所进行的分工；从产业分工的形成机制来看，由市场自发力量决定的分工向由企业（主要是跨国公司）经营的分工和由地区产业集团成员内组织的分工发展，出现了产业协议在国际范围内、跨国公司间的分工。

---

　　①　武海峰，等. 国际直接投资发展研究［M］. 北京：中国财政经济出版社，2002：20.

国际直接投资的持续发展是国际分工不断深化的必然反映。

这一时期，国际直接投资的产业流向发生了较大的变化。随着各国经济的迅速恢复，欧美跨国公司投入到发展中国家采掘业的资金比重开始大幅下降，制造业的投资比重迅速上升；而发达国家之间的相互投资开始成为国际直接投资的主流，且一般都集中在资本密集、技术先进的新兴工业部门。一枝独秀的美国开始被联邦德国、日本等后起之秀迅速追赶，美国虽然仍稳居世界第一对外投资大国的地位，但与其他发达资本主义国家的差距大大缩小了。1965 年美国对外直接投资总额分别是英国、法国、联邦德国、日本的 4 倍、15 倍、13 倍、45 倍；但到了 1979 年年底，以上数据分别变为 4 倍、12 倍、5 倍、8 倍。①

另外，民族独立解放运动的兴起，发展中国家为保卫本国资源和民族经济的独立性，纷纷对外资企业采取了国有化、民族化的政策，对外国投资商所拥有的股权采取了种种限制和管理措施。殖民资本垄断的格局被打破，迫使欧美跨国公司改变投资方式，降低对海外资产的控制权，与发展中国家进行合资经营甚至非股权参与方式②开始大量涌现。

第三个时期为稳定增长时期（1980 年至今）。进入 20 世纪80 年代以来，以美国为首的主要西方发达国家的对外直接投资呈缓慢增长势头。从总体来看，总规模仍不断扩大，但增长速度明显放慢，进入稳定增长时期。当然，与经济发展的不平衡相一致，各西方国家的对外直接投资增长速度并不一致。对外投资起步早、基数大、经济发展速度慢的国家的增长较为缓慢。

---

① UNCTC. Transnational Corporations in World Development. New York，1985：207.

② 所谓非股权参与方式是指跨国公司在东道国的公司中不参股，只通过与股权没有直接关系的技术、管理、销售渠道等各种服务或技术的许可，与东道国公司保持紧密的联系，并从中得到各种收益。其主要形式包括：许可证贸易、特许经营、合同制造、管理合同输出、交钥匙工程等。

如美国，1981 年对外直接投资存量为 2283 亿美元，到了 1990
年增长为 3949 亿美元，10 年间年均增长率仅为 17.3%。而对外
投资起步晚、基数相对较小的国家的对外投资增长速度仍然较
高，如日本对外直接投资存量在 1980 年仅为 365.2 亿美元，到
1990 年就猛增到 2024.5 亿美元，年均增幅达 51%。

发展中国家以更为积极的姿态参与国际直接投资，但仍处
于从属的地位，其对外直接投资总量仅占全球对外直接投资总
量的 15% 左右。美国、西欧、日本成为了国际直接投资领域的
"大三角"，无论是对外直接投资流入量，还是流出量，此"大
三角"都占了全球的绝大多数份额。如：1998 年此"大三角"
的国际直接投资流入量与流出量分别占全世界总额的 67.40% 和
86.79%。而作为对外直接投资的主体、在世界经济中起着举足
轻重作用的跨国公司，也基本上为此"大三角"所拥有。以
1998 年为例，全球最大的 100 家大型跨国公司中，美国 26 家，
西欧 51 家，日本 17 家，其他国家仅有 6 家。①

进入 20 世纪 90 年代以来，以美国为主的欧美发达国家开始
步入知识经济时代，信息技术业的发展带动了整个服务业的发
展，并使之成为知识密集程度最高的产业，拥有极强的垄断优
势。与服务业相比，制造业的垄断优势相对削弱，欧美资本开
始向服务业大幅倾斜。以美国对外直接投资情况为例，20 世纪
90 年代以来投在制造业的资金比重逐年下降，到 1998 年已下降
到 28%；而投在服务业的资金比重逐年上升，到 1998 年已上升
至 60% 左右。②

随着知识经济、信息技术的飞速发展，经济全球化浪潮的

① UNCTAD. World Investment Report 2000 [M]. New York：United Nations Publication，2000：76.
② UNCTAD. World Investment Report 2000 [M]. New York：United Nations Publication，2000：55－56.

兴起对全球经济的发展带来了极大的冲击，尤其是进入21世纪以来，愈演愈烈的全球化趋势让世界各国的联系更加紧密，互动性更强；国际直接投资无论是在投资规模、投资流向，还是投资方式、产业分布等方面，都出现了新的发展、新的特点。

第二节　经济全球化趋势中的国际直接投资

经济全球化是世界各国在生产、分配、交换、消费环节的全球一体化趋势，是生产力和资源在全球范围内的转移活动，这是世界各国通过贸易、资金流动、技术创新、信息网络和文化交流等方式在世界范围内的高度融合，形成前所未有的联系日益紧密的相互依赖、相互影响的国际政治经济关系。

经济全球化是一个动态过程，其主要推动力量是高新技术的迅速发展及贸易和投资自由化的蓬勃兴起。经济全球化包括贸易全球化、生产全球化、金融全球化、市场全球化、世界经济组织全球化等多个方面，其中贸易全球化和生产全球化是两个最重要的组成部分。因为经济全球化的实质就是通过商品和服务贸易、资本的跨国流动以及由此引起的一揽子生产要素的跨国流动，促进资源在全球范围内的合理配置。而贸易全球化与生产全球化的主要推动力量则是贸易的自由化与投资的自由化，这二者被称为全球经济一体化的主动轮。

20世纪80年代后期以来，信息技术的高速发展带来全球产业技术的大革命、大发展，苏东剧变、冷战结束和全球市场化改革的不断深入，导致全球统一大市场逐步形成，经济一体化开始在全球范围内大规模、全方位地展开，给世界各国及整个世界带来了前所未有的广泛而深远的影响。进入21世纪以来，经济全球化浪潮愈演愈烈，成为了不可逆转的历史潮流。在全球化浪潮的冲击和影响下，国际直接投资在投资环境、区位、行业和方式等方面出现了一系列重大变化。

一、全球经济的一体化与国际直接投资政策的自由化

贸易与投资自由化既是全球经济一体化的产物，又是全球经济一体化的强大推动力。正是贸易与投资自由化的加速发展推进了世界经济全球化的进程，反过来，经济全球化的发展又要求贸易与投资自由化的进一步完善来与之相适应。贸易与投资自由化极大地提高了生产力的发展水平，各国经济发展的实际情况已经证明，凡是实行对外开放和经济自由化政策的国家，经济增长就快，人民生活水平提高也快。

虽然目前关于国际直接投资政策自由化内涵的理解尚存在一定的分歧，但一般认为，国际直接投资政策自由化包括以下动态过程：①减轻或取消由于专门针对（也是歧视性）外国投资者的限制（如设置进入壁垒）以及由于对外国投资者实行给予或拒绝给予鼓励和补贴所导致的市场扭曲；②加强对外国投资者的某些积极的待遇标准（如：国民待遇、最惠国待遇、公平和平等的待遇等）；③加强市场监管，确保市场的正常运转（如：竞争规则、信息披露和审慎监管等）。在上述三项因素中，前两项是核心，但其效应的发挥在很大程度上又依赖于第三因素。国际直接投资政策自由化的目标在于建立消除歧视（或优惠）、充分竞争、有序运行的市场环境。①

从 20 世纪 90 年代以来，世界各国尤其是发展中国家纷纷从原来的限制外商直接投资政策向欢迎和鼓励外商投资的政策转变。从各国外资政策和法规变化来看，1991—2004 年，东道国

① 联合国跨国公司与投资司. 1998 年世界投资报告 [M]. 北京：中国财政经济出版社，2000：97.

（绝大多数是发展中国家）对外商直接投资管理政策和法规的调整多达 2156 项，其中有 2006 项是为了创造对外商直接投资更有利的环境，占总数的 93%。仅在 2004 年就有 102 个国家进行了 271 项规制变化，其中有 235 项对外商直接投资是更有利的（见表 3 - 1）。

表 3 - 1 1991—2004 年的世界各国对引资制度实行的改革

年份 项目	1991	1992	1993	1994	1995	1996	1997	1998	1999	2000	2001	2002	2003	2004
投资制度实行改革的国家数目	35	43	57	49	64	65	76	60	63	69	71	70	82	102
规范改革的数目	82	79	102	110	112	114	151	145	140	150	208	248	244	271
其中：														
更有利于外商直接投资的	80	79	101	108	106	98	135	136	131	147	194	236	220	235
更不利于外商直接投资的	2	–	1	2	6	16	16	9	3	14	12	24	36

数据来源：根据联合国贸易与发展会议在《2005 年世界投资报告》中的资料汇编。

在双边协议层次上，各国之间签订的双边投资保护协定（BITs）和避免双重征税协定（DITs）的数量不断增加。截至 2004 年年底，双边投资保护协定达 2392 个，避免双重征税协定达 2559 个，分别是 1980 年的 14 倍和 3.5 倍，其中发展中国家之间缔结的此类条约较多。在多边协议层次上，世界贸易组织、世界银行、联合国贸易和发展会议等国际性组织也先后达成了一系列减少市场进出入壁垒、促进投资自由化的协议，如《与贸易有关的投资措施协定》、《服务贸易总协定》等。

国际直接投资政策自由化无疑有助于促进东道国扩大引进外国直接投资的规模，但也不能盲目乐观。[①] 东道国引进外商直

① 李东阳. 国际直接投资与经济发展［M］. 北京：经济科学出版社，2002：26 - 28.

接投资规模是东道国投资环境中众多构成要素综合作用的结果，国际直接投资政策自由化仅是其中的一项构成要素。对于那些国际直接投资政策自由化进程快，但国内投资环境无实质性改善的发展中国家，想要获得长期良好的外商直接投资产业效应的难度是比较大的。

二、以发达国家跨国公司为主导的国际投资主体的新发展

发达国家的跨国公司一直是国际直接投资的主体，也是推动经济全球化的主要力量。经济全球化从本质上来说，就是生产要素在全球范围内以空前的速度和规模流动，实现资源的优化配置，并为此而逐步削减各种障碍和壁垒。经济全球化的主要特征是生产全球化、资本全球化和市场全球化。

可以说，离开了跨国公司，经济全球化就难以推进。首先，跨国公司在全世界设立工厂，"以世界为工厂，以各国为车间"的全球性生产专业化协作体系的建立，促进了生产的全球化。跨国公司的内部分工与对外经济活动扩大了世界经济与东道国、投资母国经济的联系，加深了世界各国之间的生产、流通、销售、技术、研发等方面的合作。其次，跨国公司的分支机构设立在世界各地，使得跨国公司的资金流动跨越国界。即使在一些对国际资本进行严格管制的国家，跨国公司也可以利用其庞大的全球分支机构网络，通过内部融资、转移定价等方法来实现资金的跨国流动，这对全球资本市场的一体化起到了极大的推动作用。最后，跨国公司是市场全球化和贸易自由化的助推器，通过跨国贸易公司和跨国零售公司的市场中介，东道国企业增强了与国外的联系，外资企业的本地化使东道国企业加强了与国际市场的联系；而跨国公司还可以通过其日益庞大的组织结构实现公司内部交易，绕开贸易壁垒。目前全球跨国公司

内部贸易额约占到全球贸易总额的 40%，占国际技术贸易的 60% ~70%，有力地推动了市场全球化的进程。^① 此外，近年来跨国公司为应对经济全球化而进行的大量战略调整，如进行企业流程再造、强化核心竞争力，大力进行知识型投资，技术研发的国际化以及全球性公司的兴起，无疑都加速了全球化的进程。

在对外直接投资中，发达国家的大型跨国公司仍是 FDI 的主角，其自身规模极大且占全球 FDI 的比重也很大（见表 3 - 2）。这些跨国公司不仅自身规模极大，一个跨国公司的年产值甚至超过一个中等发达国家的年国民生产总值，已成为一个名副其实的"巨无霸"。另外，这些跨国公司已成为"国际性巨型章鱼"，利用其所掌控的资金、技术、品牌、销售渠道、稀缺生产要素等资源，通过各种渠道对东道国的政治经济、技术发展、产业结构优化乃至于文化意识等施加影响。

20 世纪 90 年代以来，在经济全球化、金融自由化浪潮的推动下，跨国并购之风盛行，传统居于首位的新建投资方式（又称为绿地投资 Greenfield Investment）逐渐居于从属的地位。在此次的跨国并购浪潮中，发达国家跨国公司占据了主导地位，其相互之间的并购业务多、交易规模巨大、全球性整合特色突出，如 1999 年全世界超过 1 亿美元的跨国并购案达 109 笔，前 10 笔并购交易总额高达 2205 亿美元，其中，最大的一笔为英国沃达丰集团（*VG*）斥资 603 亿美元收购美国空中通讯（*ATC*）^②。据联合国贸易和发展会议《2000 年世界投资报告》的相关数据显示，1999 年全世界并购总额高达 7201.09 亿美元，是 1990 年

①　彭迪云，甘筱青. 跨国公司发展论［M］. 北京：经济出版社，2004：30 - 32.

②　UNCTAD. World Investment Report 2000 ［R］. New York and Geneva：United Nations Publication，2001：234 - 238.

表3-2　　2003年全球非金融类跨国公司25强（按国外资产规模排名）　单位：百万美元和雇员人数

排名			公司	母经济体	产业	资产		销售额		雇员		TNIb（百分比）	子公司数目		IIc
国外资产	TNIb	IIc				国外	总计I	国外	总计	国外	总计		国外	总计	
1	77	37	通用电气	美国	电器和电子设备	258 900	647 483	54 086	134 187	150 000	305 000	43.2	1068	1398	76.39
2	7	95	沃达丰集团	联合王国	电信	243 839	262 581	50 070	59 893	47 473	60 109	85.1	71	201	35.32
3	90	12	福特汽车公司	美国	机动车辆	173 882	304 594	60 761	164 196	138 663	327 531	45.5	524	623	84.11
4	65	65	通用汽车	美国	机动车辆	154 466	448 507	51 627	185 524	104 000	294 000	32.5	177	297	59.60
5	10	78	英国石油公司	联合王国	石油开采、冶炼/分销	141 551	177 572	192 875	232 571	86 650	103 700	82.1	60	117	51.28
6	31	41	埃克森美孚公司	美国	石油开采、冶炼/分销	116 853	174 278	166 926	237 054	53 748	88 300	66.1	218	294	74.15
7	22	80	荷兰壳牌集团	联合王国/荷兰	石油开采、冶炼/分销	112 587	168 091	129 864	201 728	100 000	119 000	71.8	454	929	48.87
8	68	94	丰田汽车公司	日本	机动车辆	94 164	189 503	87 353	149 179	89 314	264 410	47.3	124	330	37.58
9	16	48	道达尔	法国	石油开采、冶炼/分销	87 840	100 763	94 710	118 117	60 931	110 783	74.1	419	602	69.60
10	62	69	法国电信	法国	电信	81 370	126 083	21 574	52 202	88 626	218 523	48.8	118	211	55.92
11	14	58	苏伊士	法国	电、气、水供应	74 147	88 343	33 715	44 720	111 445	172 291	74.7	605	947	63.89
12	89	34	法国电力公司	法国	电、气、水供应	67 069	185 527	16 062	50 699	51 847	167 309	32.9	204	264	77.27
13	80	63	E.On能源	德国	电、气、水供应	64 033	141 260	18 659	52 330	29 651	69 383	41.2	478	790	60.51
14	85	74	德盛志电信	德国	电信	62 624	146 601	23 868	63 023	75 241	248 519	37.0	97	178	54.49
15	59	67	RWE集团	德国	电、气、水供应	60 345	98 592	23 729	49 061	53 554	127 028	50.6	377	650	58.00
16	23	23	和记黄埔	中国香港	多种经营	59 141	80 340	10 800	18 699	104 529	126 250	71.4	1900	2350	80.85
17	32	40	西门子公司	德国	电器和电子设备	58 463	98 011	64 484	83 784	247 000	417 000	65.3	753	1011	74.48
18	53	46	大众汽车集团	德国	机动车辆	57 853	150 462	71 190	98 367	160 299	334 873	52.9	203	283	71.73
19	21	35	本田汽车公司	日本	机动车辆	53 113	77 766	54 199	70 408	93 006	131 600	72.0	102	133	76.69
20	34	89	维旺迪	法国	多种经营	52 421	69 360	15 764	28 761	32 348	49 617	65.2	106	238	44.54
21	42	83	雪佛龙德士古公司	美国	石油开采、冶炼/分销	50 806	81 470	72 227	120 032	33 843	61 533	59.2	93	201	46.27
22	3	30	新闻公司	澳大利亚	传媒	50 803	55 317	17 772	19 086	35 604	38 500	92.5	213	269	79.18
23	65	29	辉瑞制药	美国	制药	48 960	116 775	18 344	45 188	73 200	122 000	47.5	73	92	79.35
24	93	85	意大利电信公司	意大利	电信	46 047	101 172	6 816	34 819	14 910	93 187	27.0	33	73	45.21
25	50	18	宝马公司	德国	机动车辆	44 948	71 958	35 014	47 000	26 086	104 342	54.0	129	157	82.17

资料来源：联合国贸易和发展会议.2005年世界投资报告[R].2006,A.I.9.
a.除非另有说明，所有数据以公司年度报告为依据。
b.TNI是跨国性指数的缩写，用以下三种比率计算：国外销售与总销售量比率、国外资产与总资产比率、国外雇员与总雇员比率。
c.II是国际化指数的缩写，以子公司总数除以国外子公司数目计算。
d.本表中统计的子公司仅指拥有多数股权的子公司。

全世界并购总额的 4.78 倍，其中居于跨国并购前五名的国家或地区，无论是购买方还是出售方，都是欧美日等发达国家，而且从交易金额来看，发达国家分别占 94% 和 89.5%（见表 3 - 3）。

表 3 - 3　　　　1999 年跨国并购的基本情况表　　　单位：亿美元

	1990 年		1995 年		1999 年	
	国家或地区	购买额	国家或地区	购买额	国家或地区	购买额
排名前五的购买国	美国	276.27	美国	573.43	英国	2095.43
	英国	258.73	英国	296.41	美国	1124.26
	法国	218.28	德国	185.09	德国	844.21
	日本	140.48	加拿大	124.91	法国	829.51
	瑞典	125.72	瑞士	98.36	荷兰	484.29
全球总体情况	发达国家	1432.16	发达国家	1737.32	发达国家	6772.96
	发展中国家	70.35	发展中国家	127.79	发展中国家	412.45
	中东欧	—	中东欧	0.59	中东欧	15.50
	未指明国家	3.25	未指明国家	0.23	未指明国家	0.18
	全世界	1505.76	全世界	1865.93	全世界	7201.09
	1990 年		1995 年		1999 年	
	国家或地区	出售额	国家或地区	出售额	国家或地区	出售额
排名前五的出售国	美国	546.97	美国	532.37	美国	2330.32
	英国	291.02	英国	363.92	英国	1253.03
	法国	81.83	澳大利亚	173.60	瑞典	596.18
	德国	62.20	加拿大	115.67	德国	419.38
	加拿大	57.31	瑞典	94.51	荷兰	384.94
全球总体情况	发达国家	1324.39	发达国家	1645.89	发达国家	6445.90
	发展中国家	160.52	发展中国家	159.66	发展中国家	645.50
	中东欧	2.85	中东欧	59.38	中东欧	91.24
	未指明国家	—	未指明国家	1.00	未指明国家	18.46
	全世界	1505.76	全世界	1865.93	全世界	7201.09

资料来源：UNCTAD. World Investment Report 2000 ［R］. New York and Geneva: United Nations Publication，2001：240 - 248.

进入 21 世纪以来，发达国家仍是 FDI 的投资主体，但发展中国家的 FDI 正在崛起。随着新兴工业化国家以及中国、巴西、印度等发展中大国的崛起，发展中国家的吸引外资和对外投资都取得了飞速的发展，成为当前世界对外直接投资的新生力量。一方面，随着这些国家经济实力的不断增强，国际收支出现盈余，积累了大量的外汇和国内资本，形成了有利于对外投资的国内环境和物质基础，加上政府的政策鼓励，开始逐渐增大对外投资规模，引起了世界的瞩目。1999 年发展中国家和地区对外投资总量占全球国际直接投资总量的 21.3%，2004 年则上升到了 36.0%。① 另一方面，发达国家之间的战略性并购在 20 世纪 90 年代风起云涌之后，很多产业的市场集中度大大提高，并购的余地已经不大了；而且发达国家政府对垄断的限制与制裁的政策日趋完善与严格，也在很大程度上制约了巨型跨国并购的出现。逐利的本性让欧美跨国巨头们纷纷把眼光放到了投资环境日益趋好的新兴工业化国家和中国、巴西、印度等发展中大国，导致近几年来欧美企业在发展中国家的并购业务大幅上升。

三、全球国际直接投资的规模与流向特色

20 世纪 90 年代中期以来，发达国家之间的水平投资和发达国家向发展中国家的垂直投资依然保持强劲的增长势头，发展中国家向发达国家的逆向投资有了一定程度的起步，但发达国家之间的相互直接投资一直占据主导地位，约占到全球直接投资总量的 80%。美国、欧盟、日本这个"大三角"依然保持着举足轻重的地位（见图 3-1、表 3-4）。

① 根据联合国贸易和发展会议在《2005 年世界投资报告》中的相关数据计算得出。

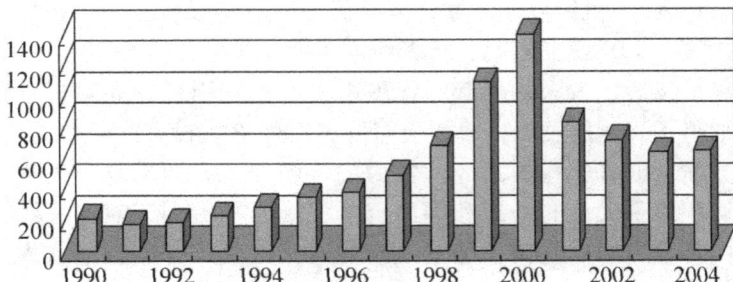

图 3 - 1　1985—2004 年全球外商直接投资流入规模（单位：10 亿美元）

　　数据来源：根据联合国贸发会议在《世界投资报告》（1996、2000、2005）中的相关统计数据计算得出。

　　2001 年美国遭遇"911"恐怖袭击事件导致全球经济发展速度放慢，欧美国家在一定程度上陷入了经济衰退。受此影响，全球国际直接投资在 2000 年达到顶峰后，开始大幅下降，2001年的国际直接投资量，无论是流入量还是流出量，都比 2000 年锐减四成以上。2004 年，由于流向发展中国家的外商直接投资强劲增长，全球 FDI 流量在连续三年下滑之后略有回升（见图3 - 1）。2004 年的全球 FDI 流入量为 6481 亿美元，比 2003 年多2%，而流入到发展中国家的数额激增了 40%，达到 2332 亿美元，从而使发展中国家在世界外商直接投资流入量中所占的份额激增至 36%，达到 1997 年以来的最高点，其中，流入中国的FDI 达 606 亿美元，占发展中国家总数的 26%（见表 3 - 4）。

　　2004 年外商直接投资的增长在发展中国家表现突出，是多种因素作用的结果。全球化所带来的国际竞争日益激烈，强大的竞争压力迫使企业纷纷探索提高竞争力的新途径，其中有些途径是在新兴市场经济国家迅速增长的市场中扩展业务、促进销量；有的则是在全球范围内优化配置生产要素以实现规模经济和降低生产成本等；而发展中国家经济发展对能源、矿产等初级产品的需求加大，导致此类商品价格的上扬，也促使了发达

表 3 - 4　1993—2004 年国际直接投资情况一览表　　　　　（单位:10 亿美元和百分比）

区域/国家	外国直接投资流入量							外国直接投资流出量						
	1993—1998（年平均值）	1999	2000	2001	2002	2003	2004	1993—1998（年平均值）	1999	2000	2001	2002	2003	2004
发达经济体	256.2	849.1	1 134.3	596.3	547.8	442.2	380.0	353.3	1 014.11	1 092.7	662.2	599.9	577.3	637.4
欧　洲	147.3	520.4	722.8	393.9	427.6	359.4	223.4	218.1	763.5	866.1	451.3	396.9	390.0	309.5
欧洲联盟	140.3	501.5	696.3	382.6	420.4	338.7	216.4	200.8	724.6	813.4	433.9	384.5	372.4	279.8
美　国	86.1	283.4	314.0	159.5	71.3	56.8	95.9	92.3	209.4	142.6	124.9	134.9	119.4	229.3
日　本	1.3	12.7	8.3	6.2	9.2	6.3	7.8	21.4	22.7	31.6	38.3	32.3	28.8	31.0
其他发达国家	21.5	32.5	89.2	36.7	39.6	19.6	52.9	21.5	18.5	52.5	47.7	47.8	39.1	67.6
发展中经济体	138.9	232.5	253.2	217.8	155.5	166.3	233.2	56.6	88.2	143.2	78.6	47.8	29.0	83.2
非　洲	7.1	11.9	9.6	20.0	13.0	18.0	18.1	2.3	2.5	1.6	-2.6	0.4	1.2	2.8
拉丁美洲和加勒比	47.9	108.6	97.5	89.1	50.5	46.9	67.5	12.7	44.7	60.6	29.1	11.4	10.6	10.9
亚洲和大洋洲	83.9	112.0	146.0	108.7	92.0	101.4	147.6	41.6	41.0	81.1	52.0	36.0	17.2	69.4
亚洲	83.4	111.6	145.7	108.6	92.0	101.3	147.5	41.6	41.1	81.1	52.0	36.0	17.2	69.4
西亚	3.5	1.9	3.8	7.1	5.7	6.5	9.8	0.2	1.6	1.4	1.1	0.9	-4.0	0.0
东亚	51.6	77.3	116.2	78.7	67.3	72.1	105.0	31.7	29.8	72.0	26.1	27.6	14.4	53.5
中国	38.5	40.3	40.7	46.9	52.7	53.5	60.6	2.6	1.8	0.9	6.9	2.5	-0.2	1.8
南亚	2.9	3.1	3.1	4.1	4.5	5.3	7.0	0.1	0.1	0.5	1.4	1.1	1.0	2.3
东南亚	25.3	29.3	22.6	18.8	14.5	17.4	25.7	9.6	9.6	7.2	23.3	6.4	5.8	13.6
大洋洲	0.4	0.4	0.3	0.1	0.0	0.1	0.1	0.0	-0.1	0.0	0.1	0.0	0.0	0.0
东南欧和独联体	6.6	10.5	9.1	11.8	12.8	24.1	34.9	1.3	2.6	3.2	2.7	4.5	10.6	9.7
东南欧	1.6	3.7	3.6	4.5	3.8	8.4	10.8	0.1	0.1	0.0	0.2	0.6	0.1	0.2
独联体	5.0	6.8	5.5	7.3	9.0	15.7	24.1	1.3	2.5	3.2	2.5	3.9	10.4	9.5
世　界	401.7	1 092.1	1 396.5	825.9	716.1	632.6	648.1	411.2	1 104.9	1 239.1	743.5	652.2	616.9	730.3
备注:占世界外国直接投资流量的份额														
发达经济体	63.8	77.7	81.2	72.2	76.5	69.9	58.6	85.9	91.8	88.2	89.1	92.0	93.6	87.3
发展中经济体	34.6	21.3	18.1	26.4	21.7	26.3	36.0	13.8	8.0	11.6	10.6	7.3	4.7	11.4
东南欧和独联体	1.6	1.0	0.6	1.4	1.8	3.8	5.4	0.3	0.2	0.2	0.4	0.7	1.7	1.3

资料来源:联合国贸易和发展会议. 2005 年世界投资报告[R]. 2006,B.1.

国家资金进一步流向石油、天然气和矿产等资源丰富的发展中国家和地区。但从发展趋势来看，21 世纪初期 FDI 的地区流向仍会以发达国家为主，但流向发展中国家的直接投资将继续增长。

目前世界经济发展的一个显著特征就是区域联盟、地区经济一体化现象日益突出，区内 FDI 投资额所占比重持续升高。当前区域一体化程度最高的就是欧盟、北美和亚太三大经济圈。便利的交通、相同或相近的文化背景、区内统一大市场的形成，使得欧盟各国之间的相互投资成为其对外投资的重要组成部分，当前欧盟国家之间的直接投资增长速度已超过区域内的贸易增长速度，投资总额已达到其对外投资总额的一半以上。北美自由贸易区内的美国和加拿大分别成为对方最大的投资伙伴，加拿大对外投资的 2/3 流向了美国，而美国对外投资的 1/5 流向了加拿大。而亚太区内的相互投资，尤其是日本、中国和亚洲四小龙之间的相互投资占了这些国家和地区对外投资总量的 50% 左右。[①]

从产业流向来看，服务业外商直接投资在全球国际直接投资总额中所占的比重迅速上升并成为国际直接投资的第一大产业，是当前国际直接投资产业流向的最显著特征。自 20 世纪 80 年代中期开始，发达国家跨国公司对外投资就出现了向服务业倾斜的趋势，对外投资重点从原来的原料工业向加工工业转移；20 世纪 90 年代随着信息技术的飞速发展和知识经济时代的来临，跨国公司对外投资重点迅速向贸易服务业、高新技术产业转移。许多发展中国家也开始调整政策，大力鼓励外资对国内资本和技术密集型产业进行投资。

由于服务业相对于制造业投资周期短、收益快、经营范围

① 张纪康. 跨国公司与直接投资［M］. 上海：复旦大学出版社，2005：113.

广且符合时代发展的趋势，而发达国家在技术、资金方面具有无可争议的竞争优势，从而成为发达国家跨国公司对外投资的重点产业领域。而 WTO 的《服务贸易总协定》和《信息技术产品协定》为各成员国的广泛接受和推广，进一步推动了服务业和信息产业的投资自由化，为外商直接投资提供了良好的外部环境，促使服务业的国际投资持续稳步增长。目前，投入到服务业的外商直接投资存量占了世界总存量的半数以上，仅在2004 年的跨国并购总值中服务业就占了 63%。①

四、国际直接投资方式的新特色：从工业经济向知识经济转型

20 世纪 90 年代以来，随着信息技术产业的迅猛发展，知识化、信息化时代的来临，以美国为首的发达国家开始了以技术创新推动经济发展的阶段，经济发展进入了从工业经济向知识经济转型的时期。知识经济是以知识为基本的经济，在这种经济形态中把知识和创新作为重要生产要素，知识密集型产业成为推动经济增长的主导产业，知识经济以知识的生产、分配、使用、交换和消费为基本经济运行机制。这种经济运行模式中，知识产权得到保护，人力资本高度积累，国民素质普遍提高，技术创新成为国家、产业、企业国际竞争力的核心。与经济形态变迁相对应的国际经济联系进入了产业结构全球范围内的转移和调整阶段，企业价值链和产业链在全球范围内进行着布局和重组。

这一时期对外直接投资的发展也出现了一些新特点：投资方式从以国内产业结构转换导向型和资源开发导向型投资为主，向技术创新导向型投资和产业国际转移型投资转变，表现为研

① 联合国贸易和发展会议. 2005 年世界投资报告 [R]. 北京：中国财政经济出版社，2006：5.

究开发和第三产业对外直接投资额迅速增加，投资比例上升。①

长期以来，通过对外直接投资占领国际市场、优化生产要素配置一直是跨国公司进行对外直接投资的主要战略目标。因此，东道国市场规模的大小、市场开放程度、生产要素禀赋情况是跨国公司选择对外直接投资区位的几个重要因素。而贸易全球化的迅速发展为跨国公司调整其对外直接投资区位带来了动力和压力。贸易全球化的不断发展一方面使国际贸易通道越来越畅通，另一方面也使国际市场竞争越来越激烈。由于国际贸易环境越来越自由，突破市场壁垒，就地生产、就地销售作为传统的影响国际直接投资区位选择的因素，其重要性大大减弱。而降低生产成本和研发成本，获得更优质的自然资源、劳动力以及知识、技术、专业人才等"创造性资产"（Creative Assets）提高企业的技术实力和产品竞争力，以适应经济全球化背景下更激烈的国际竞争显得更为重要。

可以说，在知识经济时代，跨国公司对外投资的垄断优势主要在于技术优势，拥有先进的技术和技术创新能力是企业竞争力的核心。欧美日等发达国家的跨国公司资金雄厚，技术开发力量强大，为获得市场竞争优势，它们十分重视研究与开发工作，世界上先进的生产技术绝大多数都是由这些跨国公司开发、拥有和控制。为保持技术领先优势，跨国公司往往更倾向于采取高控制的对外投资方式，如采取独资方式完全控制海外分支机构的生产经营权，采用公司内部贸易来实现技术跨国转移的内部化。目前，全球 500 强跨国公司垄断和控制了世界技术的 80% 和国际技术贸易的 90%，而美国目前的技术转让收入

---

① 张纪康. 跨国公司与直接投资 [M]. 上海：复旦大学出版社，2005：102－103.

中有八成多来自本国跨国公司向海外分支机构的技术转让。①

　　研发国际化是当前对外直接投资的一个新特色。鉴于新技术研发的投入大、风险大、周期长，越来越多的跨国公司在不断增加自身研发投入的同时，更倾向于通过海外投资与东道国或其他国家的企业或研究机构合作，建立技术合作的战略联盟②或直接并购相应企业，以获得先进的技术，提高自身的技术水平和技术创新能力。发展中东道国在跨国公司的全球研发体系中所占的份额正在增加，但并不均衡，少数国家和地区吸引了国际研发投资的大部分。其中，亚洲在面向国际市场的创新研发活动中占据了主要地位，中国、印度、韩国和中国台湾等国家与地区的研发活动在跨国公司全球研发网络中的重要性与日俱增，像中国天津的摩托罗拉研发中心、印度班加罗尔的微软软件研发中心、中国台湾的新竹高新技术开发园区都是全球知名的创新研发基地，积聚了大量的研发人才和资金。

第三节　21 世纪初国际直接投资与全球产业结构调整浪潮

一、产业全球化与 21 世纪初全球产业结构调整浪潮

　　美国学者 D. F. 西蒙（D. F. Simmon，1993）认为，从一定

---

　　① 张纪康. 跨国公司与直接投资［M］. 上海：复旦大学出版社，2005：307、322.

　　② 跨国公司战略联盟（Strategic Alliances of Transnational Corporation）又称为公司间协议（Inter‐Firm Agreement）或国际战略联盟（International Strategic Alliances），是由美国 DEC 公司总裁简·霍普兰德和管理学家罗杰·奈格尔首先提出。其含义是指两个或两个以上的跨国公司为实现某一或若干战略目标，以签订长期或短期契约为形式而建立的局部性相互协作，彼此互补的合伙、合作联系关系，其主要目的就是"通过外部合伙关系而非内部增殖来提高企业的经营价值"。

意义上说，经济全球化就是产业全球化，他认为"最好将全球化看作是一种微观经济现象，它指的是产业和市场一体化和联合的趋势"。① 产业和市场一体化联合的趋势，反映的是产业结构在世界范围内的调整和升级，产业组织在世界范围内的竞争和垄断，高新技术产业在世界范围内的崛起和各国产业政策的世界性影响。

产业全球化是产业国际化的高层次表现，它指的是产业的国际化水平发展到了一个新的高度，其产业内的产品生产和销售已实现高度国际化，产业内主要企业的生产经营已不再以一国或少数国家为基地，而是面向全球并分布于世界各地的全球一体化生产体系。伴随着经济全球化浪潮影响的不断加强，各国产业之间相互依存、相互渗透的程度不断加深，产业全球化已成为了不可逆转的历史趋势，它实现了全球范围内生产、交换、分配和消费等一系列环节的国际经济大循环和国际产业链的形成。在科技和信息革命推动下，全球产业日益成为一种密不可分的全球产业网。在产业全球化浪潮下，没有哪个国家与地区、没有哪个企业可以"与世隔绝而独善其身"。产业全球化推动生产要素以空前的规模和速度在全球范围内自由流动，全球产业联系的互动性日益突出，从而导致全球经济日益紧密地联系在一起，并最终朝着无国界的方向转变。②

国际产业分工的效率和获取产业比较利益是产业全球化的内在动力，世界市场的形成和产业技术的发展是产业全球化的重要条件。从 20 世纪 90 年代末开始，为了适应经济全球化、技术变革和国际市场竞争加剧等经营环境的变化，在全球范围内开始实现生产要素的优化配置、生产环节的合理布局，以实现

---

① D. F. 西蒙. 世界经济体系中的中国 ［J］. 国外社会科学, 1993 (3).
② 王述英, 姜琰. 论产业全球化和我国产业走向全球化的政策选择 ［J］. 世界经济与政治, 2001 (10).

生产成本最小、经营绩效最好的目的推动着产业全球化的主体——跨国公司不断地走向海外投资、不断在全球范围内布局并形成全球一体化的生产研发体系，从而最终导致了一场全球性产业结构调整浪潮在 21 世纪初的兴起。

21 世纪初全球产业结构调整是在全球范围内，以跨国公司为主要载体、以国际直接投资为主要方式，通过产业的国际转移来实现产业资本输出国和接受国进而是全球的产业结构优化调整。可以说，产业的国际转移起始于国际直接投资，它是跨国公司海外扩张行为特别是对外直接投资活动所引发和推动的。但与零星的、个别的企业跨国界、跨区域的投资行为不同，它一方面是跨国公司长期海外投资积累的结果，另一方面是在比较优势和海外垄断利润的驱动下，一个产业的大多数企业寻求生产要素空间布局转换的共同行为。国际直接投资促使生产要素在国际之间的流动，而国际贸易则促进新的、稳定的国际产业分工关系的形成，这种由产业成长和产业分工而导致的产业结构转换不仅发生在生产要素转出国，也发生在生产要素转入国，并由此促使这些国家或地区的产业结构调整与优化。

二、国际产业转移的动因

国际产业转移在 20 世纪 60 年代中后期就已经出现，当时欧美发达国家相继进入了工业化的中后期，开始以对外直接投资的方式将劳动密集型产业转移到东亚、拉美等地区，后者则通过吸收发达国家转移的生产能力，开始了自身的工业化道路。但真正大规模的国际产业转移是在 20 世纪 90 年代以后，随着欧美发达国家逐步从工业经济向知识经济转型，其传统产业转移的步伐明显加快；新兴工业化国家与地区也加入到了国际产业转移的行列，向经济发展程度更次的国家与地区转移，从而在全球范围内形成了一个梯度依次转移和连锁变化的动态过程。

关于产业国际转移的动因，理论上有多种解释。弗农（R. Vernon，1966，1974）的"产品周期理论"（Product - Cycle Hypothesis）[①] 认为，产业国际转移最直接的原因在于各国之间产品生命周期的差异性。一般来说，产品生命周期的竞争优势在国际间会经历如下几个阶段的变化：产品的创新与市场引入阶段（New Product Period），拥有垄断优势的发达国家厂商先在本国国内生产、销售，国内消费市场对支撑新兴产业成长至关重要。生产布局上形成的区位优势决定了最初的生产总是在国内进行的，然后随着销售市场的逐步拓展，拥有相同或相似消费水平和消费偏好的海外市场需求的出现促使了该产品对外出口业务的开始与发展。产品成熟阶段（Maturing Product Period），随着该产品在国外市场份额的扩大，出口厂商开始到进口国投资设厂，采取出口与就地生产、就地销售相结合的经营方式；而进口国的部分厂商开始了进口替代，利用合资生产或技术转让方式来生产同类的产品，本土厂商凭借劳动力成本、销售渠道、政府扶持等优势，可能在国内部分市场的销售份额超过出口国厂商，跨国的市场竞争由此产生。产品标准化阶段（Standardized Product Period），进口国厂商与原出口国厂商在第三国市场上展开竞争，导致后者的出口量下降、海外投资量上升。国外厂商的本土化经营，既可以降低交易费用和生产成本，也会因自身技术的转移与溢出而增强了竞争对手的实力。当原进口国厂商凭借其生产成本、技术和规模优势在其国内市场、第三国市场甚至在原出口国市场上确立领先地位后，原出口国在该产品上的垄断优势就不复存在，竞争优势就转移到了后起国家。

---

① R. VERNON. International Investment and International Trade in the Product Cycle [J]. Quarterly Journal of Economics, 1966, vol. 80: 190-207.

R. VERNON. The Location of Economic Activity, in J. H. Dunning ed., Economic Analysis and Multinational Enterprise [M]. London: Allen and Uniwen, 1974.

　　因此，在产业成长过程中，由于各国的生产要素禀赋的不同、经济发展和产业技术水平的不同，比较优势会出现动态变化。发达国家一般处于领先的地位，在其中扮演着产品创新和开发的角色，而较发达国家和发展中国家扮演着学习和追赶的角色。这样，随着比较优势的动态转移，处于高一级发展阶梯的国家就会将其因竞争优势丧失的产业向低一级发展阶梯的国家转移，从而出现比较优势和产业结构在发达国家、较发达国家、新兴工业化国家和发展中国家之间动态化、阶梯式的转移和传递现象。比较典型的如纺织业、化工工业、钢铁机械、汽车制造业等，都有在发达国家之间和向新兴工业化国家间转移的现象。①

　　在向外转移产业的选择上，小岛清（Kiyoshi Kojima，1978）在分析日本对外直接投资的基础上，提出了"边际产业转移论"。②该理论认为，一国对外直接投资应该从本国已经处于或即将处于比较劣势的产业（即边际产业）依次进行，投资国转让那些已经或正在失去比较优势的产业和技术，而这些产业在东道国又是具有明显或潜在比较优势的部门。一方面，投资企业将因此延长获利期限，获得更丰厚的收益；另一方面，投资国通过转移衰落产业，使自身产业结构得以升级，而被投资东道国则比较容易吸收转移的技术，从而改善东道国的生产技术，促进其产业结构的调整。

　　从世界范围来看，当代国际产业转移主要是由跨国公司推动的，而跨国公司对外转移资产并不仅仅局限于衰退产业。在很多情况下，跨国公司海外投资的决策更多的是基于战略层面

---

　　①　陈明森. 产业升级外向推动与利用外资战略调整 ［M］. 北京：科学出版社，2004：29－31.

　　②　K. KOJIMA. Direct Foreign Investment：A Japanese Model of Multinational Business Operations ［M］. New York：Croom Helm，1978.

的考虑，包括规模扩张、分散风险、与竞争对手争夺海外市场等。随着国际产业转移不断向纵深发展，产业转移中以追求全球竞争企业战略地位为核心的非利润最大化动机逐渐增强，并由此带来国际产业转移方式的多元化。如刘易斯（W. Arthur Lewis，1978）、普雷维什（Prebisch，1983）等发展经济学家，从一国要素供给条件的变化以及发展中国家工业化战略等方面对国际产业转移动因的解释；威尔斯（L. T. Wells，1983）、劳尔（S. Lall，1993，1997）、坎特维尔（J. A. Cantwell，1995，1998）等学者从局部技术创新的角度对国际产业现象的分析等。这些观点从不同的角度分析了国际产业转移的动因，对发达国家之间的水平型产业转移和产业内部的国际转移等问题都提出了合理的解释。

约翰·邓宁教授（John Dunning，1976，1981，2000）的国际生产折衷理论①是国际直接投资理论中的集大成者。该理论的基础是要素禀赋理论和市场缺陷理论，其核心是将所有权优势、内部化优势和区位优势三种优势进行了综合，把一国在国际产业转移中的地位与其经济发展阶段紧密联系了起来。在经济发展初期，一国基本上是国际产业转移的承接国，处于产业单向转入的阶段；随着经济发展和人均 GDP 的提高，该国企业的国际生产模式逐步升级，具备了对外直接投资的能力，开始加入国际产业转移的行列，处于产业双向流动或产业转出的阶段。

邓宁构建的"三优势模式"（OIL Paradigm）和国际投资发展周期理论揭示了产业成长与经济发展水平的阶段性变化对国际化生产的必要条件，从而形成了一种折衷主义或综合性的观

---

① JOHN DUNNING. International Production and The Multinational Enterprise [M]. London: George Allen & Unwin, 1981.

JOHN DUNNING. The eclectic paradigm as an envelope for economic and business theories of MNE activity [J]. International Business Review, 2000 (9).

点，对解释当代国际产业转移现象提供了较为全面而权威的理论依据。

三、当前国际产业转移的主要特点

国际产业转移，既是发达国家调整产业结构、实现全球战略的重要手段，也是发展中国家改造和调整产业结构、实现产业升级和技术进步的重要途径。产业国际化的发展、全球化浪潮的推动，为国际产业转移创造了更加广阔的空间。

当前国际产业转移的主要特点表现为：

（1）国际产业转移往往是从劳动、资源密集型产业转移开始，进而到资本、技术密集型产业的转移，是从发达国家转移到次发达国家，再由次发达国家转移到发展中国家和地区，具有明显的梯度转移、逐层推进的特点。产业转移的路径以垂直路径为主，水平路径更多针对的是产业内贸易行为。

随着经济全球化趋势的迅速发展和国际竞争的日益激烈，以美国为首的欧美日发达国家为了保持竞争优势，加快了产业结构调整升级的步伐，重点发展具有高附加值的创新性技术知识密集型产业（如以信息技术为先导的高新技术产业和以金融、保险、专业服务等为核心的现代服务业等），而将附加值较低的一般劳动、资本和技术密集型产业向其他国家和地区大规模转移，从而不断形成新的产业转移浪潮。发展中国家则通过承接产业转移加快产业升级和经济发展，发挥后发优势大力发展传统加工制造业和重化工业，并以此带动相关配套产业和服务业的发展，工业化进程明显加快。

在全球产业调整升级步伐加快的同时，国际产业转移的层次也在不断提高，呈现出不断高度化的新特点。国际产业转移的重点开始从原材料向加工工业、从劳动密集型产业向资本技术密集型产业、传统产业向新兴产业、制造业向服务业、低附加值产业向高附加值产业转变；而且，随着 21 世纪初知识经济的迅速发展，国际产业转移层次高度化、知识化有进一步加强的趋势。

（2）国际产业转移呈现多方向、跳跃式发展。20 世纪 90 年代以前，国际产业转移具有比较明显的线性、单向的特征，企业的国际化基本上按照产品生命周期的各阶段次序发展，以发达国家向发展中国家转移其衰退产业为主。尽管这一规律仍然发挥着较大的影响，但近年来，在经济全球化和国际竞争的驱动下，国际产业转移不再受特定区位和流向限制，而是在全球范围内寻求该产业或产业链条上特定环节最佳的投资区位。

在这种情况下，国际产业转移出现了多方向、跳跃式的发展态势，国际产业转移不再是发达国家企业的孤立行为。目前，实施国际产业转移的不仅包括发达国家的跨国公司，而且还包括新兴工业化国家和发展中国家的跨国公司。国际产业转移已从原来单一的从发达国家转移到发展中国家的模式，演变为发达国家向发展中国家、发达国家之间，甚至部分发展中国家向发达国家的多方向转移格局。发达国家向发展中国家的产业转移仍保持着一定的技术梯度，发达国家之间的产业转移主要集中在高技术和服务领域，而发展中国家向发达国家的转移则刚刚兴起，为少数新兴工业化国家中颇具国际竞争力的跨国公司发起。从国际转移的产业来看，除了传统的劳动、资源密集型产业外，发达国家开始向新兴工业化国家大量转移高技术产业的制造环节，产业转移的深度与广度都得到了极大的拓展，具有一定的跳跃性。

在这种多方向、跳跃式的转移模式下，国际产业转移的规模迅速扩大，并使各国的产业发展及其结构调整之间的互动性显著增强，各国之间的产业关联和相互依赖程度大大提高。这虽然为各国带来了更多的分工效益，但同时也在一定程度上削弱了各国特别是发展中国家产业成长和结构调整的自主性，加大了其经济运行的风险。①

（3）国际产业转移由不同产业的梯度转移逐渐转向产业价值链各环节的全球布点。面对日益激烈的国际竞争，跨国公司的海外转移从以衰退产业的整体转移为主，转变为产业价值链为基础的、生产经营各环节的全球布点。在全球布局的视野下，跨国公司根据其竞争优势和全球战略，将产业价值链分拆，将研发、制造、销售、服务等各个增殖环节配置到成本收益比最佳的国家或地区，这不仅在跨国公司内部完成了产业整合，而且还在全球范围内实现了产业的空间分割，从而大大提高了国际产业转移的深度和广度。

目前，基于价值链拆分的产业空间分割已成为汽车、电子、通信设备、计算机等行业国际分工及跨国公司生产组织的主要方式。跨国公司价值链各环节的全球布点突破了国际产业转移的梯度限制，使国际产业转移更趋动态化。随着中国制造业整体发展水平的提高，跨国公司在向中国大量转移最终产品加工组装环节的基础上，开始向制造业的上游和下游辐射，跨国公司在中国的研发、售后服务、管理投入呈上升趋势。②

（4）国际产业转移中的产业集聚效应日益突出，产业链条的整体转移并带动关联产业协同转移的现象是当前国际产业转移中的新特点与新趋势。

在当今国际分工体系中，产业之间的纵向和横向联系越来越广泛。近年来，跨国公司产业转移中的产业集聚现象日益突出，大型跨国公司的海外投资更是产业集群形成的重要平台，国际产业转移中出现了产业供应链整体搬迁的趋势。由于跨国公司的社会化协作程度高、横向联系广，一家跨国公司的投资

① 杨丹辉. 国际产业转移的动因与趋势［J］. 河北经贸大学学报，2006（3）.
② 吕政，等. 国际产业转移的趋势和对策［J］. 经济与管理研究，2006（5）.

往往会带动一批相关行业的大量投资。随着竞争的加剧，跨国公司不再遵循传统的产业转移的阶段进行投资，而是主动地带动和引导相关投资，鼓励为其配套的生产服务企业和供应商一同到东道国投资，加大零部件供给当地化战略的实施力度，发展配套产业并建立产业群，最终将整个产业链搬迁、转移到发展中国家。① 此时，产业转移不再是个别企业的孤立行为，而是在国际生产的网络或体系的基础上，形成了以跨国公司为核心、全球范围内相互协调、相互合作的企业组织框架。

同时，国际产业转移的区域集聚特征也日益明显。集群是具有一定联系的众多企业在某一区域内的空间聚集，并形成强劲竞争优势的现象，它具有明显的群体竞争优势和规模经济效应，能够产生"1+1>2"的效应。这种产业转移的区域集聚往往带有明显的行业特征、地理特征，甚至是历史文化特征，如在我国，山东半岛是韩国产业转移的重点区域，且主要集中在烟台、青岛、济南等地；江苏的台州是台商企业密集的重点地区，苏州的新加坡园区则吸引了大量的新资企业；浙江宁波则是东南亚华侨企业产业转移的重点地区；珠三角的深圳、顺德、珠海等地则是港澳资金密集的地区。这些地区承接的产业集群带有明显的国家或区域集群特征②，并且这种特征越来越显著，有进一步扩大的趋势。

（5）国际产业转移的方式趋于多元化，生产环节外包成为当前热点。长期以来，以实物资产转移为主要特征的 FDI 一直是国际产业转移的主要方式。近十多年来，在经济全球化和跨国公司的推动下，FDI 仍然是实现产业国际转移的最主要手段，

① 孙雅娜. 国际产业转移的新趋势与我国的战略选择［J］. 当代经济管理，2006（5）.
② 宋燕，牛冲槐. 国际产业转移趋势与我国的基本对策［J］. 工业技术经济，2005（8）.

但外包等新兴的转移方式已经出现。

迈克尔·波特（Michael Porter，1980，1997）的价值链理论认为，在一个企业众多的"价值活动"中，并不是每一个环节都创造价值，且不同的产业、不同的环节，其创造价值的程度是不一样的；企业的价值主要来自于整个价值链上的某些特定的价值活动，这些才是真正创造价值的经营活动，是企业保持竞争优势的根本，即企业价值链的"战略环节"。正是基于以上考虑，在全球化趋势日益明显的今天，跨国公司往往把非核心的生产、营销、物流、研发等活动，转包给成本较低的发展中国家企业或专业化公司完成，即外包（Out－Sourcing）。

外包可能伴随着生产资本的直接投资，也可能仅通过外包合同，以非股权方式将业务分解或把非核心业务转移，截取价值链中的高利润环节，浓缩经营范围，将有限的资源集中配置到企业的强势领域，以降低企业的运营成本，突出企业的竞争优势。其中，成本削减是绝大多数企业进行离岸外包的主要目的，也是外包带来的最直接、最明显的收益。据美国商务部门统计，2003年美国2600万家企业中采用了项目外包方式的企业已占到了三分之二；同年，全球外包市场达到5.1万亿美元的规模，占全球商务活动总额的14.8%；并且预计全球外包市场将以每年近20%的速度递增，至2010年将形成20万亿美元的大市场。①

作为国际产业转移的新兴方式，外包正在改变着全球资源要素的流向和产业布局，外包的发展不仅加快了发达国家产业结构调整的进程，而且为发展中国家参与国际分工提供了更多的有利机会。例如，随着全球外包业务市场容量的增长，亚洲不少国家和地区凭借丰富的人力资源和日益成熟的技术条件，

① 杨丹辉. 国际产业转移的动因与趋势［J］. 河北经贸大学学报，2006（3）.

在外包发展中占有了先机，其中，印度在全球软件开发外包市场中占据了近八成的份额，仅 2004 年印度的软件出口额就达到160 亿美元。

四、21 世纪初全球产业结构调整浪潮的趋向与影响

第二次世界大战后，全球经济结构经历了数次大规模的调整。20 世纪 50 年代，美国将钢铁、纺织等传统产业向日本、联邦德国等国转移，集中力量发展半导体、通信、电子计算机等新兴技术密集型产业。20 世纪六七十年代，日本、联邦德国等国转向发展集成电路、精密机械、精细化工、家用电器、汽车等耗能耗材少、附加价值高的技术密集型产业，新兴工业化国家和地区获得了扩大劳动密集型产品出口的良机，实现了从进口替代型向出口导向型经济的转变。20 世纪 80 年代以来，全球经济结构进入了新一轮以"信息技术为核心的新技术广泛运用"为特征的结构调整期，美国、日本和西欧发达国家开始大力发展知识与资金密集的产业，新兴工业化国家和地区发展技术密集型产业，而劳动密集型和一般技术密集型产业转向发展中国家。进入 21 世纪以来，这一轮产业结构调整出现了一些比较明显的新趋势或新影响，主要体现为：

（1）产业分工日益全球化，产业投资向纵深发展。各国产业的分工正在演变成为世界性的产业分工，传统的在一国地域范围内以生产要素为基础的分工日益发展成为全球范围内的以现代工艺技术为基础的分工，从产业各部门间的分工发展到各个产业部门内部的分工和以产品专业化为基础的更精细的专业化分工，从由市场自发力量决定的分工向以跨国公司为主、区域经济组织合作与协调的分工发展，出现了产业协议在国际范围内、跨国公司间的分工。

产业投资活动随着跨国公司的全球拓展而遍布全球，产业

的区域联系向纵深发展。20 世纪 90 年代以来，跨国公司迅猛发展，它们凭借其雄厚的资金、先进的技术和管理优势，进行跨国、跨区域、跨行业的全球性投资和生产经营，推动着全球资源的优化配置，使世界产业日益紧密地联系在一起。与此同时，区域经济一体化趋势的加强也使产业的区域联系向纵深发展。典型的如欧盟，欧盟统一货币欧元于 1999 年 1 月 1 日的正式启动以及其后的东扩行动，极大地促进了该区域内各成员国的产业分工与合作的一体化进程。

（2）信息化和科技创新是全球产业结构调整的根本推动力，高信息化、高科技化和高服务化主导着国际范围内新一轮产业结构的调整。① 以现代信息技术、生物技术为核心的新一轮高科技革命，正在对世界产业结构产生着比以往任何时候都更加深刻的、系统的、全面的和综合的影响，使世界产业结构的大调整出现新趋势。一是在世界性信息技术革命的带动下，以信息化为重点，发展网络经济，对整体产业结构进行优化升级，为资本、信息、商品在全球范围内的更便捷的流动，创造了新的模式；二是在科技创新推动下，一批以高新技术为核心的新兴产业崛起，成为新的经济增长点和发展动力，呈现出成为世界产业发展主导的趋势；三是高技术改造传统产业成为新趋势，用信息化和高新技术对传统产业实施重大改造、重组，对劳动密集型产业进行有针对性的转移和淘汰，是欧美发达国家产业结构调整的一个主要特点。以美国为例，以信息技术迅猛发展为基础的"新经济"在美国引发了一轮新的产业革命浪潮，大力发展知识密集型产业，相应调整和发展金融、资讯等现代服务业，加快转移传统的、劳动密集型产业，建立了以技术进步为主要推动力的新产业结构，信息业作用日益加大，服务业比

---

① 王述英．当前全球产业结构调整的趋势和特点及我国产业结构调整对策［J］．南开经济研究，2001（6）．

重大大提高。

世界产业结构发展的高信息化、高科技化和高服务化也大大增强了国际经济发展能力，国际产业分工也随之深化。但由于大部分科技资源仍由发达国家控制，因而产业结构调整中的不平衡性，尤其是发达国家与发展中国家间的不平衡有进一步加剧的趋势。

（3）产业结构的调整和升级与产业的国际转移并行，三大产业结构调整速度加快，产业重点向第三产业倾斜。20世纪90年代中期以来，西方发达国家在利用高新技术改造传统产业的同时，继续强化产业结构的调整、升级和转移，将一些有利于节约本国自然资源的、保护本国自然环境的产业以及能充分利用国外廉价劳动力和市场的制造业转到国外。在产业转移过程中，第二产业在这些国家的从业比重大幅度下降，而第三产业从业比重则大幅度上升，达到60%~70%，其中，高新技术产业和现代服务业发展迅速，其所创造的产值已经占到了发达国家国民生产总值的三分之一以上。

在此次全球产业布局调整浪潮中，服务业向新兴市场国家转移的趋势也渐趋明显。服务业国际化转移表现在三个层面：一是项目外包，即企业把非核心辅助性业务委托给国外其他公司；二是跨国公司业务离岸化，即跨国公司将一部分服务业务转移到低成本的国家与地区；三是与跨国公司有战略合作关系的配套服务企业，随着跨国公司海外业务的延伸而不断延伸自己的业务，从而出现了一种组团式、产业链整体转移的趋势。

由于跨国公司向发展中国家转移技术和产业始终保持着一定的梯度并掌握着主动权，特别是在高技术领域，发达国家在产业转移中的技术控制一定程度上拉大了各国经济发展的差距。由于目前发达国家的跨国公司控制了产业价值链的关键环节，发展中国家在国际分工体系中始终处在不利的边缘地位。同时，以现代生产要素分工为主导的国际分工格局中，尽管发展中国家的优势资源与外来要素结合的机会增多了，但参与分工的风险也增多了。

（4）跨国公司的直接投资有力地推动着产业结构的调整，大规模的企业并购和产业重组是产业结构调整的主要形式。在信息技术革命和全球产业结构变革中，世界各国，无论是发达国家还是发展中国家，都在积极地关注并主动引导本国产业结构的调整，以争得由高新技术引发的世界性经济发展竞争的主动权。跨国公司的对外直接投资改变了投资单向垂直性的格局，多向水平性投资格局得到了快速的发展，在 20 世纪 90 年代末、21 世纪初掀起了一轮跨国并购和产业重组的浪潮。据联合国贸易和发展会议《2005 年世界投资报告》统计资料显示，2004 年全球外商直接投资流入量为 6480 亿美元，其中采用跨国并购形式的占到五分之三以上。这轮跨国并购不仅发生在发达国家之间，而且欧美跨国公司对发展中国家企业的战略性并购也风起云涌，如中国当前所面临的：摩根斯坦利下属基金收购我国最大的水泥企业——山水集团、美国 Best Buy 控股我国第四大消费电器连锁商——五星集团、凯雷集团收购徐工机械等。

跨国公司的直接投资与大规模并购活动，导致了生产要素的国际化和生产组织的全球化，将世界各国都紧紧地拉入了全球一体化的浪潮中，直接而有力地推动了世界产业结构的调整和资产重组。各国、各地区都或多或少地从这轮产业结构调整浪潮中获益，但与发达国家相比，发展中国家在获得产业发展机遇的同时，也将面临产业结构低度化发展、过分依附发达国家生产体系、产业开放与产业安全等诸多问题。这些都是发展中国家不得不积极思考和认真面对的问题。

（5）中国在国际产业转移体系中的地位不断提高，积极应对此次全球产业结构调整浪潮是中国产业走向国际化的必然选择。20世纪90年代以前，中国吸收国际转移的产业以劳动密集型的纺织、服装、食品、普通消费类电子行业为主，以港澳台以及东南亚华侨企业的资金为主，投资项目集中在东南部沿海地区。20世纪90年代以后，欧美日等发达国家跨国公司开始大规模进入我国的制造业，迅速带动了我国制造业生产和出口规模的持续扩大，使得我国制造业在国际分工中的地位不断上升。进入21世纪，随着中国2001年正式加入WTO，高速增长的中国经济和日益开放与完善的投资环境使中国吸收外商直接投资的区位优势进一步凸现，成为欧美日跨国公司对外投资和产业转移的首选地区，中国吸收外商直接投资连续十多年在发展中国家与地区中居于首位。据商务部统计，截至2005年年底，我国累计批准外商投资企业552 942家，实际使用外商投资金额5 104.7亿美元，已连续12年成为FDI流入量最大的发展中国家；仅2005年我国就实际引入外资724.1亿美元，占当年全球FDI总流入量的11.17%。

当前，跨国公司对华产业转移随着全球产业结构调整浪潮进入了新的阶段。世界500强企业都已进入中国市场，直接投资仍是跨国公司产业转移的主要方式，跨国公司们一方面加大对在中国的制造环节的投资，另一方面纷纷利用并购、外包合作甚至战略联盟等方式来增强自己的市场竞争地位。同时，面对潜力巨大的中国市场，跨国公司在华的研发活动日趋活跃，其研发、采购和管理的本土化趋势显著增强。而入世后我国服务业对外开放程度的提高，也促使跨国公司对我国服务业转移的提速，尤其在金融、资讯、物流等现代服务业。

面对这场全球性的产业结构调整浪潮，我们必须树立产业全球化的思维，应对产业全球化所带来的不可避免的冲击与发展的机遇，调整好我国的产业结构。不可否认，当前我国在承接国际产业转移时仍以制造业为主，并且仍主要集中在劳动密集程度高、资金和技术含量低的成本竞争型传统行业。在资金技术密集的产业中，主要集中在技术相对成熟的汽车制造和高能耗、高污染的资源型行业，如石油化工等；在高新技术产业，主要集中在以加工、生产、组装等技术要求不高的劳动密集型生产环节。可以说，这种状况虽然有助于巩固我国作为全球制造业基地的地位，有利于扩大国内就业，在一定程度上起到带动产业升级的作用，但却使我国产业总体上处于国际产业转移的低端和产品价值链的低附加值环节，不利于我国在全球分工中的地位和走向产品价值链的高端。①

因此，立足产业全球化的视野，在继续承接国际产业转移的同时，着重研究外商直接投资对我国产业结构优化调整的作用及其机理，充分利用此次全球产业结构调整浪潮的发展机遇，扬利去弊，将产业的自主发展与国际产业转移有机结合，促进我国产业结构的优化升级，进一步提升我国在全球分工和国际产业转移体系中的地位，就显得十分重要。

---

① 毕吉耀. 经济全球化时代国际产业转移新趋势与我国面临的机遇和挑战[J]. 中国物价，2006（9）.

第四章
FDI 促进东道国产业结构优化
的效应、机理与制约因素

　　在上一章里我们知道，21 世纪初全球产业结构调整是在全球范围内，以跨国公司为主要载体、以国际直接投资为主要方式，通过产业的国际转移来实现产业资本输出国和接受国进而是全球的产业结构优化调整。本章，我们将进一步缩小研究视角，集中研究在一般情况下 FDI 促进产业资本接受国（东道国）产业结构优化调整的问题。

　　国际直接投资本质上是跨国投资企业将其所拥有的各种优势资源与东道国的区位优势有机结合，在全球范围内寻求资源的最佳配置并以利润最大化为终极目标的跨国经营活动，它对东道国的经济活动、产业发展会产生强烈的社会经济效应。一般而言，跨国公司直接投资通过产业资本形成、技术转让与溢出、国际产业转移、贸易与就业机会的扩大以及竞争、示范等经济效应来影响东道国产业发展及其结构调整的进程。其中，FDI 产业结构优化效应是东道国所关心的重点问题，它是怎么起作用的，作用机理或效应传导机制是怎么样的，有什么样的制约因素，这些将是本章所要研究的问题。

第一节　FDI 影响东道国产业发展的经济效应分析

一、FDI 的产业资本形成效应

　　促进资本形成历来被认为是跨国公司对东道国（尤其是发展中国家）经济增长的重大贡献，这主要是因为跨国公司凭借其巨大的企业规模和其他特殊资源优势，通过各种途径促成了东道国资本存量的增加，从而有助于弥补东道国的期望投资与国内储蓄之间的缺口。

（1）海外直接投资的注入增加了东道国的资本存量。一方面，以新建方式注入的外商投资既可以增加东道国的储蓄，又可以增加其投资，在增加东道国资本存量方面的作用最为明显；另一方面，以并购方式进入的外商投资虽然并不直接增加东道国的投资，但并购濒临倒闭的企业往往提高了被并购企业的生产能力，从而使东道国的资本存量获益。多数情况下，东道国向外国投资者卖出国内企业所获资金往往会用于国内再投资，从而间接增加了东道国现有资本的存量。

从当前跨国企业的投资动向来看，跨国公司在发达国家的投资多数采用并购方式，而在发展中国家则主要采取新建投资的方式。据美国商务部相关统计数据显示，1985 年跨国公司对美国直接投资中，新建企业数与并购企业数之比为 0.93：1，新建企业投资额与企业并购开支额之比为 0.15：1；1989 年新建企业数与并购企业数之比为 0.89：1，新建企业投资额与企业并购开支额之比为 0.19：1；而到了 1993 年，上述企业数之比为 0.82：1，金额之比为 0.14：1。在跨国公司对发展中国家直接投资中，绿地投资占主导地位，企业收购形式的投资处于相对次要地位，例如在 1990—1992 年间，美国对外投资项目数中，新建企业与收购企业的比例在发达国家为 0.96：1，而在发展中国家的上述比例为 1.8：1。① 从一定意义上讲，海外直接投资的注入对东道国资本存量增加的促进作用，在发展中国家要优于发达国家，因此，跨国公司海外直接投资作为一种稳定的资本投入，尤其有助于弥补发展中国家的"投资—储蓄"缺口。

（2）无论是绿地投资还是并购投资，一般都会给东道国带

① 肖卫国.跨国公司海外直接投资对东道国的经济效应分析［J］.财经问题研究，1999（9）.

来后续性追加投资，从而有助于增加东道国的资本存量。这主要是因为东道国投资条件的改善和投资政策的自由化（如企业私营化、外资股权比例放宽和政府税收优惠等）通常会促进连续投资；而跨国公司投资策略的变化（如大多数跨国公司在对新兴开放市场进行大规模投资之前，通常会先作一些试探性投资，而此时的投资仅仅是其长期投资策略中的初始阶段），也可能促进连续投资；有些东道国促进私营化的投资协议也明确要求外商追加投资，如印度对外国股权比重限定放宽以后，跨国公司在印度的分支机构也相应地增加了自己的放权比例。而拉美国家（如墨西哥、秘鲁、委内瑞拉）私营化过程中跨国公司的后续投资尤其具有典型意义，如 1990 年在墨西哥国家电讯公司（Telmex）私营化过程中，美国 Southwestern Bell 公司的初始投资为 5 亿美元，一年之内便又追加 5 亿美元的投资，最终以 10 亿美元的总投资买下了 Telmex 10% 的股权。[①]

另外，如果海外投资中所必需的中间产品在当地无法得到满意供给时，跨国公司往往会通过母国或其他国家合作伙伴追加投资或辅助投资。由此，跨国公司通过前向和后向联系的"乘数效应"，使对东道国的投资进一步扩大。

（3）跨国企业可通过为东道国当地资本市场提供有吸引力的投资机会而动员当地储蓄，成为引发国内投资的催化剂。若没有跨国公司的活动，这类当地储蓄可能闲置或用于非生产性活动，而外商直接投资可刺激跨国公司母国或世界市场的资金流入东道国，这样既可增加储蓄，也可增加投资。当然，跨国公司海外直接投资为东道国资本形成所提供的现实或潜在效应，亦可能因各种逆向影响而减少。例如，欧美发达国家的跨国公

① 李洪江. 跨国公司新发展及其经济效应分析［M］. 哈尔滨：黑龙江人民出版社，2002：97.

司海外直接投资的资本主要来自于利润再投资，而动员当地储蓄尤其是从用于其他生产性用途的国内储蓄中挖来资金，可能有碍于东道国资本存量的增加，这意味着通过吸收外商直接投资来促进资本形成增长是有一定代价的①，即跨国公司投资利润的汇回在长期内将减少当地投资增长的后劲。

反映外商直接投资对东道国资本形成和经济重要性的主要指标有两种②：一是外商直接投资流量与国内投资之比率；二是外商直接投资存量与国内生产总值的比率。从实际情况看，尽管上述两个指标均不太高，但无论是发达国家还是发展中国家，该两项指标大体上呈现出上升趋势，表明外商直接投资作为外商实际资本流入的一种形式，对东道国资本形成和经济增长的贡献是逐步增大的，尤其是对发展中国家而言，外商直接投资对资本形成的重要性越来越明显（见表4-1、表4-2）。

表4-1　　20世纪80年代以来外商直接投资流量占国内固定资产投资的比重　　单位:%

东道国类型	1981—1985年（平均）	1986—1990年（平均）	1991—1995年（平均）	1996—2000年（平均）	2001年	2002年
全球平均	2.3	4.1	4.1	11.8	12.6	12.9
发达国家	2.2	4.6	3.6	13.2	13.5	14.0
发展中国家	3.3	3.2	6.5	7.9	7.8	7.5

资料来源：根据联合国UNCTAD的《世界投资报告》历年相关统计数据计算得出。

① 肖卫国．跨国公司海外直接投资对东道国的经济效应分析［J］．财经问题研究，1999（9）.
② 陈继勇．国际直接投资的新发展与外商对华直接投资研究［M］．北京：人民出版社，2004：331.

表 4-2　各类国家吸收外商直接投资存量占其国内生产总值的比重

单位：%

东道国类型	1980 年	1985 年	1990 年	1995 年	2000 年	2001 年	2002 年
全球平均							
流入	6.7	8.4	9.3	10.3	19.6	21.2	22.3
流出	5.8	6.6	8.6	10.0	19.3	20.4	21.6
发达国家							
流入	4.9	6.2	8.2	8.9	16.5	17.9	18.7
流出	6.2	7.3	9.6	11.3	21.4	23.0	24.4
发展中国家							
流入	12.6	16.4	14.8	16.6	31.1	33.4	36.0
流出	3.8	3.8	3.9	5.8	12.9	12.8	13.5

资料来源：根据 2003 年联合国 UNCTAD 的《世界投资报告》中的相关数据整理得出。转引自：陈继勇. 国际直接投资的新发展与外商对华直接投资研究 [M]. 北京：人民出版社，2004：332.

总的来说，外商直接投资在短期内能增加东道国的资本存量和提高资本质量，但对投资母国资本积累可能存在消极影响；而从长期来看，跨国企业的利润汇回对投资母国资本积累有利，却有损东道国的资本积累。全球化趋势中 FDI 的资本形成效应并无多大改变，以跨国并购为主的外商投资方式对东道国资本形成效应有所削弱，但跨国企业 R&D 国际化则随着技术研发投入的不断增大而有助于提高东道国的资本形成效应。

二、FDI 的技术转移与溢出效应

跨国公司是现代管理技术和组织创新的产物，是当前世界技术创新的主导力量，跨国公司海外投资使得科学技术在世界范围内的传播和转移更加自由。对东道国而言，跨国公司海外直接投资不仅为其带来了资本，而且更重要的是为其带来了先进的研发能力、生产技术、组织管理技能等无形资源，有力地促进了东道国的技术进步，进而为东道国经济增长做出了巨大的贡献。

（1）外商直接投资是东道国获取国外先进技术的重要途径。从发达国家直接引进先进技术是提升发展中国家技术水平的重要途径。但由于保持技术优势是跨国公司获得垄断优势的重要基础，因此它们往往不会向发展中国家直接转移先进的技术（现实事实也证明，跨国公司向发展中国家直接转移的技术往往是属于淘汰的或失去竞争优势的一般性技术），更多的是通过跨国公司自身内部组织体系向其海外分支机构进行先进技术转移（通常还是有所保留的）。因此，对于东道国（尤其是发展中国家）来说，引进跨国公司前来直接投资是获得先进技术的一个重要途径。除了独资或拥有大部分股权的外国直接投资（通常被认为是技术转移的内部化形式）外，跨国公司还通过一系列外在化形式，主要是非股权方式（包括少数参股合资企业、许可证、管理营销合同及国际分包等）来向东道国进行技术转移。

（2）跨国公司海外直接投资促进了先进技术、劳动技能、组织管理技巧等在东道国国内的溢出与扩散。虽然跨国公司往往对先进技术的转移进行较严格的限制，但技术溢出效应却普遍存在。技术溢出通常是指技术领先者对同行业企业及其他企业的技术进步产生的积极影响，它是经济学意义上的外部效应。对东道国来讲，间接的技术溢出效应的作用在很大程度上超过了直接的技术转移效应。一般来说，技术溢出效应表现在以下几个方面：一是跨国公司与东道国本土企业建立的各类经济往来关系（如本土企业为跨国公司提供原材料、零配件或提供销售渠道与服务等），形成产业关联关系，促进了本土企业按照外方要求来改造自身、提高自身技术水平；二是跨国公司先进的技术和质优价廉的产品给本土企业带来生存压力，激烈的市场竞争迫使本土企业向外方模仿、学习与改进，想方设法提高自身技术水平和劳动生产率，实现所谓"干中学"式的技术进步；三是受雇于跨国公司人员向本土企业的流动，将直接导致外方先进技术和管理经验的溢出，促进本土企业的进步。

（3）新时期跨国公司研发活动国际化趋势的加强，导致其研发机构的全球布局，增强了研发所在地国家的技术溢出效应。为更适应全球化发展的要求，在全球范围内优化配置研发生产要素，从而使跨国公司的研究与开发活动日趋国际化，其实质上是跨国公司组织国际技术资源进行技术开发，这必然直接加快技术溢出，尤其是对研发所在国家或地区。例如，1982—1992年，美国跨国公司国外分支机构研究与开发费用占跨国公司总研究与开发费用的比重由9%上升到12%；而在澳大利亚、比利时、加拿大、德国、印度、韩国、新加坡和英国等国家的全国研究与开发总费用中，外国分支机构的比重在20世纪80年代就超过了15%。而且至今，跨国公司体系内的研究与开发活动已经扩散到那些能够提供必需资源（特别是技能和知识）的许多发展中国家，如中国。跨国公司研究与开发活动的分散化，有利于东道国研究与开发中心的形成和持续，为东道国带来集聚经济（Economies of Agglomeration）的外部效应。例如，跨国公司子公司通过与当地科研机构、大学、生产资料供应厂家进行科研合作使东道国得以接近国际化的人才库，促进了其科研活动的发展和开发能力的提高；同时，研究与开发活动中管理人员培训中心的建立，不仅为东道国带来了大量的组织管理技巧，而且通过促进东道国人力资源开发，为东道国直接或间接提供了大量可利用的中高级经营管理人才和掌握了先进劳动技能的熟练工人等。

当然，东道国能否从跨国公司海外直接投资的技术转移与溢出效应中获取利益以及获取多少利益，取决于东道国自身的条件以及跨国公司技术转移的条件、技术的适用性等因素。例如，跨国公司决定在哪些国家进行研究与开发往往取决于东道国研发设施、科技人员、工程师等的可供条件及其他诸多因素；跨国公司海外直接投资所带来的技术、技能和管理技巧一般是根据母国自身需要而发展起来的，其适用性如何取决于东道国吸收、消化和创新的能力；跨国公司的技术转移战略中总是力图把先进技术和新技术控制在体系内部，而将陈旧技术逐步转移海外（如根据产品生命周期变化进行的产业外移）。可见，吸收外商直接投资（包括跨国公司的非股权参与）并非所有国家特别是发展中国家技术与技能提高的万能药。不仅如此，跨国公司海外直接投资亦可能给东道国技术进步带来不利影响，如跨国公司海外子公司可能挖走东道国相当数量的高级科技人才、专门管理人才及熟练技术工人，导致东道国人才流失；对于那些过度奉行"以市场换技术"的发展中东道国而言，跨国公司可能通过激烈竞争打垮当地生产企业，从而让东道国不仅市场出让了，而且获取技术的计划也落空了。[①]

三、FDI 的国际产业转移效应

跨国公司对外直接投资的过程，也是产业国际转移的过程。外商直接投资带动了产业的国际间转移，转移产业的先进程度取决于跨国公司的技术水平。产业的国际转移无论对发达国家还是发展中国家的产业优化升级，都有一定的促进作用。但由于跨国资本的逐利本性和发展中国家的技术差距，发达国家和发展中国家在国际产业转移中所获得的收益和付出的代价是截然不同。

对发达国家来说，由于投资双方经济发展程度、技术水平都较高且相互间的经济、技术差距不大，往往是各有千秋，外

第四章　FDI 促进东道国产业结构优化的效应、机理与制约因素

---

① 肖卫国. 跨国公司海外直接投资对东道国的经济效应分析 [J]. 财经问题研究，1999（9）.

来资本很难对东道国某一产业形成绝对优势的产业控制或市场控制。因此跨国公司在发达国家之间的相互投资，一方面是促进了相互间新兴产业的发展，弥补了各自产业结构的缺陷，推动了相互间产业结构的优化升级；另一方面，也加剧了各国之间的产业竞争，迫使了竞争手段的多样化和竞争层次的不断提高。英国经济学家尼尔·胡德和斯蒂芬·扬（Stephen Young）解释这种效应的原因在于：①发达国家一般有能力提供更有效的抵消力量对付外国跨国公司，因此对于外商直接投资所引发的主权和自主问题并不突出；②由于发达国家资金比较充裕、顾客消费能力较强，所以发达国家间的国际直接投资一般不存在产品适宜性和技术适宜性问题；③发达东道国的当地企业具有更大的潜力吸引外来企业的技术与技能，也有较强实力和较丰富经验与外来者进行激烈的竞争。[①]

对发展中国家来说，跨国公司投资所带来的国际产业转移效应却存在着较大的差异。一方面，产业的国际转移在一定程度上确实能够促进投资双方国家产业结构的优化升级。对发展中东道国而言，国际产业转移为发展中国家产业结构调整、升级提供了发展的机遇和动力，跨国公司对当地企业的产业关联效应和竞争示范效应都能有力地促进当地企业技术提升，为发展中国家产业自立发展积累了技术基础。而对发达的投资国而言，发达国家将失去或即将失去比较优势的产业转移到海外，置换出资本和劳动力可以用于发展附加值更高的新兴产业，为本国的产业结构优化升级创造了条件。据日本研究机构的一项调查结果显示，1998 年日本五大电子公司将其产品线中近 40%的产品转移海外生产，而把节约出来的资源转向通讯信息产业，大力发展计算机、移动电话、液晶显示屏、GPS 卫星导航系统

---

① 尼尔·胡德，斯蒂芬·扬. 跨国企业经济学 [M]. 叶刚，等，译. 北京：经济科学出版社，1990.

等高新技术产品的研发与生产，极大地促进了日本国内产业结构的高度化发展。①

另一方面，产业的国际转移也给投资双方国家产业结构优化带来了负效应。发达国家转移出来的产业不仅会减少国内生产，造成国内该产业竞争能力的下降和失业人数的增加，而且易于产生产业空洞化现象，所谓产业空洞化是指一国将某产业向海外进行转移而导致本国该产业的萎缩甚至消失，如果该国不能及时发展高级产业予以弥补，将导致该类产业在本国产业结构中的空缺，形成"空洞现象"，这将给该国经济发展和产业安全带来较大的负面影响。

与发达国家相比，国际产业转移对发展中东道国的负面效应更严重。这主要表现在：①国际产业转移会进一步加大发达投资国与发展中东道国之间的产业级差，过分依赖跨国公司的产业转移效应将固化双方之间的产业级差，发展中东道国将在不利的国际产业分工中陷入"比较优势陷阱"的恶性循环中，进一步增加双方的产业级差，从而成为发达国家产业发展的依附。②过度依赖国际产业转移来提升国内产业发展，易于受制于跨国公司的自身发展战略，压抑当地企业的发展，从而导致国内产业控制和市场控制的失控，造成国内产业结构和市场结构的非均衡发展，进而对本国的产业安全造成严重的威胁。③发达国家向发展中国家转移的产业大多是在其国内已经失去优势或即将失去优势的产业，以高污染、高能耗产业为主，这些产业的国际转移将给发展中东道国带来极大的环境问题和相应的诸多社会问题，等等。

---

① 李洪江. 跨国公司新发展及其经济效应分析 [M]. 哈尔滨：黑龙江人民出版社，2002：125－128.

四、FDI 的就业效应

就业问题一直是国际社会与各国政府所密切关注的问题。联合国跨国公司投资与管理司 1994 年以"跨国公司、就业与工作环境"为主题，专门研究了外商直接投资对投资双方国家的就业的影响。表 4-3 为其中的一项研究成果：外商直接投资对东道国就业的潜在效应。

表 4-3　　　　外商直接投资对东道国就业的潜在效应

影响表现 ＼ 影响领域		就业数量	就业质量	就业区位
直接效应	积极效应	创造直接就业机会	工资福利待遇较好，生产力水平较高	为高失业区增加新的和更好的就业机会
直接效应	消极效应	并购可能导致"合理化"裁员	在雇佣和晋职等方面引进不受欢迎的各种国际惯例	城市拥挤加剧地区不平衡
间接效应	积极效应	通过关联效应创造间接机会	向国内企业传播"最佳运营"工作组织方法	促使供应商转移到劳动力可得地区
间接效应	消极效应	依赖进口或挤垮现有企业会降低就业水平	在国内竞争时降低工资水平	挤垮当地企业，导致地区性失业恶化

资料来源：联合国跨国公司投资管理司. 1994 年世界投资报告 [R]. 北京：对外经济贸易出版社，1995：231. 本书略有修改。

表 4-3 列出了外商直接投资对东道国在就业数量、质量和区位等方面的直接效应和间接效应，说明了外商直接投资对东道国的就业产生了较大的影响。但该研究结论更多的仅是一种静态效应的分析，并未说明外商直接投资对一国劳动力市场的根本影响，因为这要取决于该国产业的具体宏观经济因素，以

及面对跨国公司活动导致的竞争与产业分工变化、东道国企业作何反应等所带来的动态效应。从实际情况来看，跨国公司投资对东道国就业的挤出效应往往非常明显，尤其是在发展中东道国，而这是该研究报告所忽略的。由于发展中国家企业的竞争力普遍比较弱小，外资的大量涌入不可避免带来当地同类企业的破产倒闭、工人失业，产生就业的挤出效应。

外商直接投资的就业效应主要是受投资行业和经营战略两个因素的影响。从投资行业的角度来看，制造业对外直接投资将减少投资母国的就业数量和提高就业质量；而服务业的对外直接投资一般不会给母国就业带来消极影响，而往往会增加母国的就业数量和提高就业质量。对于东道国来讲，接受跨国公司直接投资对就业会产生双重影响，一是直接或间接地增加就业数量和提高就业质量，二是如果东道国当地企业竞争力低下，可能会产生严重的挤出效应。

从跨国公司海外经营战略的角度来看，跨国公司采取独立子公司战略（即海外子公司是一个相对独立的经营体，具有比较完整的生产销售体系）一般有比较明显的生产替代效应，导致母国就业数量降低而东道国就业数量增加；跨国公司采取海外投资一体化战略（即海外子公司为母公司总体战略的一个组成部分，仅承担某种业务功能）时，将会导致东道国从事低附加值生产的就业数量增加而母国从事高附加值生产以及为海外提供服务的就业机会增加；而当跨国公司实行全球化经营战略时，研发、生产、消费的区位被按照职能分工，跨国公司在其国际化生产体系内实现全球资源的优化配置，从而形成全球化的组织网络体系，放大了就业的直接效应和间接效应，其影响主要取决于各国区位竞争优势，竞争优势强的国家（企业）将获得高附加值生产过程的工作职位和较好的就业质量，竞争优势弱的则只能获得低附加值生产过程的工作职位和较差的就业质量。因此，在全球化浪潮中努力培养本国（企业）的国际市场竞争能力非常重要。

五、FDI 的贸易促进与国际收支效应

关于对外投资与对外贸易之间究竟是替代关系还是互补关系，理论界一直争论不休。经济学大师蒙代尔（R. A. Mundell，1957）最早提出 FDI 对投资母国的出口替代效应，认为在满足要素价格均等化条件的基础上 FDI 的增加将会减少东道国与投资母国之间的贸易总量；约翰逊（Johnson，1967）、巴格瓦蒂（Bhagwati，1973）以及拜尔德鲍斯和斯留瓦根（Beldelbos and Sleuwaegen，1998）的研究都支持了蒙代尔的结论，认为在东道国存在贸易保护的情况下，FDI 会替代东道国进口贸易。而更多的经济学者，如小岛清（K. Kojima，1973）、坎普（Kemp，1966）、斯文森（Svensson，1984）、马库森（Markusen，1985）等则对蒙代尔的 FDI 出口替代模型作了进一步的修订与验证，认为国际直接投资并不是单纯的资本流动，而是包括了资本、技术、经营管理经验等一揽子生产要素的转移，并引入了国家之间技术差异等变量，得出 FDI 可以在东道国和投资母国之间创造新的贸易机会，进而得出 FDI 与出口贸易之间不是替代性而是互补性的结论。而联合国贸易与发展会议（UNCTAD）的《1996 年世界投资报告》从产业角度总结了 FDI 与贸易的关系，得出了贸易与投资之间的关系是因部门而异的结论，认为对特定产品在一定时期内，外商直接投资与贸易可能会产生替代效应，但是从部门和国家层次上，外商直接投资对一国贸易的互补效应大于替代效应。凯夫斯（Caves，1996）进一步认为 FDI 对东道国贸易的促进效应有两个方面：一是直接效应，即 FDI 企业自身的出口带动东道国的出口；二是间接效应，即 FDI 通过对当地企业的影响（如跨国公司与当地企业建立前向或后向联

系来促使当地企业生产技术能力的提升等）促进其出口的作用。

外商直接投资对东道国国际收支的影响效应，在短期和长期上表现差异较大。在短期，东道国可以从外商直接投资中获得明显的收益，即外资流入可以迅速弥补东道国的外汇缺口，改善本国国际收支状况。但这种往往是一次性的外资注入，仅有明显的短期改进效应。在长期，外商直接投资返还期一般是5~10年，随着投资收益源源不断地汇回投资母国，将对东道国的国际收支状况造成较大的不利影响。而对于投资母国来说，外商直接投资对其国际收支水平的影响正好相反。应该说，无论是投资母国还是投资东道国都会为国际直接投资对其本国国际收支的影响而担忧，只不过投资母国担心短期不利影响，而东道国则更担心长期不利影响。

除了以上我们所探讨的几种主要的经济效应外，FDI 对东道国经济发展还有其他的经济效应，如制度变迁、产业安全效应等，我们将放在以后章节专门论述。

第二节　FDI 对东道国产业结构演进的优化效应及作用机理

一、FDI 对东道国产业结构演进的影响

外商直接投资，无论对发达国家还是发展中国家的产业结构调整与演进都发挥着十分重要的作用。理论界对如何看待 FDI 给东道国产业结构的影响有两条主要的发展路径：一类是以弗农的产品生命周期理论（1966）、小岛清的边际产业转移理论（1987）和区域经济学的梯度转移理论为代表的东道国被动影响论。这类理论认为产业转移源自经济发展层次较高的发达国家，

且发达国家进行产业转移主要是为了寻求海外廉价资源和市场，以及充分释放本国资源进行高科技研究开发活动；而接受投资的东道国接受并采用了相对先进的生产技术，能使潜在的比较优势显现出来，因而 FDI 向东道国传递和转移先进生产要素，经由前向和后向关联效应，会对东道国的产业结构演变产生积极的影响。

另一类是以赤松要的雁行形态论（1936）、筱原三代平的重工业化理论和动态比较费用论（1957）、赫尔希曼的不平衡发展理论（1991）以及关满博的"全套型的产业结构"理论（1993）为代表的东道国主动接受论。这类理论从动态的角度出发，认为一国应合理分配本国资源，采用适当政策谋求产业结构的优化进程。如日本式的技术引进基本是：进口设备→学习技术→消化吸收→改进提高→国产。其被形象地比喻为"一号机组进口，二号机组国产"。动态比较费用论认为国家应积极扶植目前暂时处于幼小地位但收入弹性高、需求增长快且生产率上升潜力大的产业；不平衡发展理论认为发展中国家应集中有限的资本和资源，优先发展一部分具有战略意义的、联系效应强的产业；全套型的产业结构论理论则从产业技术角度解释一国不可能发展全套型的产业结构，而只能与他国相互依存、发挥其各自特色，以弥补自身技术缺陷。

具体来说，FDI 对东道国产业结构的影响，宏观上讲存在两方面促进作用：一方面，FDI 通过对东道国企业的兼并与收购，可以将低质量的资产存量变成高质量的资产存量，从而达到加速企业技术改造、产品更新和产业升级的积极效果；另一方面，FDI 通过设立新企业，可以形成高质量的新增资产，从根本上改变产业结构形成的物质基础，进而提高整个产业的资本和技术的密集度。

从全球化背景下 FDI 的实际发展来看，跨国公司的海外直接投资极大地推动了东道国传统工业的技术改造、新兴工业的发展，进而促进了东道国产业结构的优化调整。如：欧美跨国公司对亚洲"四小龙"的直接投资和技术转让与"四小龙"的高技术战略相呼应，积极推动了其产业结构由劳动密集型向资本和技术密集型产业转变，进而促进了其产业结构的日趋高级化、合理化。

当然，外商直接投资的促进作用也并不是总会存在的。如果跨国公司采用与东道国技术水平相等或相当的生产技术，或是在东道国实行垄断经营，或是利用其自身垄断优势排挤、压制东道国本土企业，那么，外商直接投资对东道国产业结构优化促进效应就非常有限，甚至是负效应了。为此，我们应清醒地认识到，我们利用外商直接投资来推动自身产业结构的优化调整时，必须注意几个问题：①跨国公司推动东道国产业结构调整的正面效应总是有一定的经济和社会代价的（如某些部门被外资控制、本土企业破产倒闭、失业率提高等），东道国政府必须对跨国公司行为加以引导和必要控制。②其正面效应不会永无止境，一旦东道国总体经济和产业条件恶化，跨国公司会缩小生产和经营规模乃至撤离东道国（如1997年的东南亚金融危机以及其后的数年萧条导致外资进入东南亚地区的减缓以及某些投资转移）；因此对东道国而言，创造、增强和保持一国区位优势的政府政策是至关重要的。③必须在公开和竞争性市场以及技术、技能和组织管理技巧可得条件下利用外商直接投资，以推动结构调整，否则产业结构调整的积极效应将是暂时的，调整的结果将经不住国际市场竞争的考验，调整的过程也将是不完善的。①

第四章　FDI 促进东道国产业结构优化的效应、机理与制约因素

---

① 蒋选. 面向新世纪的我国产业结构政策 [M]. 北京：中国财政出版社，2003：341 - 342.

二、FDI 影响东道国产业结构的效应分析

FDI 的产业结构效应是近年来国际直接投资理论研究的重要方面。所谓产业结构效应，是指产业结构变化的作用对经济增长所产生的效果，即对经济增长发挥着一种特殊的作用。产业结构的高变换率之所以能够导致经济总量的高增长率，是因为产业结构的特殊功能，即产业结构效应在起作用。促进产业结构优化有利于发挥产业结构效应，推动和保持经济的增长率。[①] FDI 对东道国产业结构的影响主要表现在两个方面：一是产业结构优化效应，二是市场集中度效应。

1. 产业结构优化效应

FDI 对东道国产业结构优化的效应主要表现在四个方面[②]：①通过资本、技术等"一揽子"生产要素的流入，改变东道国的投资结构，进而直接促进东道国的产业结构优化；②因 FDI 流入而带来的经济增长效应使得东道国居民的收入水平提高，改变了东道国的消费结构，从而间接地促进了东道国产业结构优化；③跨国公司进入东道国市场而对当地企业所形成的竞争与示范双重效应，也可在一定程度上促进东道国产业结构优化；④跨国公司生产的产品对东道国居民的消费需求所带来的引导作用，也会在某些程度上促进东道国产业结构优化。

外商直接投资对东道国的产业结构优化效应来源于其有效地开发了东道国的比较优势。FDI 所带来的"一揽子"资源，尤其是技术资产和管理技能，不仅有助于东道国建立新兴产业，还能使传统产业升级，使内向型的产业向出口导向型、更具有国际竞争力的产业演进。更为重要的是，作为 FDI 投资主体的

---

① 苏东水. 产业经济学 ［M］. 北京：高等教育出版社，2005：281－282.

② 杨大楷. 国际投资学 ［M］. 3 版. 上海：上海财经大学出版社，2003：292－293.

跨国公司具有资本以及技术或管理要素密集的优势。如果没有外商直接投资，东道国新兴产业的生产或传统产业的改造也许不会发生，也许会相当缓慢，并且需要相当大的代价。第二次世界大战后国际直接投资的发展实践对此已做出了有力的佐证。

第二次世界大战后国际直接投资的重点呈现出从资源开发业向制造业再向服务业转移的态势，在目前流向发展中国家的投资中，仍以制造业所占的份额最大。在制造业中，外商直接投资主要集中在电子业、家用电器业、办公用品业、食品制造业、仪器仪表业、制药业和纺织服装业等。在跨国公司进入以前，发展中东道国的这些行业要么基本上是空白，要么只能生产少数中低档次的产品，这是因为缺乏竞争压力和技术进步的刺激，技术与产品更新缓慢；有限的竞争力主要集中在成本竞争上，因此不能从整体上提升产业结构。外资进入后，使用更先进的技术，生产更高档次的产品，竞争向强调产品差异化的方向发展，从而与产品质量改进、不断求新求异的设计、改进售前售后服务等方面结合起来，使产业结构的提升体现在生产、营销的各个方面。

产业结构的优化不仅体现在制造业内部，还体现在高质量服务的发展上。实践证明，发展中国家服务业与发达国家服务业之间发展水平的差距，要大于二者在制造业的差距。因此，吸引跨国公司对服务业投资是发展中国家优化产业结构的重要手段。服务难以分解又不宜进行内部跨国贸易，跨国公司母公司关于服务方面的所有技术与诀窍都要向海外分支机构传递，从而能够明显地提升东道国相关行业的水平。服务业水平的提升，对于本国制造业国际竞争力的提高和吸引更多大型跨国公司前来投资，都有重要意义。对一国产业来讲，要融入国际分工体系，最大限度地从国际分工中受益，必须具备高质量的生产服务体系。①

但实证研究也表明，FDI 对东道国产业结构优化效应的产生有赖于两个因素：一是 FDI 的资本和技术密集程度。我们知道，经济增长主要来源于资本等生产要素的技术应用，而不仅仅是这些要素的存量。如果外资与当地企业以同等生产效率进行生产，或 FDI 所带来的生产活动使附加值更低，那么 FDI 的流入反而不利于东道国的产业结构优化。二是当地企业的特征和政府政策是否有助于使东道国的生产资源经由外资企业而被纳入跨国公司的国际化生产体系。借助于生产要素由投资母国向东道国的转移，跨国公司使不同国家间的产业重组得以连通，有利于协调调整过程。实现结构进步和产业重组成功的国家更容易吸引 FDI，由此形成了 FDI 与东道国产业升级正向互动的良性循环。这就表明，当地生产要素与外来生产要素的有效融合可使 FDI 对东道国产业结构的优化产生最大限度的正效应。

2. 市场集中度效应

作为与产业结构优化密切相关的一个重要问题，FDI 流入对东道国市场结构也会产生不同程度的影响。在市场结构中，最重要的问题是市场集中度问题。

国际直接投资的实践表明，大型跨国公司更乐于在市场集中度较高的行业进行投资。外商直接投资的流入必然会影响东道国特定行业生产者的数量及其销售额，因而对东道国特定行业的市场集中度产生影响。这种影响主要取决于以下具体因素的综合作用：①东道国市场中外商投资企业的数量和经营规模。一般而言，外资企业的平均规模都大于东道国当地企业。如果东道国某行业进入的外资企业数量少而规模大，则极可能导致东道国该产品市场集中度的提高。大型跨国公司具有雄厚的资

① 李东阳. 国际直接投资与经济发展 [M]. 北京：经济科学出版社，2002：166-167.

源优势，有能力进行巨额的后续投资和大规模购并东道国本土企业，在较短的时间内大幅度扩大其在东道国的市场份额，进而导致市场集中度的提高。如果东道国某行业进入的外资企业数量多而规模小，而东道国同类企业相应扩大规模，则有可能使东道国该产品的市场集中度降低或保持不变。②东道国同类企业对外国跨国公司进入的反应。当外来直接投资大规模进入时，东道国当地企业可能采取扩大规模和范围、提高效率、提高产品质量、降低产品价格、经营区位多元化等防御性战略，也可能因难以与之抗衡而退出该行业，其结果是外国直接投资的进入导致东道国市场集中度的提高，形成市场垄断。如果东道国企业有能力进入新产品市场，或有更多的生产此类产品的外资企业进入东道国，则会降低该产品的市场集中度；反之，则会维持该产品的市场垄断格局。③外资企业对东道国当地企业的影响。FDI 的进入往往加剧了东道国市场竞争的程度，外资企业的示范效应和溢出效应也会促进东道国企业提高生产效率，使之仍保持一定的市场份额，则市场集中度保持不变或有所下降；如果东道国企业在与外资企业的竞争中销售额下降或倒闭，则市场集中度可能会提高。在东道国企业技术进步较快的条件下，外资企业的比较优势往往会弱化，当地企业的市场份额可能会增加，进而降低整个市场的集中程度。④外资企业的市场运作。当某一家或几家外资企业在东道国市场中处于主导地位（即获得较大的市场份额）后，有可能通过专利技术保护、规模经济效应等方式来提高市场进入壁垒，从而使市场保持较高的集中度。①

外商直接投资对东道国市场集中度的影响还与东道国的经济发展水平和经济规模密切相关。联合国跨国公司和投资司在

---

① 杨大楷. 国际投资学 ［M］. 3 版. 上海：上海财经大学出版社，2003：293-294.

《1997 年世界投资报告》中指出，实证研究表明，FDI 的进入通常会使发达大国的市场集中度略有降低或保持不变；而对发达小国和发展中国家而言，FDI 的进入通常会导致市场集中度的提高。按照国际标准衡量，大多数发展中国家制造业的生产结构分散，生产集中度较低，尤其是在规模经济效益显著的行业中，较少有企业能达到规模经济的要求。这种状况即与东道国有限的市场容量有关，也与投资能力和技术水平有关，还与市场的分割有关。跨国公司在东道国的生产经营活动与投资国、东道国的市场结构特征密切相关，大规模的直接投资可能将投资国的相应市场结构复制到东道国，导致东道国市场建立在外资企业高市场占有份额基础上，使市场集中度提高，甚至形成垄断。

至于 FDI 所引起的东道国市场集中度提高的利弊，目前还是一个颇有争议的问题。对一些经济发展水平较低、人口较少和国内市场狭小的东道国来讲，较大规模的外商直接投资引起的高市场集中度，有可能因较高的垄断程度甚至寡头垄断而导致垄断利润的产生，损害当地消费者的利益，也有可能引发对当地企业的压制效应。而对发展水平相对较高、人口较多和国内市场容量较大的东道国来讲，外国直接投资在适当提高市场集中度的同时，往往有助于增强东道国市场的竞争程度，防止垄断局面的出现。

除市场集中度效应以外另一个值得注意的问题是，外商直接投资有可能在东道国（尤其是发展中国家）形成力量不均衡的二元市场结构。[1] "一元" 为外国跨国公司占支配或主导地位的主要产业群体，在这些产业群体中，外资企业或处于市场主导地位，或表现为主要由若干外资企业一同构成寡头垄断或寡头竞争的市场格局，如墨西哥、巴西的汽车整车行业即是如此；

---

① 杨大楷. 国际投资学 [M]. 3 版. 上海：上海财经大学出版社，2003：294.

另"一元"为聚集着大量中小企业并不同程度上依附于前一类产业群体的产业，此类产业中的大多数企业处于前一类产业中外资企业的上游，具有高度的依赖性，因而深受"买方"垄断势力的盘剥。这种市场结构的不合理配置，必然对东道国经济发展和本国民族产业的成长带来负效应。①

三、FDI 产业结构优化效应的作用机理

外商直接投资进入东道国市场，可以促进市场竞争的加剧和效率的提高，但最实质的影响是改变了东道国资源的配置和生产效率，从而对产业成长发生作用。跨国投资相对于国内投资而言，总是伴随着一揽子生产要素转移，以资本为纽带，将跨国公司的产品、技术、经营管理模式以及附加在上的文化，通过要素转移和要素渗透改变一国产业的运行，在促进技术、资金行业发展的同时，还带动了国外、国内相关配套产业的发展，并推动着这些行业内部产品结构的升级，优化着国内产业组织结构。这种对产业成长的广泛而深远的影响是通过外商投资的技术转移与溢出、产业关联、竞争与示范等多种效应途径表现出来的。②

1. FDI 的技术转移与溢出效应

FDI 的产业结构优化效应主要是通过技术转让与溢出、竞争示范效应以及直接或间接的资本增量与存量调整等途径来发挥作用的。其中，作为产业结构优化效应的决定因素，FDI 的技术转让与溢出是其产业带动作用的核心，它可以直接或间接引起特定经济区域内的要素重组和要素生产率的提高。

---

① 由于本书探讨的问题是 FDI 对东道国的产业结构优化效应，故 FDI 对东道国的市场集中度效应不作为本书研究的重点。

② 参见：许慧青. 利用外资与产业结构优化 [D]. 中国学术期刊网，2004：11－13.

FDI 促进东道国技术进步的途径有两条：一条是直接作用，即通过与当地企业合作，直接向合作方转移先进的技术；另一条是间接作用，即主要是通过技术溢出效应来间接地提高东道国企业的要素生产率，引起组织创新，提高管理水平。出于保持自身技术领先优势的考虑，跨国公司往往通过技术转让的内部化（如实施海外独资子公司战略），让技术的国际转移仅限于本公司组织体系内，通过专利保护等手段来防止先进技术的外溢。而向东道国（尤其是发展中国家）所转移的技术往往是已经或即将失去竞争优势的技术，对其自身威胁较小，但对东道国的技术促进作用有限。

相对于直接促进作用，FDI 对东道国的技术溢出效应作用更明显。所谓溢出效应，是指由于外商直接投资资本内含的先进技术、人力资本、R&D 投入等因素通过各种渠道导致技术的非自愿扩散，促进了当地生产率增长，进而对东道国长期增长作出贡献，而跨国公司又无法获取全部收益的情形。其中，来自人员流动的技术外溢效应最为明显。

跨国公司向海外子公司转移技术不仅通过机器、设备、专利、外籍管理者和技术人员，还通过培训东道国当地员工，尤其是跨国公司在实施本土化策略时则更为必要。这种培训几乎影响所有层级员工，且培训类型从在职培训到研讨会甚至到海外教育，这根据技术需要而定。跨国公司的专有技术知识往往必须依附在特定的劳动力身上。但随着这些员工的离职并为国内企业工作时，这些技术知识也将随之移动。由于很难用实证手段来研究人员流动对 FDI 技术外溢效应的重要性，比如很难测度从跨国公司向东道国当地企业的人员流动的多少，而对于估计这种人员流动在提高当地企业生产率中的作用就更难了。因此，目前的研究主要集中在跨国公司的员工培训、研发及人员流动数量来间接反映这种技术外溢效应。① 如 Pack、Wong 等人（2004）在研究中国台湾地区 IT 人员流动在技术扩散中的重要作用时，发现中国台湾地区的 IT 领先企业中，有一半以上的高管人员、近 40% 的 IT 工程师和技术熟练工人都曾有过在欧美日等跨国企业的工作经历。

2. FDI 的产业关联效应

FDI 的产业关联效应是一种产业间外溢效应，分为前向联系和后向联系。前向联系是指跨国公司子公司与其下游客户企业之间的联系，即跨国公司子公司向东道国企业出售产品并作为这些企业生产过程的投入要素所产生的经济联系，这有利于解决当地企业生产中的瓶颈制约。后向联系是跨国公司子公司与其上游供应商之间的联系，即跨国公司向东道国企业购买产品并作为自己的生产要素而产生的经济联系，这种联系可以创造对当地企业的需求，从而刺激当地产业的发展以及实质性的投资活动。

通过建立一定广度和深度的产业关联，与东道国经济内部建立一体化的生产过程，可以使 FDI 的产业结构效应不仅仅限于引进外资的部门，在经济中的其他环节也能产生一种反应机制。通过跨国公司生产和销售过程中的前后联系，通过与市场进入有关的溢出效应和外在效应，这类影响被扩散到其他企业中，这是 FDI 通过生产方法或结构方面的级差对发展中国家产生的一种外部经济效果。经由后向与前向关联而带动相关产业，进而促进产业结构的优化升级，这是很多国家对主要外资项目规定国产化率要求的重要原因。在前向关联过程中，当地企业通过购买和使用跨国公司高质量的产品，可以促进自身生产工艺和产品质量提高，经由售后服务和培训产生技术扩散。在后向关联过程中，国内企业通过以分包零部件和提供服务的方式

---

① 韩燕. FDI 对东道国外溢效应及影响因素研究综述［J］. 产业经济研究，2004（4）.

而与外资形成一种长期性交易关系，这不仅会带动中间产品生产，提高国产化率，而且更重要的是：①作为供应商的国内企业可以以较低的代价获得外商较全面的技术支持，这对于提高国内企业产品质量和生产工艺、促进新产品开发意义重大；②随着国产化率的提高，大批企业顺利纳入跨国公司国际分工体系，从而使其生产经营方向能够同大公司引导的产业结构变动保持高度的相关性。这一切都会最终使外资与国内企业的技术转让得以最完整、最彻底地完成，从而通过技术这一核心要素推动产业升级，实现产业结构的有序发展。

以中国当前的家用轿车行业为例（见图 4-1），欧美汽车巨头纷纷投资于我国家用轿车制造行业并在当地销售，由于外商对原材料和零配件的品质、规格及配送速度等要求较高，会迫使其上游的原材料（如钢铁行业）和零配件生产企业（以当地企业为主）改进技术，提高劳动生产效率，这在客观上促进了当地供应商的技术改进和效率提高，这是产业的后向关联效应。这种技术促进效应甚至可以进一步波及更上游的行业，如铁矿开采。再看前向关联效应，外资的大量进入导致国内轿车行业的生产迅速发展，为下游的产品销售与服务环节提供了更多更新更高品质的产品，从而刺激和带动了下游的汽车销售与服务以及公路建设等基础设施的发展，创造出了新的市场需求；而以前必须依靠进口才能满足这种需求，但受到进口关税、政策调控等因素的制约而易于形成发展的"瓶颈"，外资的进入在很大程度上缓解了这种"瓶颈"状况。

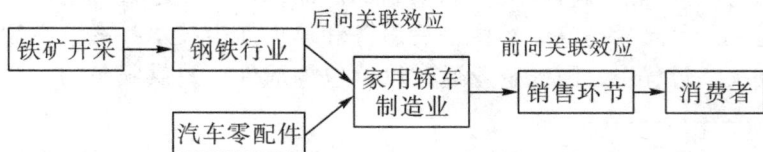

图 4-1 FDI 产业关联效应示意图

　　总的来说，FDI 后向关联效应比前向关联效应要明显，尤其是跨国公司子公司在东道国当地进行大量采购时会产生很强的后向关联效应。这种作用途径一般包括：跨国公司向当地供应商的直接技术转移，如向当地供应商提供技术支持以提高产品质量或促进革新；跨国公司对产品质量及配送的更高要求，对国内供应商升级其生产管理和技术提供动力；由于跨国公司进入而导致对中间产品的更大需求，从而允许当地供应商享有规模收益；由于跨国公司收购国内企业可能导致重新选择国外原材料来源，从而打破已有的供求网络关系，增强了中间产品市场的竞争。

　　当然，跨国公司和当地经济存在广泛联系并不能说明 FDI 对当地经济增长就一定有促进作用，只有在其产生的联系作用高于其取代的当地企业的联系效应时，才能提高福利水平；否则 FDI 的大量进入将对发展中国家经济造成损害，并在发展中国家形成相对独立的"飞地经济"（Rodriguez Clare，1996）。①

　　3. FDI 的竞争效应与示范效应

　　外资的进入一般都会给东道国市场带来竞争效应。当跨国公司进入高壁垒或强垄断的东道国市场时，此类市场上的当地企业或因政府的强力扶持或因技术、资源、自然垄断等因素，以前难以受到国内同类企业的有效竞争，生产效率普遍不高；而现在外资巨头的进入，原有的垄断优势迅速消失，市场竞争日益激烈。迫于外来竞争压力，这些企业必须更有效地利用现有的技术和资源，或被迫寻求新的、更有效的技术，提高生产经营效率，以维持和扩大其市场份额，这种竞争效应的结果是提高了该产业的资源配置效率，促进了产业结构的调整。可以说，中国银行、电信、航空、汽车制造、流通等行业近几年来

---

①　RODRIGUEZ CLARE. Multinationals, linkages, and economic development ［J］. American Economic Review, 1996（4），Vol. 86.

迅速发展的主要原因就在于我国对外开放程度的不断加深以及由此带来的不断增强的国际竞争压力。

竞争效应还可以发生在其他相关产业，既包括子公司所在产业的上游产业，也包括下游产业。此外，FDI 还有助于促使东道国低效率乃至无效率的当地企业的破产或转型，释放部分资源用于更有效的渠道，如将资源转向拥有先进技术的跨国公司，或有效的新市场进入者（国内和国外），或用于经济的其他产业。

大量研究表明竞争和技术溢出效应存在正相关关系。比如，Wang 和 Blomstrom（1992）构建了一个跨国公司子公司和当地企业的策略互动模型，结论是竞争越激烈越能刺激子公司引进更先进的技术，从而产生技术溢出效应的潜力越大。然而，也有研究表明存在来自竞争的技术溢出的负效应。Markusen（1997）认为 FDI 能导致激烈竞争，改变大量相关产业的供求状况。虽然当地企业可以受益于一定的技术外溢效应而降低平均成本，但因为跨国公司扩大市场份额或将需求从当地企业转到其他企业，从而使当地企业维持低成本所需要的生产规模无法实现，结果是企业实际生产的单位成本仍很高，甚至高于跨国公司进入以前的成本，从而导致技术溢出的负效应。[①]

通常情况下，外商投资企业在规模、产品技术及市场开发等方面比东道国企业拥有更大的经济优势，往往会利用其优势来提高东道国产业的市场集中度，竞争者将面临较高的进入壁垒，致使产业垄断性加强。当然，竞争效应与外商投资企业的进入方式和东道国产业市场发展的特点密切相关。如绿地投资将增加东道国该产业的企业数量，若为一般性竞争产业则会增加市场竞争强度；如果采取收购或兼并方式，若收购的是当地

---

① 韩燕. FDI 对东道国外溢效应及影响因素研究综述 [J]. 产业经济研究，2004（4）.

的大型企业，则往往会增加该产业部门的垄断程度。

竞争效应往往会引发示范效应。所谓示范效应主要是指由于跨国公司与东道国企业之间存在技术差距，导致东道国本土企业有一种逐步采取与跨国公司相似生产技术的趋势，即东道国企业希望通过学习和模仿跨国公司行为而提高自身的技术和生产水平。最重要的是，跨国公司在企业文化方面有一整套制度和理念，可以为东道国企业管理提供有益的借鉴。尤其是跨国公司具有的生产、质量、财务、人员、销售、售后服务等一整套管理制度，对东道国企业及东道国都会产生巨大的溢出效应。

当跨国公司子公司带来新技术和管理实践并运用到市场中时，往往会对东道国企业产生一定的示范效应。东道国企业可通过对外商投资企业生产和管理技术的感应、模仿、吸收和创新，在不同起点、不同层面上与原有生产和产品结构产生冲击与推动作用，并结合自身情况进行技术改造和吸收，在此基础上进行革新，从而降低自身技术创新的风险和不确定性，并逐步通过各产业间投入、产出关系的相互传导推动产业升级。此外，外商独特的管理、竞争、营销技巧也会产生良好的示范效应，使得国内企业相应地取得后发优势，从而刺激和带动国内企业改变经营现状，并提高相关产业素质和带动产业结构调整；同时，在外资集中的区域，因收入提高和消费示范效应，可在一定程度上引起需求结构的变化，这种需求拉动效应显然会推动产业结构向高级化发展。

4. FDI 的资本促进效应

FDI 的资本促进效应主要表现在对东道国产业结构的增量改善和存量调整两个方面。

在增量改善方面，外资的注入能直接弥补东道国的资金与技术缺口，改善资源配置格局和效率，促进东道国特定产业的发展和整体产业结构的优化。首先，外商直接投资设立新企业，往往可以形成高质量的新增资产，跨国投资的技术含量一般都明显高于东道国同类企业，生产要素的转移对东道国（尤其是发展中国家）产业的长期发展至关重要。而跨国投资的较大份额投向资金技术相对密集的产业，能有效地提升与改善东道国的产业结构，跨国投资企业的规模往往较大，较之本土企业更能体现出规模经济效益。对体制转轨国家来说，利用外资对改善资源配置格局和效率的作用更为明显，这些国家虽然以往储蓄率较高，但资源配置效率较低，存在着大量的亏损企业，产业整体效益水平较低；由于跨国企业具有较完善的经营管理体系和严格的资金预算约束，其进入将在一定程度上提升特定产业的整体效益水平。

其次，外资企业的成立与发展有利于资源的相对集中配置，为东道国优势部门的发展创造了条件。外资企业尤其是跨国巨头一般倾向于投资具有综合优势的产业部门，这些部门往往是东道国尚需进一步发展的部门。外资企业的进入一定程度上缓解了东道国发展中的技术和资金的相对短缺，同时又吸引了其他资源向这些部门的相对集中。由于外资企业具有技术、资金和管理制度方面的优势，使得他们对东道国国内资源具有较强的吸引力，外资企业容易取得扩大规模和进一步发展的各种资源，进而形成产业结构的聚集化。①

在对东道国的资产存量调整方面，外商直接投资通过对东道国企业的兼并收购，可以将低质量的资产存量变成高质量的资产存量。跨国投资之所以被称为"一揽子创造性投资"，就是因为随着资金的转移，观念、技术、管理、营销、市场网络等都会随之移向受资方。没有这些综合因素的跨国转移，东道国国内企业即使投入大量资金，也难以明显改善其产业的质量。

① 陈继勇．国际直接投资的新发展与外商对华直接投资研究［M］．北京：人民出版社，2004：340－342.

　　此外，外商直接投资还可以通过资金和技术扶持的方式提升东道国关联产业的存量资本和新形成资本的质量。当跨国公司向东道国企业购买原材料和零配件时，对其质量、技术和性能将提出较高要求，往往会提供相应的技术标准和技术援助，甚至是资金扶持，从而提升这些关联产业的技术与产品水平。

　　但是，从根本上讲，跨国企业本质上都是逐利的，东道国能否享受到 FDI 的资本促进效应，在很大程度上取决于东道国在产业结构调整方面对 FDI 的利用效率和相关政策。如果 FDI 的利用效率长期偏低，那么不仅会导致产业投资结构性的倾斜，而且会使国内资金缺口随着外资企业利润的汇回而进一步加大，使得该国经济越来越依赖外国资本，陷入到"中心—依附"的恶性循环之中。

　　根据以上分析，我们做出 FDI 促进东道国产业结构优化的作用机理示意图，如图 4-2 所示。

第三节　FDI 产业结构优化效应的制约因素

　　不容置疑，产业资本的国际性流动，从其本性上来看是逐利的，并不是以东道国的利益出发的。因此，FDI 的产业优化效应（也称为产业带动效应）是非自愿的行为，它不是平均分散在产业或国家之间的，FDI 的产业结构优化效应在发达国家中往往比在发展中国家中更为明显。有关研究表明，外商直接投资对发展中东道国产业结构的优化效应是有限度的，总是在跨国公司的利益目标和发达国家产业调整范围之内的。

　　利用外商直接投资促进一国产业结构优化升级的局限性表现在：①外商直接投资虽有助于发展中国家建立和增加一些现

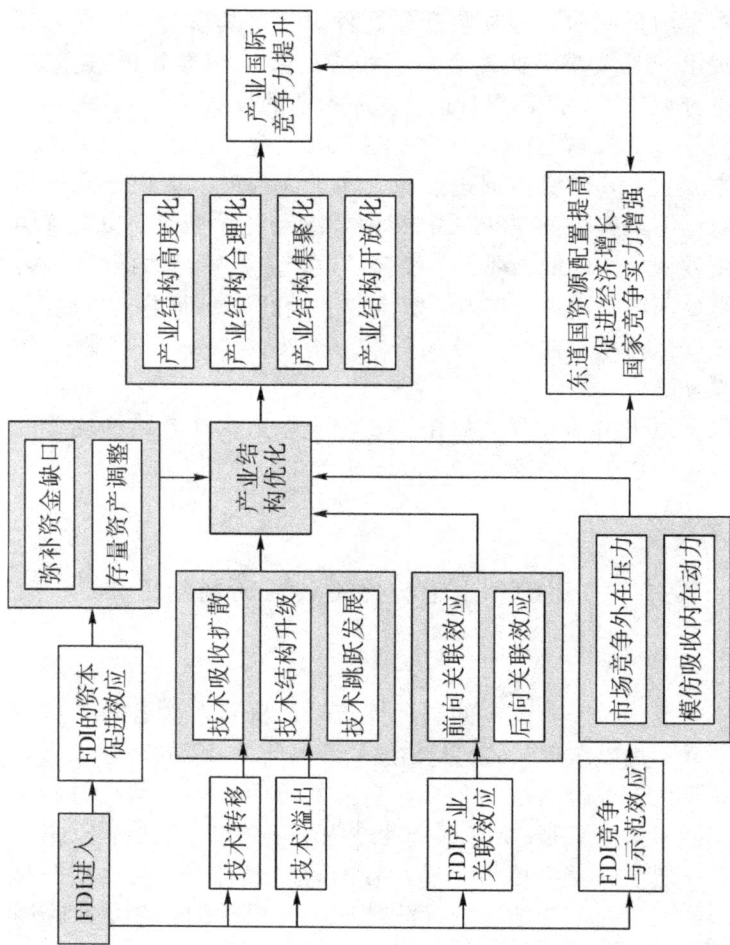

图 4-2 FDI 促进东道国产业结构优化的作用机理示意图

代化工业部门和企业，促进产业结构升级，但是难以成为发展中东道国的主导产业。外商资本的逐利性导致其投资的方向、规模、可持续性等方面是不以东道国政府的意志为转移的，因此其产业优化效应总是有限的。②发展中东道国不可能完全依靠外商直接投资来解决所谓产业级差问题。自从国际分工发生之后，国家之间的产业级差就存在，不同经济发展水平的国家在国际分工体系中处于不同的层次；国际分工格局对外商投资的流向、结构会产生导向诱致的效应。国际分工生产过程中分工级差将越来越普遍，生产过程的分工级差成为国际产业级差的内在决定因素（冼国明，1994）。③发展中东道国从国际产业转移中所得到的利益与代价未必对等。发展中国家可以通过承接发达国家转移的产业来提升自己的产业结构技术水平，但如果这些产业属于发达国家有害工业转移，以环境恶化为代价，则将产生严重的外部不经济。而且，由于产业级差和技术级差的存在，发展中国家在全球产业结构调整浪潮中的利益分配也处于不利的地位。①

总的来说，FDI 产业结构优化效应的大小和范围主要受到东道国和跨国公司两方面因素的影响与制约，东道国方面因素包括东道国产业结构与产业转移承受能力、当地市场与企业禀赋、东道国投资环境与政策等；跨国公司方面因素则包括跨国公司的投资战略、对海外子公司的产业控制及其内部化策略、外资项目的产业关联性等。

一、东道国的产业结构与产业转移承受能力

外商直接投资产业选择或产业进入并非完全由跨国公司本身所决定，而要受到东道国许多因素的影响。东道国的经济发

---

① 蒋选. 面向新世纪的我国产业结构政策 [M]. 北京：中国财政出版社，2003：158－159.

展总量与潜力、自然禀赋、人力资源与素质、技术水平、基础设施建设及相关政策在一定时期都会不同程度地影响外资流入的产业或部门。研究表明（崔新健，2001），外商直接投资行业决定因素主要包括转轨制度因素、投资母国与东道国相比的工业优势、产品特点和投资动机。尤其值得关注的是，东道国已有的产业结构也影响着外商直接投资的产业选择。跨国公司在对外投资决策时，往往选择那些与其在国内生产经营相同或相近的产业进入，这样，跨国公司可以利用已具备的熟练劳动力、技术和富有国际竞争经验的管理人才，伴随资本移动而在东道国迅速形成组合，达到规模经济、降低成本或把国内已经落后的生产线作为投资转移到国外，延长企业生产能力的使用寿命，创造更大利润。因此，在其他条件一定情况下，东道国的产业结构就成为 FDI 产业结构优化效应的重要影响变量。①

　　运用国际产业转移浪潮来调整自身的产业结构，东道国必须具有一定的产业接受能力。产业转移过程中的各种差距是客观存在的，特别是在文化、社会背景不同的情况下，产业转移过程还会产生相当程度的制度和文化方面的冲突。东道国在产业转移中缩小技术与结构差距，往往需要一个较长时间的增长要素累积和学习的过程，这就要求东道国首先必须要有一定的产业基础。在产业升级过程中，原材料、零部件、机械设备、劳动技能等与原产业结构下的生产技术所要求的不同，而且更加专业化。东道国如果不能生产外商投资企业所需要的产品，就难以吸纳具有先进生产技术的国际直接投资。其次，东道国还应有消化吸收和推广应用跨国公司先进技术的能力，这包括对先进技术的选择能力、消化吸收能力、根据市场需求和生产要素供给情况作出适应性调整的能力以及东道国基础教育和熟

---

　　① 蒋选. 面向新世纪的我国产业结构政策 [M]. 北京：中国财政出版社，2003：160.

练劳动力、科技和管理人才的配备状况等多个方面。

二、东道国当地市场与企业禀赋状况

东道国市场及当地企业状况能够直接影响到 FDI 的技术溢出效应，即跨国公司在多大程度上向子公司转让技术，以及当地企业在多大程度上吸收外溢的先进技术和管理经验，在很大程度上直接取决于东道国市场状况及当地企业的实力。东道国市场结构与竞争状况将在下面专门论述，此处主要讨论东道国经济发展水平、当地企业与跨国公司技术差距状况、东道国企业的投资努力以及当地企业规模等因素的影响。

正如前面所分析的，FDI 对东道国产业结构优化效应发挥是需要有一定基础的，其中东道国经济发展水平是一个最基本的制约因素。有研究成果表明，只有当东道国与投资母国的经济发展水平大致相当或差距不大时，FDI 的产业优化效应才能得到较好的发挥；反之，当双方经济发展水平差距过大时，东道国过于落后的人力资本和基础设施建设等瓶颈问题将严重制约 FDI 产业优化效应的正常发挥。目前尚没有证据表明外商直接投资在最贫穷的发展中国家存在溢出效应（Blomstrom，1994）。

当地企业与跨国公司之间的技术差距状况以及当地企业的学习更新能力也是制约 FDI 产业优化效应的重要因素。出于维持市场竞争优势的考虑，跨国公司往往都会对其拥有的先进技术的转移与溢出进行严格的限制。东道国当地企业要想获得跨国公司的先进技术，主要依靠对 FDI 技术溢出效应的有效利用，要实现这一点，当地企业自身的技术水平和学习更新能力是关键。

关于当地企业与跨国公司之间的技术差距大小对 FDI 技术溢出效应的影响，目前理论界尚有争议。有学者认为，外资企业和当地企业技术差距越大，外溢效应越大（Findlay，1978；

Sjoholm, 1999）；也有学者认为技术差距越大，技术溢出效应越小，只有适当的技术差距才会发生正溢出效应（Kokko, 1994; Girma, Wakelin, 2001）。尽管如此，笔者认为，东道国企业对跨国公司先进技术的学习和消化吸收能力才是有效利用 FDI 技术溢出效应的最关键的因素。

此外，东道国企业的规模在一定程度上也影响着 FDI 技术溢出效应。现有的研究表明，小型当地企业更能充分享受 FDI 技术溢出效应。大型当地企业，尤其是大型出口商可能已经具有竞争力且在较高效率上经营，它们受到国际市场竞争的压力往往更大些，而小型当地企业可能还未暴露于外国竞争压力之下，并在次优效率上经营，于是当地跨国公司在与之接触时能为它们提供急需的生产技术和管理经验。因此它们更可能受其跨国公司的影响，并分享更高的 FDI 溢出效应。[1]

三、东道国的市场结构与市场竞争状况

跨国投资理论自其形成阶段起就认为，跨国公司海外投资的一个主要目的是控制不同国家内的企业，消除竞争，使其自身处于有利地位，获取超额利润。海默（Hymer, 1960）认为跨国公司的海外投资实质上就是其垄断优势的扩展，本身就是一种市场扭曲，它会产生反竞争的不良效应。凯夫斯（Caves, 1982）进一步认为，跨国公司在投资母国和东道国都有垄断意愿，但其在海外比在母国更易于形成垄断行为，这主要是因为海外市场上竞争对手较少，串谋容易，企业就会产生串谋的意愿和行为[2]，通过串谋，可使跨国投资企业获得更高的收益。

---

① 韩燕. FDI 对东道国外溢效应及影响因素研究综述［J］. 产业经济研究, 2004（4）.

② 串谋是产业组织理论中的一个重要概念，指在不完全竞争的市场中，主要厂商之间组成公开默认的价格同盟，对市场进行人为分割的行为。

当跨国公司在东道国市场上占有较高的市场份额时，易于形成外资企业一家独占或少数几家外资企业寡占的市场格局，此时外资企业普遍存在垄断动机和垄断行为，典型的表现是不开发不引进先进技术、产品更新换代慢和产品价格居高不下。以我国引进外资利用先进技术的具体情况来看，由于我国在改革开放初期所实行的"以市场换技术"战略所出现的偏差（即一个行业只向少数几家跨国公司开放），导致我国相当部分行业为外资投资企业垄断控制，如轿车制造业中的德国大众、无线通讯设备制造业中的摩托罗拉、洗涤用品行业中的宝洁、联合利华与德国汉高；直到20世纪90年代中后期，在华外商投资企业中，使用了母公司先进技术的仅占14%，使用了比较先进的占53%，而未采用先进技术的占到33%。但随着中国在20世纪90年代后期对引资战略的调整，开始大规模放开市场、引入竞争后，在华外资企业采用先进技术的热情空前高涨，仅到2001年采用母公司先进技术的就占到42%，比较先进技术的占到45%，而未采用先进技术的比例下降到了13%（江小涓，2002）。[1]

中国的事实说明，外商投资企业在垄断性市场中，普遍缺乏技术更新的意愿和动力，新产品新技术的引进与开发速度都较慢；并且出于维持和扩大垄断利润的原因，还会采取专利技术保护、设立技术转移与溢出壁垒等手段来压制东道国企业的技术进步，其外资产业带动效应是相当有限的。反之，竞争性的市场结构能够引导外商投资企业的行为合理，加速新产品、新技术的开发与引进，通过不断改进技术、降低成本和价格，以求在激烈的市场竞争中生存与发展。

从中国的实践看，虽然跨国公司规模巨大，在海外投资中

① 江小涓. 跨国投资、市场结构与外商投资企业的竞争行为 [J]. 经济研究，2002（9）.

普遍具有垄断意愿和垄断行为，但与许多国家早期的封闭状况相比，进口商品的竞争、多家跨国企业之间的竞争以及东道国本土企业的竞争，将会大大减少少数巨型企业在东道国市场上居于垄断控制地位的现象。在一国经济的全球化程度已经较高、特别是外商投资企业已占到较高市场份额时，东道国政府如果对国内产业实施较高的保护措施和限制国外投资者的数量，这实际上是保护了现有的国外投资者的利益，使其能获得比在母国市场上更强的垄断力量，其对东道国的产业带动效应会变得很有限。

四、东道国政府的外资政策选择与管理

东道国政府的政策和管理是影响 FDI 产业结构优化效应的一个重要因素。各国政府产业政策的变化对产业结构升级起着重要的促进作用，它引导外资在不同部门、不同地区间的配置。产业政策是一国产业发展战略的具体表现，各国在不同经济发展时期有不同的产业政策及相关产业的配套发展措施。

由于各国的经济发展水平不同，各国的具体产业政策也有差距，对外商直接投资流向的引导也具有不同特点。尤其在一些具体部门表现得更为明显，如发展中国家工业化初期，由于劳动力、土地、资源相对低廉，外资企业往往集中于劳动密集型产业；随着经济发展，劳动密集型的优势基础逐渐失去，建立资本技术密集型产业的条件逐渐成熟。与此同时，为适应购买力的变化，产业政策会特别刺激一些需求旺盛产业的发展，如把汽车行业作为支柱产业予以扶持，把住宅建筑业作为新的经济增长点，通过政策鼓励，引导外资流入这些部门，也是一个普遍现象。①

----

① 蒋选．面向新世纪的我国产业结构政策［M］．北京：中国财政出版社，2003：162．

FDI 产业优化效应的有效发挥还有赖于政府正确的政策选择和恰当的管理。在不完全竞争的市场中，存在许多妨碍产业带动的现象，如信息的不对称会妨碍外资寻找适宜的合作伙伴和选择恰当的投资方向，较低的竞争压力使外资的技术转让陈旧而缓慢，外资的过度垄断及其造成的产业侵蚀、不公平竞争（如侵犯知识产权）对跨国经营的损害等，这些都需要政府的管理和政策引导。

从促进外资产业带动效应角度，政府需要：①提供具体的产业政策和相关的各种辅助性政策（如对需优先发展的产业实施财政、税收和金融优惠），从而在产业组织方面刺激本国市场中的外资企业间的竞争，实现规模经营；在产业技术方面刺激外资采用关键性或高新技术，鼓励其在当地的研究与开发活动。②完善竞争规则，加大对各种不公平竞争行为的管理力度。③通过行业协会对企业实行间接调控，从而打破条块分割，扩展外资前向与后向关联的空间。④按规模经济要求，调整中小企业政策，通过完善行业规则、推行国际标准，以及实施各种奖励与限制措施，鼓励和引导中小企业同跨国公司建立稳固的供应关系，全面提升本地企业的专业化协作水平，等等。①

五、跨国公司的海外投资策略与产业控制

从理论上讲，东道国以市场换技术有两种方式，一是进口商品或产品销售代理，引进先进技术产品并加以仿制及研发，间接掌握其先进技术以及售后服务方面的管理技术；二是引进外商直接投资，通过跨国公司生产过程中的技术转移和技术溢出效应，东道国直接获取先进技术。通常所说的"以市场换技术"一般是指第二种方式。相比较而言，后者是东道国希望的

---

① 许慧青. 利用外资与产业结构优化［D］. 中国学术期刊网，2004：15.

最佳方式。然而，仅就 FDI 而言，外商是否愿意在其投资中直接向东道国转移技术，几乎不取决于东道国的意愿，而是取决于外商的投资意向和东道国的投资环境。根据邓宁的综合折衷理论（OIL）模式，企业之所以跨国投资，是因为其具有东道国所不具备的技术（资产所有权）寡占优势与内部化优势，并能据此获得在东道国投资的最大收益；同时，外商之所以选择在东道国投资，是因为东道国具有外商所看重的投资区位优势。从本质上讲，选择投资和接受投资的过程是投资双方依据各自竞争优势进行博弈的过程。究竟谁能在博弈中争取主动，又与跨国公司的海外投资策略直接相关。①

跨国公司的海外投资可分为两大类：独资经营、合资或合作经营。在这两类投资经营方式中，独资经营为跨国公司所首选。因为在这种方式下，外商除了需要遵守国际公约及满足东道国引资政策外，对其如何投资、如何转移技术以及转移什么技术具有完全的自主决定权。相比之下，东道国政府除了能以本国的投资政策与相关产业政策来约束投资商外，对其具体投资行为往往没有什么干涉或控制的权力，外资的技术溢出效应普遍较低，FDI 的产业结构优化效应也十分有限。反之，以合资或合作经营（包括许可证经营、股份制经营和合作开发项目等）的海外投资方式，跨国公司的自主权受到一定程度的限制，往往在高级设备输出、先进技术转移、高级人才培养、东道国国产化比例以及本地生产要素供给等方面都有比较明确的规定，从而导致 FDI 的技术溢出效应非常明显，对东道国的产业结构调整升级的促进作用突出。国内外的实证研究也表明，对发展中国家而言，以合资或合作方式利用外资，FDI 的产业结构优化效应明显，并且可以在一定程度上控制外资的流量和流向，是

---

① 阎敏. FDI 经营方式选择实证分析 [J]. 经济经纬, 2006 (1).

"以市场换技术和换管理"的较为理想的方式和途径。

另外，跨国公司对投资产业的控制程度也是影响 FDI 产业结构优化效应的关键因素。由于对外投资都有培养潜在竞争对手的直接或间接效应，所以跨国投资企业都有尽可能将其所有权资产的利益内部化的倾向，往往对关键性技术进行控制或对先进技术转让持保守态度，这已成为了跨国公司的一种本能性策略。当这种策略转换为一种无所不在的过程控制的时候，便会大大削弱外资的技术溢出效应，使东道国追求国产化的努力成为依赖跨国公司的技术规程和路径的一种复制过程，进而形成所谓的依赖性工业化（Jenkins，1977）。一旦因技术依赖而形成复制型生产结构，便无法充分分享跨国公司的规模经济利益和技术溢出效应，使东道国的国产化蒙受成本惩罚、技术惩罚和规模惩罚（刘恩专，1998）。① 这些似乎过于严重的估计，确需人们认真对待。为此，东道国在营造良好投资环境的同时，必须努力提高谈判能力，力争获取更多的软件技术和战略信息，并大力强化研究与开发。

一般来说，跨国公司对投资产业的控制程度与其自身的企业规模直接相关。Dimelis 和 Louri（2002）② 的研究结果表明：小型跨国公司比大型跨国公司更易于产生 FDI 外溢效应。由于大型跨国公司本身具有更强的经营管理能力和更高的生产效率，因此有能力依赖自身力量在相对封闭的环境下经营；而小型跨国公司本身效率不如大型跨国公司，往往缺乏对产业的控制能力，因此需要更多地与东道国当地企业接触并建立各种业务关系，从而产生更大的技术溢出效应。

---

① 许慧青. 利用外资与产业结构优化 [D]. 中国学术期刊网，2004：15.

② DIMELIS, LOURI. Efficiency Spillovers form Foreign Direct Investment in the EU Periphery: A Comparative Study of Greece, Ireland and Spain [R]. FEDEA, DP series 2002.

六、跨国公司投资项目产业关联系数的高低

前面我们强调了同外商建立供应关系、提高国产化率的重要性，其基本前提是外资项目产业关联系数的高低。一般说来，外资项目产业关联系数越高（尤其是后向关联效果越明显），同国内企业建立供应关系的可能性就越大，产业带动效应也就越明显。另外，凡是产业关联系数高的项目，其资本和技术的密集度也高；同时，由比较优势和竞争优势等因素决定，这些产业卷入国际分工、从事跨国经营的程度也较高。因此，大力引进此类高关联度项目，对一国加速技术进步和工业化进程意义重大。当今世界中，汽车、信息技术、生物工程和航天工业等作为主导产业，其产业关联系数极高，分别高达 10.1、11.5、9.0 和 8.5（房汉廷，1996）[①]，而且国际化程度也很高。在这些由跨国公司主宰的主导产业群中，一种企业层次上的复合一体化国际分工体系已经形成（联合国跨国公司项目，1993），它正在越来越大的程度上决定和引导着全球产业结构的变化。最大限度地纳入这一体系早已成为各新兴工业化国家成功的基本经验，它们几乎无一例外的都是以汽车、信息产业等关联效应强的产业为龙头而实现经济起飞的。因而，中国利用外资的一个基本战略导向，应该是积极引进高产业关联度的项目。

总的来说，FDI 的产业结构优化效应可通过多种渠道来发挥作用，但在具体实施过程中却非自动发生的，而是受到东道国和跨国公司两方面诸多因素的影响与制约。但无论如何，东道国引资环境与政策、本土企业自身的能力（尤其是讨价还价能力、技术吸收能力），才是最终决定利用外资产业优化效应的根本因素。只有当地企业有能力并有动力向跨国公司学习并投资

---

① 房汉廷. 外商投资效应分析 [J]. 中国工业经济，1996（5）.

新技术时，FDI 的产业结构优化效应才能变成现实。但在现实中，FDI 产业结构优化效应不佳的原因，除了东道国产业技术水平低、产业基础设施发展滞后等，常常还有深刻的制度原因，如：我国计划经济体制下所遗留的重硬件轻软件、重生产技术轻组织技术的陈旧观念，受政绩动机驱使的重引资数量轻引资质量的倾向，因市场机制和企业机制不健全而缺乏竞争压力，以及缺乏完善的研发机制和有效的人员培训制度等，这些都会从根本上阻碍外资技术的吸收，使 FDI 的产业优化效应大打折扣。

因此，东道国应在制度建设层面上有所创新，采取适当措施来提高本土企业的学习能力，鼓励当地企业加强其吸收外国先进知识和技术的能力，提高其积极性。如鼓励当地企业为学习而进行的投资努力，鼓励当地企业采用灵活的人才政策，拓宽跨国公司和当地企业之间的人员流动渠道，为当地企业提供公平的竞争机会，充分发挥东道国中小企业的成本优势和灵活生产优势，与跨国公司建立广泛的前向联系和后向联系等。

同时，东道国政府还应努力进行基础设施现代化建设，提高教育和劳动力技能水平，并改进整体投资环境，如提高政策透明度、规范市场行为、杜绝腐败等，给所有投资者以稳定的收益预期。只有这样才能长期吸引并保持高效的 FDI，并最终促进当地产业的成长和发展。[1]

---

[1] 韩燕. FDI 对东道国外溢效应及影响因素研究综述 [J]. 产业经济研究，2004（4）.

第五章
全球化背景下 FDI 对中国产业结构的优化

在前面章节中探讨了一般情况下 FDI 对投资东道国产业结构优化的效应、机理与制约因素，本章将从实证的角度，立足于中国的具体国情，研究 FDI 促进中国产业结构优化的具体情况。

作为处于转轨时期的发展中大国，中国的产业结构演变一直备受国内外理论界所关注。进入 21 世纪以来，中国经济在总量规模持续快速扩张的同时，正面临着严峻而又紧迫的结构性调整问题。欧美发达国家的经验表明，国民经济的总量增长与结构变迁是密切联系在一起的，产业结构的演变往往能成为推动经济总量持续扩张的基础性的因素。面对经济全球化进程的加速和知识经济时代的临近，我们应当也需要在进一步扩大对外开放的过程中来加速产业结构调整的步伐，努力构建与开放型经济体系运行相适应的产业结构，在日益激烈的国际竞争中更好地拓展国民经济的成长空间。

第一节　经济全球化中的中国产业结构

一、对外开放与中国的产业结构

1. 对外开放与产业结构

产业结构是一国经济增长的基础，对外开放是促进产业结构调整和升级的重要动力。结构变迁与总量增长之间的相互联系，在当代各国经济日益开放的条件下显得愈来愈密切，相对而言，前者的地位和影响更为重要。随着经济全球化进程的加速、知识经济时代的日益临近，产业结构的调整越来越多地成为启动和维持经济总量增长的前提条件；一国或一地区能否有效地进行产业结构的调整，实现产业结构的优化升级，对整个国民经济的发展和产业国际竞争力的提升都有着举足轻重的作用。

实行对外开放势必引起一国市场供求关系的巨大变化，对社会利益集团的分配模式产生影响，进而对该国的产业结构演变发生重大影响。但这种影响并不一定都是有利于东道国的经济增长，尤其是对发展中国家来说关系则更为复杂。有的发展中国家在对外开放中经济发展迅速，逐步进入发达国家行列；有的则在对外开放中虽获得一定的发展，但深层次矛盾却在不断积累，进而成为持续发展的障碍；还有的国家则可能在对外开放中日益陷入发达国家依附的恶性循环之中。

究其原因，一个重要的因素在于各自内部的产业结构发展的差异。从市场经济运行的角度来分析，在实行对外开放的条件下，一国的产业结构调整需要解决好资源配置方面一些深层次的问题，才能为本国经济的发展奠定良好的基础。正如陈飞翔（2001）的研究结果所表明的，这些深层次的问题包括：

（1）现有生产资源的重新组合。发展中国家实行对外开放，意味着要根据比较优势原则进行生产资源的大规模重新配置。对外开放会导致市场需求和供给两方面发生变化。通常情况下，发展中国家供给相对充裕的是劳动力、土地和自然资源，在劳动密集或资源密集型商品的生产上具有竞争优势，可以利用国际市场需求来扩大生产规模。但是，发展中国家要将潜在的比较优势转变为现实的市场竞争优势，就需要对产业结构进行改组，把在给定时间上可用的生产资源转移到具有比较优势的产业部门中来。为此，发展中国家往往就需要在吸收到外部的资本、先进技术和管理方法等之后，才能较快地和比较有效地完成生产资源的重新配置。应当说，对外开放之后的一国资源重组，是其在开放进程中增进公众福利水平，加快国民经济发展步伐的根本保障。不过，这种资源重组往往要付出相应的成本，有时候这种成本代价是相当高的。

（2）技术要素的积累和更新。发展中国家的经济落后，最深层次的制约还在于技术创新的不足，产生这个问题的原因可以从需求与供给两个角度来分析。一方面，发展中国家经济结构往往是以对初级资源和简单劳动力的利用为主，社会生产过程中技术含量普遍比较低，因而导致市场对知识和技术创新的有效需求不足；另一方面，发展中国家能够投入到知识和技术创新中去的资源少，往往没有在社会上形成一个有活力的和有效率的技术创新体系，这直接导致技术创新的供给偏少、成本高而水平低，进而严重制约了发展中国家产业结构的多样化和高级化进程。实行对外开放之后，发展中国家通过外贸和引进外资等活动，能够较快地吸收到外部的先进技术，但技术创新不足仍可能是一种长期性的制约。现实生活中不难看到，技术引进并不能保障发展中国家有效地缩小存在的差距，而是容易陷入技术依赖型经济的困境，即在技术追赶的过程中需要不断地引进发达国家的技术，而在核心技术的创新方面则长期处于落后的状况。应当说，技术要素的存量不足、质量偏低，是发展中国家产业结构优化升级过程中最难以解决的问题之一。

（3）外部经济循环的规模扩张。发展中国家在对外开放过程中进行经济结构调整，很大程度上取决于其国际经济循环的参与。比如，出口贸易的规模直接影响到生产资源朝具有比较优势产业部门的转移速度，没有快速的出口增长，就难以实现较快的结构调整。同时，出口贸易的增长也直接制约着一国的进口支付能力，后者对发展中国家的技术引进和投资规模等都有重大的影响。发展中国家的经济成长到一定阶段时，企业也要走上跨国投资的发展道路，这对于发展中国家扩大出口贸易的规模、吸收国外先进技术等很有帮助，从而也有利于推动产业结构的调整。在很大的程度上我们可以说，发展中国家实行对外开放后的经济结构调整进度是与其参与国际经济循环的规模扩张速度成正比的，两者之间是相辅相成的关系。[1]

2. 对外开放对中国产业结构的影响

改革开放以来，我国的对外开放程度不断提高，这不仅意味着开放地域的不断扩大，更是对外开放产业领域与对外技术经济合作方式与渠道的不断拓展。以积极促进商品出口和大规模引进外资为主要特征的对外开放对我国产业结构的演变发生了显著而深刻的影响。

改革开放以来的二十多年是我国产业结构变动最快的一个时期。一方面，对外开放以来整个国民经济的工业化进程加快了，三大产业之间的比例明显趋于协调，我国原有的"重工业过重、轻工业过轻"的畸形产业结构得到了极大的改善，提高了国民经济的整体运行效益；另一方面，产业发展的高级化进程也明显加快，这表现为国民经济各个主要产业部门的技术水平都有相当的进步，通过引进国外的资金、资源、先进技术、设备和管理经验，加快了国内企业的技术改进和组织再造，机械、电子、航空、航天、石化、汽车以及纺织、轻工等行业或有重新改造，或有全新发展，都极大地实现了技术进步和产业优化升级。

从资源利用的角度来看，近些年来我国产业结构调整中出现的是丰裕要素对短缺要素的有效替代，是按照比较利益原则的回归。[2] 这具体表现在以下三个方面：①工业部门资本与劳动之间的比例相对降低，如轻工业的上升和劳动密集型加工产品

---

① 陈飞翔. 对外开放与产业结构调整 [J]. 财贸经济，2001（6）.
② 蒋选. 面向新世纪的我国产业结构政策 [M]. 北京：中国计划出版社，2003：105.

出口的增多，这在开放初期表现尤为突出；②第三产业在整个国民经济的比重有明显提高，显著提高了劳动要素在国民收入中的贡献份额；③农业部门土地实际投入的有效劳动量大大增加，农村的生产总值规模快速扩张。我国的基本国情是劳动力资源相对丰裕，对外开放之后经济结构才真正朝着有效利用劳动力资源的方向发展，并由此加速了资本和技术要素的存量积累。

应当说，二十多年来的改革开放促使我国产业结构向着利用现有资源优势的方向发展，同时也大大地加快了我国资源禀赋状况转变的步伐，这对我国未来的产业结构演变具有重大影响。

二、入世后的中国产业结构

2001 年年底中国正式加入世界贸易组织，标志着中国的对外开放进入了一个新的历史阶段。这主要表现为：①从有限范围和有限地域的开放转变为全方位的开放；②从政策性开放转变为在法律规则框架下的可预期的开放，即按照承诺时间表的逐步开放；③从单方面的自我开放转变为 WTO 成员国之间的相互开放。我国与世界各国的经济联系将从以国际贸易为主的浅层次联系向以国际投资生产以及生产要素国际流动配置为基础的深层次联系转变，我国的产业结构将因此而发生重大的转变。这种转变既包括入世所带来的种种发展机遇与好处，也包括深层次的开放所带来的产业发展的冲击与压力。

从受冲击的产业来看，不仅涉及面比较广泛，而且影响程度很深。WTO 专家乔治·恩布里（2000）认为，入世将对中国的产业发展带来全新的挑战，其对不同的产业、不同的部门所产生的影响是不同的，即使对同一产业、同一部门的长期影响和短期影响也是不同的；对农业、汽车业、电信业、传统的大烟囱工业（如钢铁、化工、采矿业）、金融业产生程度不同的冲击，而国内整个消费品生产部门将面临激烈的市场竞争，航空、铁路、航运等运输业的垄断格局将有所改变。李善同等人（2001）的研究认为，国内受到较高保护的农业部门和资本密集型产业，如汽车、仪器仪表、棉花、小麦等部门的产出水平将有较大程度的下降，农业和汽车部门是两个受到较大冲击的部门；而劳动密集型产业，如纺织、服装、家具等传统的出口大户行业则是主要的受益者。但也有学者（洪银兴，2001）认为，入世确实给中国纺织品、服装、家具等劳动密集型产品的出口打开了很大的海外市场，但这种比较优势缺乏长期可持续性的发展，往往会导致低水平产业结构的发展停滞与固化。中国目前的进出口结构仍然具有发展中国家的明显特征，其基本说明因素是，中国的行业内贸易在很大程度上与加工贸易相关，建立在加工贸易基础上的行业内贸易所取得的出口效益并不高，这是与中国国内产业结构的特性密切相关的。

从产业比较优势①的角度来看，当前中国的产业比较优势主要体现在以下 10 个产业：纺织服装业、文体用品业、皮革业、食品加工和制造业、普通家电业、家具制造业、金属制品业、橡胶制品业、非金属矿物制品业、塑料制品业。这 10 个行业均属于劳动密集型产业。与此同时，中国的比较劣势产业主要集中在以下 10 个产业：普通机械制造业、黑色金属冶炼及压延业、化工业、交通运输设备制造业、电子业、造纸及纸制品业、有色金属压延及冶炼业、石油加工及炼焦业、煤气的生产及供应业、化纤业。比较劣势行业基本上都是加工程度较高的技术

---

① 反映产业比较优势的一个基本指标是贸易竞争指数，贸易竞争指数是反映一国某一产业产品净出口额或净进口额的规模系数，一般用净出口额表示。

密集、资金密集或技术资金双密集型行业。①

不可否认的是，在扩大和深化对外开放中，目前中国产业结构本身仍存在着严重的结构性制约②：一是滞后的产业结构严重影响资产资源重新组合，从而制约整个经济生活开放度的扩大。整体上讲，现有产业结构既不适应国内市场需求的变化（过剩和短缺并存），也不适应国际市场的激烈竞争（未能有效地拓展发展空间）。二是由于传统产业部门在国民经济中仍然占重要地位甚至是主导地位，导致落后的产业结构严重地妨碍经济运行中的技术创新，降低了国内企业参与国际分工的能力。现有的产业结构形成相对封闭的经济流程，不利于对国内资产资源进行动态组合，很不利于推进整个产业结构的高级化。三是松散的产业结构无法形成良好的产业关联带动效应，导致对外开放进程中利益矛盾上升。产业结构不合理和调整的滞后，使在对外开放中获得的利益无法通过市场机制进行有效传导和扩散。产业结构二元化问题没有得到有效解决，已经成为当前中国经济对外开放进一步深化时各种矛盾的焦点。

加入 WTO 以后，中国将削减关税，减少非关税壁垒，这意味着许多失去保护的产业和企业将面临巨大的冲击。当前，中国尚处在经济体制转轨期，完善的社会主义市场经济体制尚未建立起来，国内产业和企业尚未建立起适应市场变动的机制。在这种情况下进入一个竞争日益激烈的全球市场环境，无疑会给经济结构调整带来国内和国外双重压力。从 WTO 的规则来看，中国现有体制和产业结构调整政策中还存在着诸多不适应性。

第一，产业调整方式的不适应性。受长期计划经济的影响，

---

① 蒋选. 面向新世纪的中国产业结构政策 [M]. 北京：中国计划出版社，2003：114 - 115.

② 陈飞翔. 对外开放与产业结构调整 [J]. 财贸经济，2001 (6).

我国产业政策往往带有浓厚的政府政策偏好，具有明显的倾向性、歧视性和短期性。如对国家产业政策支持的重点部门和国有企业，中央和地方政府提供了大量的优惠政策，而这些优惠政策对于非重点部门和非国有企业是无法享受的。又如各地政府以行政指令方式给予外资企业的"超国民优惠待遇"。显然，这种具有明显倾向性、歧视性的政策与 WTO 规则是不相符合的，必须加以调整。

第二，市场化程度的不适应性。目前在中国国内的一些重要市场中（如商品市场、资本市场、劳动力市场）都或多或少地存在着各种形式的市场封锁和地方或部门保护主义，由于市场封锁和地方、部门的垄断，不仅使得资本、信息、技术、商品、劳动力等生产要素难以在市场内自由流动，市场交易的成本很高，而且往往造成盲目和过度价格竞争，损害了市场效率。这种状况显然与开放型经济格格不入。此外，出于加入 WTO 之后一些发达国家对中国实施的歧视性贸易限制（如针对中国的"特殊保障条款"、"非市场经济的反倾销条款"等）在短期内还不会取消，这种市场分割还将破坏国内竞争秩序并影响经济结构调整。

第三，管理体制的不适应性。受我国现有政体和经济管理体制的影响，中国政府管理仍存在着较多的直接管理，人为因素制约较多。不少经济领域中仍然存在着严格的审批制度，政策制定和执行的随意性较大，对经济活动限制过多。特别是中国各级政府长期习惯于使用"红头文件"、"内部规定"调控经济，这些内部制度往往不为外部人所知，制定和执行权力掌握在少数人手中，缺少外部的有效监督。这与 WTO 所倡导保证政策透明度的基本原则是不相符合的，也必须加以改进。①

---

① 蒋选. 面向新世纪的中国产业结构政策 [M]. 北京：中国计划出版社，2003：118 – 119.

入世意味着中国参与国际分工，分享经济全球化带来的收益，是中国未来经济发展的一个基本趋势。但入世带来的收益并不是在各产业部门间平均分配，因此加入世界贸易组织意味着较大的经济结构调整，而结构调整必然带来相应的调整成本，不同的产业所面临的机遇和冲击是不同的。当前，中国面临的产业结构调整问题就是抓住全球化的发展机遇，积极参与国际产业经济大循环，不断地提高自身在国际产业分工中的层次和地位，实现从目前的比较优势向国际竞争优势的转变，在全球产业结构调整浪潮中推进本国产业结构的优化升级。

第二节　FDI 对中国产业结构优化的实证分析

经过改革开放以来二十多年的发展，外商直接投资已经成为我国产业投资的主要资金来源之一。改革的实践表明，外商投资产业结构的变化是我国产业结构转变的重要影响因素，外资的流入与所带来的先进技术和现代化管理知识，以及产生的溢出效应，促进了我国各产业部门的技术进步和劳动生产率的提高，也直接推动了我国产业结构的优化和升级。

一、FDI 对中国产业结构演变的影响

自改革开放以来，我国引进外商直接投资从无到有、从小到大，随着我国对外开放的不断深化和社会主义市场经济体制的逐步建立，先后经历了起步、发展、高速增长与调整发展等不同的阶段。在不同的经济发展阶段，外商直接投资对我国产业结构演进所起的优化效应是有所差异的。但总的来说，我国产业结构在外商直接投资的促进下呈现出不断优化的态势。

从产业结构调整的战略来看，在我国改革开放的初期，由于当时农业、轻纺工业和服务业发展的严重滞后，产业结构超越需求结构而超前演进，造成我国产业结构畸形，必要日常消费品供应严重不足，产业结构处于较被动的适应性调整阶段。1978 年我国三次产业的 GDP 构成为：28.1：48.16：23.74（见表 5-1、图 5-1）。1979—1991 年是我国引进外商直接投资的起步和发展阶段，外商直接投资的规模小，且主要集中在东南沿海地区，跨国公司处于了解和熟悉我国市场的阶段，我国与世界经济的接触仍以国际贸易方式为主。在这一阶段，外资来源以港澳台地区资金为主，占同期外商直接投资总金额的 70% 左右；在来自其他国家的资金中，也有相当部分是海外华人的投资，尤其是东南亚国家的华人企业。在这些投资者中，掌握先进技术、拥有较大市场份额和雄厚资金的制造业大型跨国公司较少，中小型制造业、服务和房地产开发企业居多；其在华投资领域集中在第二、第三产业，且基本上都集中在劳动密集型项目上，第二产业主要集中在纺织、服装、食品饮料、塑胶制品、电子元器件等加工制造产业，第三产业主要集中在旅游、商业、饮食、宾馆和娱乐设施等一般服务行业。

以港澳台地区和海外华人企业为主的外资在很大程度上弥补了国内轻纺工业发展的不足，在一定程度上纠正了我国长期以来的"重工业过重、轻工业过轻"的畸形产业结构。但由于其自身技术水平较低且集中在劳动密集型产业，其外资产业结构优化效应并不显著，只在国内引资的第二个阶段（1987—1991 年）有所显现。

表 5-1　　　　中国 GDP 的产业构成情况　　　单位:%

年 份	第一产业	第二产业	第三产业
1978	28.10	48.16	23.74
1979	31.17	47.38	21.45

表 5-1（续）

年 份	第一产业	第二产业	第三产业
1980	30. 09	48. 52	21. 39
1981	31. 79	46. 39	21. 82
1982	33. 27	45. 01	21. 72
1983	33. 04	44. 59	22. 37
1984	32. 01	43. 31	24. 68
1985	28. 35	43. 13	28. 52
1986	27. 09	44. 04	28. 87
1987	26. 79	43. 90	29. 31
1988	25. 66	44. 13	30. 21
1989	25. 00	43. 04	31. 95
1990	27. 05	41. 61	31. 34
1991	24. 46	42. 11	33. 43
1992	21. 77	43. 92	34. 31
1993	19. 87	47. 43	32. 70
1994	20. 23	47. 85	31. 93
1995	20. 51	48. 80	30. 69
1996	20. 39	49. 51	30. 09
1997	19. 08	49. 99	30. 93
1998	18. 58	49. 29	32. 13
1999	17. 63	49. 42	32. 95
2000	16. 35	50. 23	33. 42
2001	15. 84	50. 09	34. 07
2002	15. 33	50. 37	34. 30
2003	14. 58	52. 26	33. 16
2004	15. 17	52. 89	31. 94

资料来源：根据《中国统计年鉴》相关年度的资料计算。

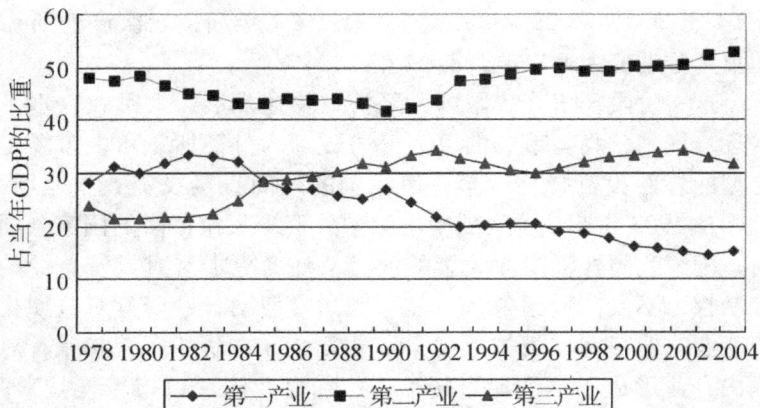

图 5 - 1　1978—2004 年我国 GDP 三大产业构成变动图示

资料来源：依据表 5 - 1 数据制作。

1992 年我国确立建立社会主义市场经济体制的目标，掀起了改革开放的"第二春"，政策的深化使我国外商投资环境发生了根本性的改变，极大地提高了外商的投资热情，从而使我国进入了引进外资的高速增长时期（1992—1995 年）。从这一阶段开始，欧美日等大型跨国公司开始大量在华投资，其投资金额已超过港澳台及东南亚华人企业的投资。较之港澳台企业和东南亚华人企业，这些跨国公司的投资集中在电子与通信设备制造业、仪器仪表制造业、医药、化工、电气设备制造业等资金、技术密集型行业；投资项目普遍规模大，技术先进，产业关联性强，内部管理和运作较为规范，合同履行情况较好。尤其是大型制造业跨国公司的进入，使技术含量高、附加值大的行业中的外商投资幅度增加，对我国加工制造行业的竞争、示范及带动效应比较明显。

同期，外商对我国服务业投资的力度明显加大，投资的产业结构呈现高级化发展趋势。1979—1991 年，外商投资在第一、第二、第三产业的投资占外商对华直接投资总额的比重分别为

2.2%、75.4%和22.4%；而1992—1995年间，三次产业所占比重则分别变为1.8%、58.8%和39.4%。①

这一阶段，随着我国国民经济的快速发展，人民收入水平的逐步提高，我国市场的巨大潜力逐渐为外商所认可，市场主导型的外商投资蜂拥而至，使我国的外商直接投资数量剧增，我国从1993年起成为发展中国家中外资流入量最多的国家。同时，随着我国外资产业政策的放宽，外商更加看重投资企业的控制权，不仅在新建项目中独资倾向日益明显，而且对前期投资企业普遍存在增资扩股现象。外资企业在华的迅速扩张，对国内企业形成了强烈的市场冲击；加之我国"以市场换技术"外资产业政策的偏差，导致部分行业被外资企业所主导，甚至出现了一定程度的垄断，如日用产品、洗涤用品、感光材料等行业。

在这个阶段，以发达国家大型跨国公司为主体的外商直接投资对我国产业结构的优化效应是比较明显的，国内资金和技术密集产业开始得到发展，我国产业结构的高度化进展明显，其中第二产业尤为突出。但外资企业先进技术溢出效应有限，产业发展的不均衡现象比较突出，外资产业结构优化效应的负面影响开始显现。

为了适应国内外形势的变化要求，自1995年下半年开始，我国对利用外资政策进行了重大战略调整，利用外资的重点开始从注重数量向注重提高质量、效益和优化产业结构方向转变。这些政策调整主要有：①国家计委、经贸委和对外贸易经济合作部于1995年6月联合颁布了《指导外商投资方向暂行规定》和《外商投资产业指导目录》，将外商投资项目划分为鼓励、允许、限制和禁止四类；②调整了外商投资企业的减免税政策，

① 陈继勇．国际直接投资的新发展与外商对华直接投资研究［M］．北京：人民出版社，2004：364．

从 1996 年 1 月 1 日起逐步取消对外商投资企业的资本性货物进口的税收优惠政策；③开始在全国范围试点并推广加工贸易台账制度，并规定于 1997 年 7 月 1 日起全国推行。①

与我国外资政策调整相适应，外商对华直接投资进入了调整和低速稳步发展阶段（1996—2001 年）。1997 年，东南亚金融危机的爆发则进一步减少了外资对华的流入。这一阶段，尽管我国仍然是发展中国家中引进外商直接投资最多的国家，但外资的流入大幅降低，1999 年竟出现 11.1% 的负增长（参见表 7-1）。

尽管这一阶段外资流入数量有较大下降，但在华外商投资企业对我国经济增长和产业结构优化调整的贡献却比较突出。以工业为例，工业是我国对外资开放较早、开放领域较宽的产业，是吸收外商直接投资最多的产业。截至 2000 年年底，外商在工业领域的投资占全部合同外资金额的 60.87%。外商集中投资于工业领域，使外商投资企业对工业增长的贡献尤为突出。2001 年，全国工业增加值为 26 950 亿元，其中外商投资企业提供的工业增加值为 6 622 亿元，占全国工业增加总值的 24.57%。当年全国工业增加值同比增长了 9.9%，外商投资企业增长了 11.9%，在全国工业增加值增长的 9.9 个百分点中，外商投资企业贡献了 3.908 个百分点（见表 5-2）。如果假设工业增长速度为 1，则外商投资企业的贡献率达到 39.1%。而 2001 年我国 GDP 增长了 7.3%，其中工业增长贡献了 3.8 个百分点，贡献率达 52%，则外商投资工业企业对我国 GDP 的贡献率为 20.3%，即当年 GDP 增长的五分之一。②

---

① 杨大楷. 国际投资学 [M]. 3 版. 上海：上海财经大学出版社，2003：381.

② 江小涓. 中国的外资经济对增长、结构升级和竞争力的贡献 [J]. 中国社会科学，2002（6）.

表 5 - 2 　　　　外商投资企业提供的工业增长值　　单位：亿元、%

年度	全　国		外商投资企业		
	占全国比重	工业增加值	同比增幅	工业增加值	同比增幅
1998	20 046	8.8	3835	12.7	19.13
1999	20 307	8.9	4201	12.9	20.69
2000	23 685	11.4	5333	14.6	22.51
2001	26 950	9.9	6622	11.9	24.57

资料来源：根据国家统计局和外经贸部相关网站数据计算得出。转引自：江小涓. 中国的外资经济对增长、结构升级和竞争力的贡献 [J]. 中国社会科学，2002 (6).

　　这一阶段的在华外商投资，尤其是大型跨国公司的投资，主要集中在资本和技术较为密集的行业，这对加快我国产业结构的高度化发展起到了积极的作用。中国社会科学院国际投资研究中心组织的一项分析大型跨国公司在华投资行为和影响的研究表明（2000），全球 500 强企业在华投资的行业主要集中在电子及通讯设备、机械、交通运输设备、化学原料及化学制品等资本、技术密集型产业，500 强企业在上述四个行业中的投资金额占到其在华投资总额的 55%；而在纺织、服装等劳动密集型产业的投资则相当少，仅占到其在华投资总额的 2%。① 江小涓 2001 年主持的一项高新技术产业调研课题表明，外商在华投资已成为推动我国高新技术产业发展的主要动力之一，1996—2000 年我国高新技术制造业年均增长 21.2%，高于同期全部工业产值增长速度 11 个百分点；而外商投资企业是我国高新技术产业发展的主力军，以 2001 年为例，当年外商投资企业出口的

---

① 王洛林. 2000 年中国外商投资报告：大型跨国公司在中国的投资 [M]. 北京：中国财政经济出版社，2000：9 - 10.

高新技术产品在我国高新技术产品出口总额中占 82% 。①

2001 年年底，中国正式加入世界贸易组织（WTO）。入世表明我国开始进入到了一个全新的、更深层次的对外开放阶段（2002 年至今），标志着我国开始全方位地与国际规则与惯例相接轨，这无论是对我国还是对外商投资都是极大的机遇与挑战。我国政府对原有的外资产业政策进行了重大的修改与调整，2002 年 4 月 1 日开始实施新修订的《指导外商投资方向规定》和《外商投资产业指导目录》。新的产业政策和目录明显加大了对外商投资的开放力度，鼓励类外商投资项目由 186 条增加到262 条，而限制类则由 112 条减少到 75 条，放宽了外商投资的股本限制，原来禁止外商投资的电信、燃料、热力、供排水等首次对外开放，进一步开放银行、保险、商业、外贸、旅游、运输、会计、审计、法律等服务贸易领域，放宽了外商投资中西部地区的股本和行业限制。②

投资软硬环境的改善以及我国经济的持续良好发展极大地增强了外商投资的信心，外商对华直接投资出现急剧上升之态。2002—2005 年间，除 2003 年受美国遭受 911 恐怖袭击事件导致全球经济下滑的影响外，其余各年引进外资额年均增长率都在两位数，引资总额占到所有发展中国家吸引 FDI 总额的三分之一强，并依然保持着十分强劲的增长势头。

这一轮外资的大量涌入对我国产业结构的调整正产生着深远的影响，第三产业成为了外商投资的主要领域，银行、保险、商业流通与运输等行业正成为外商投资的热点；第二产业中，汽车、通信设施设备、精密机床等大型制造业项目明显增加，

---

① 江小涓. 中国的外资经济对增长、结构升级和竞争力的贡献 [J]. 中国社会科学，2002（6）.
② 杨大楷. 国际投资学 [M]. 3 版. 上海：上海财经大学出版社，2003：382.

促进了我国高新技术密集和资金密集型产业国际竞争力的提升。

从总的趋势来看，外商直接投资对我国产业结构的优化升级起了积极的促进作用。从三次产业的变化来看，我国产业结构的演进是基本符合一国产业结构变化的一般规律，即第一产业比重逐年下降，第二产业呈上升态势，第三产业变化不大（见表 5－1）。但随着我国入世效应的逐步显现，估计第三产业将会出现较大幅度的增长。从产业技术水平提升的角度来看，我国产业结构正从传统的低技术、劳动密集型产业向高技术、资本密集型和知识密集型产业转变；在这些转变过程中，外商直接投资起到了重要的促进作用。

但是，外资的大量涌入导致在华外资规模的急剧膨胀，正产生着日益严重的问题，一方面是外商直接投资的产业绩效开始进入拐点区（金润圭，王浩；2006），外资产业结构优化效应开始降低，负面影响正逐渐增强；另一方面，这一轮外资进入过度集中在短期收益明显的房地产等行业，对我国物价上涨起到了推波助澜的作用，使我国部分行业出现了泡沫经济的趋势，在一定程度上威胁到了我国产业经济的安全和可持续发展。

二、FDI 对中国产业结构优化的效应表现

前面我们探讨了外商直接投资对我国产业结构演进的影响，下面将从产业结构优化效应的表现角度来具体探讨外商直接投资对我国产业结构的优化情况。

1. 在华 FDI 的资本形成与促进效应

资金短缺和外汇短缺是长期制约我国经济发展的一个主要因素。正如钱纳里的"双缺口理论"所指出的，外商直接投资能够弥补东道国经济起飞所需的资本缺口和外汇缺口，提高国内投资水平，促进国内资本开放和存量资本的优化，从而加速东道国经济增长，具有明显的资本形成与促进效应。

改革开放以来，我国引进外商直接投资规模从小到大，在20世纪90年代中期之后就达到了相当的规模，成为促进我国经济增长的重要因素。截至2004年年底，我国吸引外商直接投资项目共508 941个，合同利用外资总额10 966.10亿美元（见表5-3）。外商直接投资的大量进入直接促成了我国产业资本的形成，形成了高质量的新增产业生产能力，迅速地弥补了我国长期以来所存在的产业资金投入的不足，并在20世纪90年代中期解决了"双缺口"制约因素。

表5-3　中国吸收外商直接投资产业统计（截至2004年年底）

产业	项目数(个)	比重(%)	合同利用外资金额(亿美元)	比重(%)
总计	508 941	100	10 966.10	100
第一产业	14 463	2.84	213.07	1.94
第二产业	381 701	75.00	7 486.31	68.27
第三产业	112 777	22.16	3 266.71	29.79

资料来源：根据《中国商务年鉴2005》统计资料计算。

外资的进入，不仅增加了我国产业资本形成的数量，而且改善了我国产业资本质量。1995年第三次全国工业普查的统计资料显示，外商投资企业的产值/投资比率明显高于全部工业和国有企业，外商在华投资企业（无论是新建项目，还是对国内企业的并购改造）在新产品开发、先进生产技术运用、现代化管理能力与经验、国际市场渠道开拓等方面都明显优于国内企业（尤其是国有企业），其投资项目的市场竞争力较强，形成了高质量的产业资本。以2001年我国工业统计数据为例，当年在华外商投资企业的资产仅占全部工业资产的10.54%，但其所提供的工业增加值占24.57%，工业利润总额占29.19%，应交增值税占25.69%，利润总额占31%。也就是说，外商投资企业以十分之一的资产，创造出了全国工业四分之一的增加值和近三分之一的利润。①

由于在华外商直接投资存在着明显的行业倾向性，外资产业分布具有明显的不均衡性，外资的流入基本上都集中在第二、第三产业，而流入到我国第一产业的外资则非常少，仅占到在华外资总额的 1.94%（见表 5-3），其对第一产业的资本形成与促进效应也很小。在地区分布上，在华外商直接投资也表现出明显的"东高西低"的不均衡性，外资过于集中在我国东部地区尤其是东南沿海地区，而我国中西部外资则明显不足，这在一定程度上加剧了我国地区产业结构的不平衡性。

2. 在华 FDI 的技术转移与溢出效应

中国引进外商直接投资一个主要的原因是利用外资提高自己的产业技术水平。大量外商直接投资涌入中国，除了巨额资金的流入，还带来了先进技术、管理经验、高素质劳动力等一揽子生产要素。1992 年以前，我国外商直接投资以港澳台中小投资企业为主，投资项目规模较小，且主要集中在纺织、服装、电子元器件组装等技术含量较低的劳动密集型产业，FDI 的技术转移与溢出效应都十分有限。据统计，1991 年我国外商投资企业中，被认定为技术先进的企业仅占 2%左右，技术先进企业的投资额也仅占全部外商直接投资额的 5%左右。20 世纪 90 年代中期以来，随着欧美日等大型跨国公司在华投资的增加，在华外商投资企业的技术水平明显提高。据江小涓（2001）的调查研究表明：①以跨国公司母公司的技术水平作为参照，绝大多数跨国公司投资企业提供了母公司的先进和比较先进的技术。其中，使用了母公司最先进技术的企业占调研样本总数的 42%，使用母公司较先进技术的企业占调研样本总数的 45%，而使用

---

① 江小涓. 中国的外资经济对增长、结构升级和竞争力的贡献 [J]. 中国社会科学，2002（6）.

母公司一般技术的企业仅占调研样本总数 13%。②以国内企业的技术水平作为参照，外商投资企业的技术被划分为填补国内空白技术、国内先进技术和国内一般技术。其中，65% 的跨国公司投资企业提供了填补国内空白的技术，35% 的企业使用了国内先进技术，没有一家企业使用了属于国内一般水平的技术。①

　　大型跨国公司是中国引进国际先进技术的主要来源。由于大型跨国公司自身资金和技术研发实力强大，且倾向于在技术密集、资本密集、规模经济显著和产业全球化趋势明显的行业投资，其对外投资的技术转移效应明显，对我国的产业技术进步有直接的促进作用。从我国高新技术产业的发展来看，1996—2004 年我国高新技术产品出口占总出口的比重逐年上升，由 1996 年的 8.4% 上升到 2004 年的 27.9%。从表 5-4 中我们可以看到，这一结构的变化主要得益于外资企业高新技术产品出口比重的逐年增加。在九年时间里，外资企业在高新技术产品中的出口比重由 1996 年的 58.6% 增长到 2004 年的 87.3%，推动了我国出口结构的优化，提高了我国高新技术产品在国际市场上的竞争力，在其自身快速发展的同时也带动了我国高新技术产业的发展，促进了我国产业结构的高度化发展。②

　　与外商直接投资对我国技术转移所产生的直接效应相比，间接的技术溢出效应可能更大。③ 这种间接的 FDI 技术溢出效应主要通过人才流动、与当地企业关联配套、与国内企事业机构的技术交流与合作等途径获得的。

　　① 江小涓. 跨国投资、市场结构与外商投资企业的竞争行为 [J]. 经济研究，2002 (9).
　　② 刘亚娟. 外国直接投资与我国产业结构演进的实证分析 [J]. 财贸经济，2006 (5).
　　③ 李东阳. 国际直接投资与经济发展 [M]. 北京：经济科学出版社，2002：266-267.

表5-4　外资企业对我国高新技术产品出口的推动

单位：亿美元、%

年　份	总出口额	高新技术产品总出口额	外资企业高新技术产品总出口额	高新技术产品出口占总出口的比重	高新技术产品出口中外资企业所占比重
1996	1 510.48	126.6	74.2	8.4	58.6
1997	1 827.92	163.1	109.2	8.9	66.9
1998	1 837.09	202.5	149.4	11.0	73.8
1999	1 949.31	247.0	187.8	12.7	76.0
2000	2 492.03	370.4	299.7	14.9	80.9
2001	2 660.98	464.6	378.8	17.5	81.5
2002	3 255.96	678.7	356.6	20.8	82.2
2003	4 382.28	1103.2	942.6	25.2	85.5
2004	5 933.26	1655.4	1445.9	27.9	87.3

数据来源：根据《中国统计年鉴》相关年度和中国投资指南网的外资统计数据计算得出。转引自：刘亚娟. 外国直接投资与我国产业结构演进的实证分析 [J]. 财贸经济，2006（5）.

（1）人才在外资企业和内资企业之间的流动，是跨国公司技术外溢的一条重要途径。跨国公司先进的管理经验和专有技术知识往往必须依附在特定的劳动力身上，国际经营本土化战略的实施要求跨国公司必须重视对中方雇员的培训工作，因此在华外资企业大都投入了巨额的雇员培训费用，对其中方雇员进行系统的培训与教育。中方雇员在外资企业工作期间积累的各种知识与技能，随着这些员工的跳槽或自立门户就会产生技术溢出效应。

（2）在全球化运作思路下，跨国公司的对外直接投资往往具有很强的产业关联带动效应。一方面，大型跨国公司往往都是生产全球化程度很高的公司，在国际市场上都有比较成熟的配套网络系统；当一个大型跨国公司到中国投资，往往会带动其相关配套企业的追随性投资，为我国带来相关配套技术。如：据成都市高新技术出口加工区（Chengdu Hi-tech Exporting Processing Zone）相关负责人介绍，自美国 Intel 公司芯片封装测试投资项目于 2003 年选址成都市高新技术出口加工区后，短短三年多时间内就吸引了美国莫仕（Molex）公司、美国芯源系统（CDMPS）股份有限公司、菲律宾 PSI 科技控股公司、马来西亚友尼森（Unisem）公司等三十多家相关企业入驻该出口加工区，累计投资额高达 30 多亿元人民币；2006 年 1～7 月，该出口加工区累计实现对外贸易进出口总额 4.6 亿美元，位居我国中西部地区出口加工区之首。①

另一方面，为降低生产成本和充分利用当地的生产要素，跨国公司还会提高本土化程度，与我国当地企业配套协作。当技术标准较高的跨国公司向我国企业购买零部件和原材料时，往往会对配套产品的质量、技术和性能提出较高要求，同时，还可能提供相应的技术标准和技术援助，以保证供货企业的技术与产品水平达到配套要求，通过产业关联效应直接或间接地促进了国内企业技术水平的提升。

（3）随着跨国公司研发国际化趋势的加大，跨国公司除强调一般性投资要素的注入外，近几年来还纷纷在华设立研发机构。这些研发机构有的是外商独资，有的是与国内企业、科研机构或高等院校合作建设的，如加拿大北方电讯公司与北京邮电大学合作设立的北邮—北方电讯电信发展研究中心、美国罗克韦尔公司与清华大学等 10 所高校合作建设的联合实验室等。这种研发力量的合作与中外机构间的技术交流，在很大程度上

---

① 数据来源：四川新闻网 2006 年 9 月 14 日相关新闻报道。

全球化背景下外商直接投资与中国产业结构优化研究

促进了我国产业技术水平的提升。

当然，我们也不应过分高估利用外商直接投资的技术转移与溢出效应。一是它受到外商直接投资所带来的技术的先进程度的制约。为了保持垄断优势，跨国公司在对华直接投资中一般不会向中方直接转移一流的先进技术，往往将先进技术掌控在自己母公司或在华的独资子公司中，并采用严格的专利技术保护措施以防止技术的外泄。二是外商直接投资的技术转移与溢出效应的好坏还受到中方消化、吸收和创新能力的局限，落后的产业技术基础和创新意识已成为了目前制约我国吸收先进技术的障碍。

3. 在华 FDI 的示范效应与竞争效应

外资企业进入我国市场后产生了双重效应：一是示范效应，外资企业一般采用更为先进的技术和管理经验，对国内同类企业产生显著的示范效应；二是竞争效应，外资企业的进入加剧了我国市场的竞争程度，对国内同类企业产生显著的竞争效应。这双重效应都增加了国内企业技术进步、提高劳动生产率的外部压力，在相当程度上促进了我国产业结构的优化升级。

在华 FDI 的示范效应在我国的服务业中表现比较突出。在服务业领域，发达国家跨国公司与发展中国家企业在产品设计、技术诀窍、管理技术和服务水平等方面的差距，要大于在制造业方面的差距。加之服务业的所有业务都要通过对客户的服务来实现，很难进行技术保密，母公司与海外子公司的技术水平基本相当，不可能像制造业那样，将"技术水平高"的业务留在母公司。因此，与制造业相比，服务业的跨国流动往往会产生更明显的示范和带动作用，推动我国企业技术水平的提升和服务业内部结构的升级。例如，我国保险业在外资进入后打破了原有的垄断局面，外资带来的先进保险技术、管理经验、优质的产品和售后服务等，已成为推动我国民族保险业创新的主要推动力。①

在竞争效应方面，外资企业的大举进入打破了国内市场缺乏竞争或低效竞争的原有格局。在外商投资企业质优价廉的先进产品冲击下，国内企业不得不努力提高技术水平，改进产品质量，在日益激烈的市场竞争中求生存，求发展，学会"与狼共舞"。激烈的市场竞争既带来了国内众多弱小企业的破产倒闭，也促使众多国内企业的再生，并不断地发展壮大。依然以我国的高新技术产业为例，虽然外资企业在我国高新技术产品出口中占了相当高的比重（见表5-4），但经过激烈的市场竞争，我国内资企业也获得了较大的发展，其高新技术产品出口额占内资企业总出口额的比重呈不断上升态势，从1996年的5.85%上升到2004年的8.22%（见表5-5）。

表5-5　我国内资企业高新技术产品出口情况

单位：亿美元、%

年份	全国总出口额	外资企业总出口额	内资企业总出口额	内资企业高新技术产品总出口额	内资企业高新技术产品出口增长率	内资企业高新技术产品出口额占内资企业总出口额的比重
1996	1 510.48	615.06	895.42	52.42	—	5.85
1997	1 827.92	749.00	1078.92	53.95	2.92	5.00
1998	1 837.09	809.62	1027.47	53.12	-1.54	5.17
1999	1 949.31	886.28	1063.03	59.29	11.62	5.58
2000	2 492.03	1 194.41	1297.62	70.76	19.35	5.45
2001	2 660.98	1 332.35	1328.63	85.76	21.20	6.45

① 刘亚娟. 外国直接投资与我国产业结构演进的实证分析 [J]. 财贸经济，2006（5）.

表 5 - 5（续）

年 份	全国总出口额	外资企业总出口额	内资企业总出口额	内资企业高新技术产品总出口额	内资企业高新技术产品出口增长率	内资企业高新技术产品出口额占内资企业总出口额的比重
2002	3 255.96	1 699.85	1556.11	122.13	42.41	7.85
2003	4 382.28	2 403.06	1979.22	160.76	31.63	8.12
2004	5 933.26	3 386.07	2547.19	209.50	30.32	8.22

数据来源：根据《中国统计年鉴》相关年度和中国投资指南网的外资统计数据计算得出。转引自：刘亚娟. 外国直接投资与我国产业结构演进的实证分析 [J]. 财贸经济，2006（5）.

外商投资不仅带来了激烈的竞争，更带来了先进的市场运作机制和开放的观念意识，对促进我国现代企业制度建设、推动宏观管理体制的改革与政府职能转变等都有着积极的作用。当然，过度的竞争，外商投资企业对国内弱小民族企业的排挤和一定程度上的市场垄断，也对我国产业结构的优化升级起着种种负面影响。

三、FDI 对中国产业结构优化升级的影响程度

在以上的研究里，我们知道外商直接投资对我国产业结构优化有积极的推动作用，但这种优化效应的促进程度是如何的呢，我们现在做一个简要的分析。

国内对于外商直接投资对我国产业结构优化影响程度的研究还不多见，现有的研究多停留在就 FDI 进入对我国产业结构产生的利弊作用上作一般的逻辑推理和规范分析，但这种研究结果缺乏建立在数量分析基础上的实证检验的支持。鉴于以上研究的不足，国内已有部分学者开始采用计量分析工具，结合我国相关统计数据来做计量实证分析，并取得了一些比较有代

表性的结论。

　　陈迅、高远东（2006）① 采用 1982—2003 年全国的时间序列数据，运用现代协整理论，对我国产业结构变动和外商直接投资之间的长短期关系进行了格兰杰因果关系检验（Granger Causality Test）。结果表明：第一，我国的产业结构变动和外商直接投资之间存在着长期的双向格兰杰因果关系；即我国产业结构的变动与外商直接投资具有直接相关性，改革开放二十多年来，外资的流入确实推动我国产业结构的优化升级；而我国产业结构的不断优化升级又反过来促进了外资的进一步流入。从长期来看，达到了我国产业结构优化和外商投资之间的良性互动发展关系。第二，在短期内，我国产业结构的变动对外商直接投资的变化则仅具有单向的格兰杰因果关系；即我国产业结构的变动对促进外资流入的增长具有正的影响，但外商直接投资的变化并不是推动我国产业结构变动的主要原因。因为就短期来看，我国正处于从传统计划经济向市场经济的转变之中，完善的市场运作与调节机制尚未建立起来，还不能充分发挥市场对资源配置的主导调节作用，我国产业结构的变动在很大程度上仍是政府主导的，不会因外资流入量或流入方式的变化而迅速发生改变，所以在短期内 FDI 对我国产业结构的影响是不显著的。

　　赵红、张茜（2006）② 也采用现代协整理论（Engle Granger 协整检验）和格兰杰因果关系检验方法，运用 1983—2004 年的时间序列数据，对外商直接投资对我国产业结构的影响进行了实证研究。计量分析的结果也显示，外商直接投资对我国产业

---

① 陈迅，高远东. 中国产业结构变动和 FDI 间的动态关系研究 [J]. 科研管理，2006（5）.
② 赵红，张茜. 外商直接投资对我国产业结构影响的实证研究 [J]. 国际贸易问题，2006（8）.

结构的变动存在着较显著的效应，对我国产业结构的优化升级有一定的推动作用；但外商直接投资与我国产业结构变动之间不存在长期稳定的关系，并不是我国产业结构变动的主要推动力量，在一定程度上还加大了我国三大产业之间的结构偏差。

陈迅、赵红等人的研究主要是从外商直接投资与我国产业结构的相关关系程度的角度来判断外商直接投资对我国产业结构变动的影响程度。而姜睿（2004）的研究则进一步深入到外商直接投资对我国三次产业之间的结构变动影响情况。[①] 姜睿结合了黄冠华（2002）、田素华（2004）等的方法，以三次产业的产值占国内生产总值的比重来衡量产业结构的变化，以我国存量外商直接投资规模为解释变量，以三次产业占国内生产总值的比重为被解释变量，运用1982—2002年的全国三次产业产值统计数据，通过计量回归方程运算和格兰杰因果关系检验来分析外商直接投资对我国产业结构的优化效应程度。

计量分析的结果表明，外商直接投资对我国产业结构的优化效应显著，但对不同产业，外商直接投资的优化效应是不一样的。对于第二、第三产业，外商直接投资与我国第二、第三产业的增加值比重变动之间存在双向因果关系，我国实际利用外商直接投资每增加100亿美元，我国国内生产总值中第二产业所占比重将增加0.189%，第三产业所占比重将增加0.129%。而我国的工业化进程是吸收外资的主要影响原因，第二、第三产业所占比重的增加还可能是我国吸收外商直接投资变化的重要原因。对于第一产业，外商直接投资与我国第一产业增加值比重变动之间是单向因果关系，即外商直接投资对我国第一产业结构变动的影响效应不显著，但第一产业产值结构的变动将引起外资流入量的变化（第一产业增加值比重每减少0.318%，

---

① 姜睿. 产业结构、市场结构与外国直接投资［D］. 中国学术期刊网，2004：53～58.

我国吸收外商直接投资将增加 100 亿美元）。

综合国内现有的研究成果，我们必须承认，改革开放二十多年来，外商直接投资的大量进入确实在一定程度上促进了我国产业结构的优化升级，而这种优化效应主要集中在我国第二、第三产业结构的调整升级，尤以第二产业为突出。但由于我国正处在经济转轨时期，决定我国产业结构优化调整的因素是多方面的，外商直接投资并不是推动我国产业结构优化升级的最主要的因素，其对我国产业结构优化的效应是有限的。

第三节　当前在华 FDI 的产业与区域分布特点及演进趋势

一、当前 FDI 在华的产业分布特点与演进趋势

1. FDI 产业分布结构演进的理论阐释

从开放条件下产业结构演变的发展历程与演变趋势来看，FDI 投资重点是随着产业结构的一般演变趋势，逐渐从第一产业向第二产业转移，再转向第三产业的。这是由于各产业之间附加值的相对差异造成的，现实经济生活中第二产业的附加价值一般高于第一产业，而第三产业的附加价值高于第二产业，随着资金、劳动力从低收益产业向高收益产业的转移，产业结构的比重重点就按着第一、第二、第三产业呈现顺次梯度推移。

在当今国际投资市场激烈竞争中，对外投资者需要拥有雄厚的资金和技术实力，而具备这种条件的投资者往往集中于制造业、电子通讯业、服务业等第二、第三产业，根据产业内同向投资理论（主要观点是：对外投资者在向国外发展时，往往把资本投向与其国内产业发展相同或相近的国外某一产业），国

际战略投资者往往将资本集中于他国的第二、第三产业，从而导致国际产业结构的变化。随着经济全球化和新经济的发展，全球产业结构的变化趋势会继续沿着这一路径演变，国内产业结构的演变将进一步介入到国际分工体系中，并与国际产业的转移产生互动。

2. 我国 FDI 产业分布的非均衡特征

改革开放以来，外商对我国的直接投资主要集中在第二产业尤其是工业制造部门，对第一产业的投资比重一直很低，对第三产业的投资比重也相对偏低。在外商协议投资中（以合同金额计），1979—1990 年，第二产业的比重为 60.3%，第一产业的比重只有 2.9%，第三产业的比重为 36.8%；1991—1998年，外商对第二产业的投资比重上升为 65.4%，其中工业的比重高达 62.5%，而第一产业的比重下降为 1.7%，第三产业的投资比重也降低为 32.9%；截至 2004 年年底，外商投向第二产业的比重仍然高达 68.27%，第一产业 1.94%，第三产业进一步下降到 29.79%。

从外商直接投资在我国的产业分布变动图（见图 5 - 2）中，我们可以看到，外商直接投资在华的变动有一个有趣的现象：第一产业所占比重极低，且基本稳定在 1% ~ 3%，第二、第三产业所占比重则随着我国经济发展趋势的变化而有一个此消彼长的过程。当我国经济发展前景趋好时，往往促使外资向我国第二产业的迅速集中，如 1992 年我国改革开放迎来"第二春"；2000 年我国的入世（准备期），分别带来了 1993—1996年、2000—2003 年外资在第二产业比重的大幅上升，而与之对应的是第三产业比重的下降。反之，当我国经济发展出现问题时，外资则向第三产业集中，第二产业所占的比重则下降，如 1989 年政治风波所导致的 1990—1992 年的第二产业比重下降、1997 年东南亚金融危机所导致的 1997—1998 年的比重变动。但不管怎样变动，我国外商投资结构向第二产业特别是向工业倾斜的特征很突出。

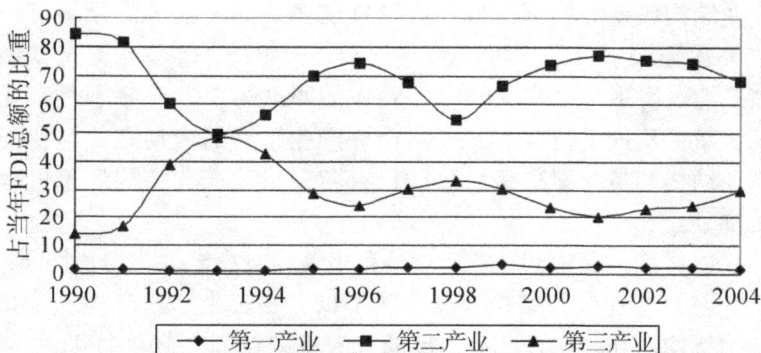

图 5-2　外商直接投资在我国的产业分布变动图（1990—2004 年）

外商直接投资的结构性倾斜，与我国产业对外开放度有关。随着我国加入 WTO 之后第三产业开放领域的扩大，外商对第三产业的直接投资增长较快，投资比重将逐步上升，而对第二产业尤其是工业的投资比重将相应下降，从而引起三次产业投资结构的变化。

从外商直接投资的产业分布看，全球范围内对第三产业的投资比重 20 世纪 90 年代以来迅速上升，第三产业的投资在外商直接投资的存量和流量中的比重由 20 世纪 80 年代的不足 30%提高到目前的 50%~60%。就发展中国家与地区平均水平来看，第一产业的投资比重稳定在 20%左右，第二产业的投资比重由 20 世纪 80 年代的 60%以上下降到目前的 50%左右，而第三产业的比重则由低于 25%上升到 30%以上。也就是说，与全球性 FDI 的产业结构变动趋势一样，发展中国家与地区中第三产业的 FDI 增长率大幅度高于第二产业，其中制造业的外资比重和相对增长率都明显降低。

从我国三次产业结构的变动看，20 世纪 90 年代以来第二产业尤其是工业的比重升幅过大，第三产业的实际比重不合理下降，使结构偏差变得突出起来，并对经济增长产生了较大影响；产业结构偏差的加深，与外商投资过多地向工业部门倾斜有一定关系。"十一五"时期我国产业结构调整的基本要求是加快第三产业的发展并提高其比重，相应地降低第二产业特别是工业的比重。从这个角度看，外商投资产业结构的变动态势与我国产业结构调整的要求是一致的，有利于我国产业结构调整进程的推进。

但目前，在华 FDI 的产业分布出现如下突出的非均衡特征：

（1）行业分布结构失衡。除了以上在三大产业之间的分布结构不均衡外，在各产业内部的分布也欠均衡。截至 2002 年年底，交通运输、仓储及电信行业外商直接投资的合同金额共占比例仅为 2.27%，卫生、体育和社会福利所占比例仅为 0.62%，而教育、文艺、广播电影电视、科学研究和综合技术服务总共所占比例不足 1%；而在 FDI 在华投资大项中，房地产及公用服务业所占比例达 21.87%，制造业占 63.32%。即使在制造业中，2003 年外商投资主要集中在电子及通讯设备、化工原料及化学制品、交通运输设备、机械设备、非金属矿物制品业，占整个制造业利用外资比重的 46.32%，可见外商投资产业过于集中、低水平重复引进造成资源浪费和效率低下。而在第三产业中，外商投资于房地产行业的比重过高，2004 年投向房地产的外资达 59.5 亿美元，占服务业引资总额的 42.34%。外资过多地集中于制造业和房地产业，不仅是造成我国近几年来经济发展受基础设施行业发展滞后的瓶颈制约、房地产价格飞涨、经济泡沫频频出现的一个主要原因，而且这与我国"十一五"规划中大力发展高新技术产业和第三产业的战略相悖，在相当程度上加剧了我国产业结构的偏差。

（2）规模及技术结构的失衡。目前我国外商直接投资项目表现为"三多三少"现象，即劳动密集型项目多，资金技术密集型项目少；中小型项目多，大型项目少；一般加工项目多，高附加值、高技术含量项目少。外商投资项目平均规模偏小，并且呈现下降趋势，1996 年平均项目规模为 298.4 万美元，2000 年为 279.1 万美元，2001 年为 264.7 万美元，2002 年为 242.2 万美元，项目规模偏小限制了技术水平和管理水平的提升。再者，外商投资多集中在中低技术档次的轻工、纺织、食品、中低档机电产品等，与国内商品技术差距并不大，大多属于同质产品，激烈的市场竞争往往使国内企业陷入困境。而支撑起东南沿海地区外贸工业的加工贸易，又往往是原料、市场"两头在外"，与国内企业产业关联度很小，对上下游企业的产业带动效应很微弱。

探究我国外商直接投资产业分布结构失衡的深层原因，笔者认为，传统计划经济体制下我们长期推行的"重重工业、轻轻工业"战略，导致我国消费品长期处于供不应求的短缺经济中，产品数量比质量和品牌在满足人民的消费需求方面显得更为重要，经济总量比经济结构和比例更受关注，导致结构意识淡薄。在引资过程中，引资博弈使患有"资金饥渴症"的地方政府往往行政意识超过市场意识，出现个人政绩和地方利益之争。一方面，对外资提供"超国民待遇"的优惠政策；另一方面，搞条块分割和地区封锁，客观上造成外资产业结构分布的失衡。而以利润最大化为终极目标的外资更是看重周期短、利润高的一般加工工业。出于自身利益考虑，外资往往会避免和限制重要技术特别是核心技术在东道国的过快溢出。国内不完善的要素市场和产品市场结构也使得国内企业凭借自身规模、技术、管理水平和产权结构对跨国公司外溢技术的吸收能力有限。我国政府虽然颁布了《指导外商投资方向暂行规定》、《外商投资产业指导目录》等相关条例，但制定政策的初衷与政策的实施效果存在偏差，政策的配套和组织实施尚存在缺陷，激励监督机制不健全，对鼓励类产业倾斜力度不够，对禁止类产业监控刚性不足，也直接导致了我国外商投资产业分布结构性矛盾。①

3. 在华 FDI 产业分布结构的变化趋势

国际产业结构的演变规律说明了 FDI 在三次产业间分布的梯度推移趋势是世界经济发展的大趋势。根据联合国的相关统计，20 世纪 50 年代全球服务业的外商直接投资只占外商直接投资总额的五分之一，70 年代中期主要工业化国家对外投资总额中服务业所占的比重就上升到 30% ~ 40%，进入 21 世纪后该比重已上升到了 50% 以上。在全球经济日益进入信息化和知识化的后工业化时代，服务业仍然具有进一步发展的空间。

加入 WTO 之后，我国将对外商开放更多的投资领域，其中开放度变化较大的是第三产业领域，这将导致外商对第三产业的投资较大幅度增加，投资比重上升。从第三产业利用外资的合同项目数来看，我国已从 1998 年的 1 634 个增加到 2002 年的 3 418 个，进而快速增长到 2004 年的 11 003 个，取得了飞速的发展。这表明在未来一段时期内，在华外商直接投资虽然仍将以制造业为主，尤其是 IT 信息产业成为投资重要的增长点，但第三产业的发展将成为国际产业转移的重点。

二、当前 FDI 在华的区域分布特点与演进趋势

1. FDI 区域投向的影响因素

跨国公司对外直接投资必须具备两个基本前提条件：企业优势与区位优势。企业优势决定了跨国公司对外直接投资的能力，因为跨国公司在异国他乡投资，与东道国企业相比，往往

---

① 丁明智. 我国外商直接投资产业分布非均衡结构探析 [J]. 特区经济，2005（6）.

处于不利地位。为此他们只有在规模经济、研发能力、分销渠道、原材料控制以及经营管理等方面拥有相对的比较优势，才能保证自己在与当地企业的竞争中立于不败之地。而区位优势则决定了国际资本的空间配置。在国际资本流动中，国际资本的空间配置是非均衡的，外商直接投资在世界各国的分布差异是很大的，发达国家或地区所吸收的国际资本数额较多，而发展中国家或地区所吸收的国际资本额则少得多，这主要是由区位条件所决定的。①

资本区域之间流动的驱动力，来源于区域之间的资本边际收益差异，即区位优势的差异。区位优势是影响跨国资本区位选择的重要因素，只有东道国或地区的区位优势足够大时，才会产生对 FDI 的区域引力。区位优势主要是由以下几个因素决定的：

（1）区域的自然资源禀赋和生产要素的价格差异。成本因素是全球化背景下跨国公司对外直接投资的首选战略考虑，生产要素的价格是决定生产成本并进而决定资本效率的首要因素，因此是决定对外直接投资的首要因素。对外投资总是从生产要素价格相对高昂、边际收益率较低的区域流向生产要素价格相对低廉、资本边际收益较高的区域。但随着技术的进步，制造业中单位产品资源消耗量下降，替代品迅速出现，产品中所需要的非熟练劳动力和原材料因素所占的比重日益下降，因此跨国资本在进行地区选择时，东道国的廉价劳动力是不可能保持长久优势的。

（2）投资环境。它是支持资本运营的一切外部条件的总和，既包括基础设施建设、产业链条、市场潜力等投资硬环境，也包括政策法规、制度安排乃至社会人文习俗等投资软环境。相

---

① 陈明森.产业升级外向推动与利用外资战略调整［M］.北京：科学出版社，2004：45.

比较而言，全球化趋势中，在基础设施等硬环境条件基本具备的情况下，跨国公司更看重的是投资软环境。一国或一地区的政策法规和制度安排，往往成为了该国或该地区引资竞争力的重要方面。随着全球各区域合作步伐的加快，各国的投资政策会更趋于开放，一般认为，进行更为广泛的宏观经济改革，完善财税政策，改善企业制度结构，扩大民间资本和国外资本进入领域，开放金融市场，提高政策透明度等，都是吸引国际资本的重要政策条件。

（3）资本所在地与资本吸纳地的空间距离。二者之间的空间距离既会影响到产品的运输费用，又会影响到资本的流动费用，从而影响跨国资本的国际流动。一方面，产品运输费用与两地距离成正比，距离越远运输成本就越高，产品的售价也会相应增高，在其他条件不变的情况下必然导致产品销量的下降，企业就将在出口贸易与对外投资中作出选择。另一方面，空间距离因素也会影响到资本的流动费用，如交通运输费、信息通讯费等，造成资本市场的运行规则、交易规则差异，易于形成两地市场的排斥与摩擦。由此，国际资本流动往往都是从具有较低交易费用、市场同质性较大的周边地区开始的，逐步向半径更大的市场辐射、延伸。①

我们可用如下公式来表示资本空间流动驱动力：

$$F = \frac{f(e_2, c_2) - f(e_1, c_1)}{r^b}$$

其中，c_1 表示投资母国资本边际收益率，c_2 表示东道国资本边际收益率，e_1 表示投资母国投资环境系数，e_2 表示东道国投资环境系数，r 表示资本流动距离，b 表示资本流动中的空间摩擦系数（它与两地市场的同质性、联系互动性等有关，并呈负相

---

① 陈明森. 产业升级外向推动与利用外资战略调整［M］. 北京：科学出版社，2004：46－47.

关关系）。

陈明森（2004）指出，资本区域之间的流动数量，主要取决于资本流出区域的资本供给量和资本流入区域的资本需求量。资本流动的实际数量受到资本供给量与资本需求量的约束。如果以 B 表示两地资本的实际空间流量，P_1 表示供给地资本的有效供给量，P_2 表示需求地的资本有效需求量，则资本实际流量公式为：$B = \min |P_1, P_2|$。而资本需求量与资本供给量往往又与一国或一地区的国土幅员、人口数量，特别是经济发展水平与经济发展规模成正相关关系，因此经济大国往往成为资本需求或资本供给的大国或地区。[①]

而笔者从另外一个角度考虑认为，资本区域之间的实际流动数量，主要取决于资本流出区域的有效资本供给量和资本流入区域的有效资本需求量的对比[②]。资本流动的实际数量受到有效资本供给量与有效资本需求量的约束，可以表示为两者比值的函数。如果以 A 表示跨国资本的实际空间流量，A_1 表示供给地资本的有效供给量，A_2 表示需求地的资本有效需求量，则跨国资本实际流量与供给地资本的有效供给量和需求地资本的有效需求量之间的关系可以用下面的函数关系来简单描述：

$$A = a \times f\left(\frac{A_1}{A_2}\right)$$

其中 f 表示两地资本的实际空间流量与 $\dfrac{A_1}{A_2}$ 之间反向变动的函数关系，$f\left(\dfrac{A_1}{A_2}\right)$ 相当于需求地的引资价格，因此 $f\left(\dfrac{A_1}{A_2}\right)$ 成为引

[①] 陈明森. 产业升级外向推动与利用外资战略调整 [M]. 北京：科学出版社，2004：49.

[②] 参照经济学中对商品有效供给（需求）的解释，有效的资本供给（需求）量是指有意愿的且有实际供给（实际支付能力）的资本供给（需求）量。

资价格函数，与跨国资本的供求比例 $\dfrac{A_1}{A_2}$ 成反向变动关系；a 是跨国资本空间流动系数，由跨国资本流入和流出国的国土幅员、人口数量、市场状况，特别是经济发展水平与经济发展规模等因素综合决定；跨国资本实际流量 A 由跨国资本空间流动系数 a 和需求地的引资价格函数共同决定。

当然，以上公式所反映的是外商直接投资决定因素的一般因素，实际上不同来源、不同结构的外商资金，以及东道国发展的不同阶段，FDI 对投资引资选择的侧重点又是有所不同的。张长春 (2002)[①] 的研究成果显示，影响外商直接投资的因素中，市场因素占 29.27%；成本因素占 23.73%，投资环境因素占 19.87%，贸易障碍因素占 8.04%，其他因素占 19.15%。

2. 当前在华 FDI 区域投向的分布特点

FDI 的区位变化规律：一般是先集中，后随时间逐步扩散。就发达国家而言，如在美国、英国、德国和西北欧，FDI 主要集中在经济发达地区：一般先在大都市地区集聚，后向其他地方转移；发展中国家的外资多集中于主要经济中心，尤其是全国首都和地方中心城市及沿海发达地区，这种集中分布的外资会随时间逐步向其他地区扩散。以我国为例来说，外资集中在沿海地区，形成了三大热点投资区：珠江三角洲、长江三角洲、环渤海投资区，而且以开放城市、中心城市和经济特区最为密集。从区域层面上看，这种大集中的格局中又形成了以经济开发区、大都市内高级宾馆和会议中心区、大都市郊区交通便利的地区最为集中的小集中格局。这种集中分布的外资企业，在20 世纪 90 年代后期开始从南向北移动，从东部沿海向内地推进，形成"北移西进"的态势，这种扩散在中国具有明显的特色，与中国对外开放的时序和空间层次：经济特区、沿海开放

---

① 张长春. 影响 FDI 的投资环境因子分析 [J]. 管理世界，2002 (11).

大城市、沿江、沿边、沿线（铁路）、全国全方位开放相一致。从微观区位层面上看，也出现从城市区向郊区、从中心城市向二级城市和乡镇的扩散。①

从整体区域分布看，FDI 明显呈"东高西低"的基本格局。全国吸引 FDI 的重点地区基本上都集中于东部沿海地区，中西部地区所占比重持续偏低。1985—1989 年中西部地区 18 个省市自治区吸引外资额占全国总额合计为 11.1%；20 世纪 90 年代后期，在华 FDI 在空间上已呈现出由东向西逐级推进的态势，但 1997—2002 年东部沿海地区年均实际利用外资额均占到 85% 以上。可以说，东部地区迄今为止始终是外商投资最集中的地区。② 这种区域范围内的外资过度集中，虽然推动了我国东部地区经济的快速发展，但也扩大了东部地区与中西部地区的差距，进一步加剧了我国产业结构在区域布局上的非均衡性。

从省际差异来看，FDI 主要集中在少数几个沿海发达省份，发达省份之间亦呈现出波动变化，西部地区劣势明显。据国家统计局相关统计数据显示，仅广东、上海、江苏、福建四省市便集中了全国外商总投资的近 60%；随着我国国民经济的迅猛发展和 FDI 流入的增多，投资的地区结构开始发生变化，投资环境改善进展快的省市吸引外商的比重开始增加，中西部地区的一些重点区域（如成都、重庆、西安等市）的引资吸引力也在增强，但从总体角度来看，西部各地仍处于明显的劣势。

从 FDI 变动速度看，各地区 FDI 的增长率差异较为明显，且波动幅度差别较大。1990—1996 年，中部地区 FDI 增长率高于东部，而西部 FDI 增长率却表现出很强的波动性。1997 年以

---

① 傅元海，彭民安，罗志辉. FDI 区位研究综述 [J]. 湖南行政学院学报，2005（1）.

② 陈继勇. 国际直接投资的新发展与外商对华直接投资研究 [M]. 北京：人民出版社，2004：430.

后，东部和中部 FDI 均出现下滑，而西部地区继续保持增长势头。但由于西部地区投资环境基础较差，FDI 对优惠政策和经济形势的变动表现得较为敏感，其升降幅度超过了东部和中部地区。

从相对规模看，各地区差异更为明显。2000 年外商直接投资规模占当年 GDP 的全国平均水平为 4.05%，在 31 个省、市、自治区中超过平均水平的只有 7 个；尽管一些沿海省份，如山东、浙江、河北等省份经济发展水平较高、经济开放度较大，但与当地 GDP 相比，FDI 仍显规模不足，2000 年这些省份的相对规模均低于 3%。①

从我国目前外商直接投资的实际情况来看，来自港澳台地区和东南亚的资本，主要以劳动密集型产业为主，比较重视政策优惠条件和劳动要素成本，这些因素的变化与外商投资具有显著的正相关关系，因此在投资区位选择上近年来纷纷呈现"北上西进"的格局。而来自欧美日等发达国家的跨国资本，则以资金、技术密集为主的产业，其投资的最大动力来自于中国巨大市场需求的吸引，中国庞大的国内市场以及持续经济高速增长所引发的国内需求扩张潜力，可以为大型跨国公司提供难得的销售场所，从而有利于提高其生产规模和全球资源的优化配置，实现利润边界的最大化。而劳动成本并不构成欧美等跨国公司对华投资的主要决定因素，因此，尽管北京、上海、深圳、苏州、杭州等地的人工工资和房屋土地价格持续攀升，欧美跨国公司对华投资仍主要集中在中国经济发展较好、人才供给更充分、投资环境更宽松的东部发达地区。

3. 招商引资的区域性发展模式：广东模式与上海模式

在吸引外商直接投资中，中国国内各地由于工业基础条件

① 李具恒. FDI 的区位选择与中国区域经济发展 [J]. 中国软科学，2004 (6).

和自然要素禀赋的不同，在招商引资中形成了一些有特色的区域性招商引资模式，其中有代表性的是广东模式和上海模式。

广东省和上海市加江苏省（分别代表珠江三角洲和长江三角洲）是我国对外开放的前沿地区，自改革开放以来一直是我国吸引外资的重点地区；从两个区域所占的全国外商投资企业工业增加值的比重来看，1993 年广东省占 34%，上海市加江苏省（以下简称上海地区）24%；2002 年广东省占 28%，而上海地区占 29%。与此同时，外商直接投资对这两个地区经济发展的影响也很明显，以外商投资企业在区内全部企业的工业增加值的比重来看，1993 年广东省为 29%，上海地区为 12%，全国平均为 8%；2002 年，以上三者分别增至 54%、41% 和 26%。①

这两个区域模式基本上代表了当前我国招商引资的两种基本模式。这两种模式在具体引资和引资效应方面有较大的差异，这可以从表 5 - 6 外商投资企业的外贸和生产特征的数据中看出。

表 5 - 6 　　　　　　外商投资企业的外贸和生产特征

年 份	进出口差额（亿美元）			劳动生产率（元）				
	全国	上海地区	广东	全国 a	上海地区 b	广东 c	b/a	c/a
1989	−39		−13					
1990	−45		−16					
1991	−46		−18					
1992	−38	−21	−32					
1993	−166	−38	−54	33 123	43 647	31 523	1.318	0.952
1994	−182	−37	−55	33 949	45 307	32 808	1.335	0.966

① 数据来源：1994 年的《中国工业经济统计年鉴》，以及全国和有关省市的 2003 年统计公报。转引自：卢荻. 外商投资与中国经济发展：产业和区域分析证据 [J]. 经济研究，2003（9）.

表5-6（续）

年份	进出口差额（亿美元）			劳动生产率（元）				
	全国	上海地区	广东	全国 a	上海地区 b	广东 c	b/a	c/a
1995	-161	-51	-17					
1996	-141	-60	4					
1997	-28	-34	41	49 581	63 554	51 679	1.282	1.042
1998	42	-24	75					
1999	27	-19	55	61 260	82 729	51 930	1.350	0.848
2000	22	-62	70	71 403	94 391	59 588	1.322	0.835
2001	74	-58	101	75 913	10 4631	64 161	1.378	0.845

资料来源：《中国统计年鉴》和《中国工业经济统计年鉴》各年鉴。转引自：卢荻. 外商投资与中国经济发展：产业和区域分析证据［J］. 经济研究，2003（9）.

从表5-6中我们可以看到，在进出口方面，广东省是带动全国外商投资企业从外贸逆差转为顺差的主力，而且广东省的顺差持续超过全国的顺差总额，这意味着广东省以外的外商投资企业大多处于逆差，其中尤以上海地区的外商投资企业最为显著，其外贸逆差近些年持续数额巨大而且趋于增加。而在生产方面，广东省外商投资企业的劳动生产率远远低于上海地区的外商投资企业；就两地区的外商投资企业的劳动生产率与全国平均水平相比，广东省外商投资企业的劳动生产率大都低于0.9，而同期上海地区则基本上高于1.3，且二者的差距趋于扩大，这意味着广东省的外商投资企业是以劳动密集型为主的企业，而上海地区的外商投资企业则多属于资本和技术密集型企业。

综合起来可以判断，从整体区域发展模式来看，广东模式是以出口导向、劳动密集型为主的招商引资模式，而上海模式则更接近进口替代、资本深化模式。相对于进口替代加资本深化模式，出口导向加劳动密集型模式的效率特征是源自比较优势原则的资源配置效率改进，它充分利用了我国当前丰富而廉价的劳动力资源和基础原材料，是我国当前出口创汇的主要方式，在一定程度上有助于改善我国资源配置效率，优化产业结构；但其代价表现为劳动非技能化和压抑关联产业的生产效率改进，整体相对劳动生产率趋于不断下降。而上海地区的实际发展情况则验证了进口替代加资本深化模式有助于迅速提高生产效率，而不利于改进资源配置效率（卢荻，2003）。

可以说，广东模式是我国在对外开放早期的主要引资模式，其外资资金来源以港澳台地区的资金为主，主要集中在纺织、玩具、五金、家电、电子、机械、家具、皮革制品等劳动密集型产业或劳动密集型生产环节。1981—1996 年期间是广东省的工业化准备与起飞阶段，其吸引外资力度和规模在全国都是首屈一指的，经济发展势头迅猛。但相关研究已表明，广东省工业化快速发展的一个根本原因是它利用政策和地理条件所赋予的"先走一步"优势，抢先建立起全国市场热点的新型耐用消费品工业，尤其是高度进口依赖的消费类电子和电气机械产品系列；其工业化的主导特征是生产新产品，甚至是不断利用抢先优势在全国市场上创造和保持某些垄断地位，但劳动生产率的提高却始终有限。1992 年中国迎来改革开放的"第二春"之后，我国改革开放的力度和范围不断加大，欧美日跨国巨头开始纷纷进入中国市场，在华外商直接投资主体逐步从港澳台企业转移到欧美日跨国公司，广东省开始经历贸易条件的持续恶化，反映了它无法继续保持原有的市场竞争地位，其主要原因是：市场热点转移到了诸如汽车、移动电话、高品质钢材和化工产品等资金密集或是技术密集的产业，市场竞争更加趋于国际化；以劳动密集型产业为基础的广东工业缺乏保持市场竞争力的优势，尤其受 1997 年亚洲金融危机的冲击，表现持续低迷，逐渐为上海模式后来居上（见图 5-3）。

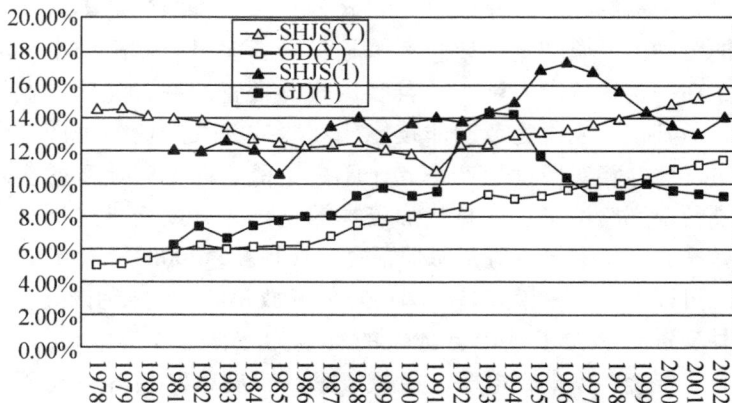

图 5 - 3　国内生产总值和固定资产投资的全国份额

——广东省和上海地区数据（1978—2002 年）

注：SHJS = 上海地区；GD = 广东省；Y = 现价国内生产总值；I = 全社会固定资产投资。

资料来源：《中国统计年鉴》和《中国固定资产投资统计年鉴》各年鉴。转引自：卢荻. 外商投资与中国经济发展：产业和区域分析证据[J]. 经济研究，2003（9）.

在提升地区劳动生产率方面，上海模式明显优于广东模式。[①] 与港澳台资金主要看重的是国内丰富而廉价的劳动力资源不同，以欧美日发达国家跨国公司为投资主体的 FDI 更看重的是中国潜力巨大的需求市场，强调的是对中国国内市场的长期占有，往往都有更为长期的战略规划与安排。欧美日跨国巨头资金主要集中在市场新兴热点行业，如汽车、移动通讯设备、高品质钢材和化工产品以及 IT 技术开发与设备生产等行业，技术含量和资金密集型程度远胜于广东地区的港澳台企业。

就模式的限制而言，广东模式受制于其劳动生产率提升的缓慢和低劳动力成本竞争优势的难以为继，而上海模式的一个

———————

① 卢荻. 外商投资与中国经济发展——产业和区域分析证据 [J]. 经济研究，2003（9）.

根本问题则是有关外商投资企业持续出现相当巨额的外贸逆差，而这种持续意味着逆差有可能是结构性而非过渡性的，也就是说有可能使得模式本身不具有可持续性。从理论上来讲，结构性外贸逆差的最大危险是有可能导致"外债陷阱"，令经济发展停滞甚至倒退。在 20 世纪 80 年代中后期，中国的经济发展就曾经出现过这种危险并为之付出了相当沉重的代价，同一危险在世界范围也频频出现，对有关国家造成的经济损失就更为巨大了。因此，上海模式虽然在促进生产率提升方面颇有表现，但能否对地区资源配置效率的提升和产业结构的优化升级产生持续的促进作用却成疑问。

总的来说，这两种引资模式各有利弊，各地区工业基础条件和自然禀赋的差异较大，很难说哪一种模式就一定优于另一种模式，尤其在中国"二元经济"现象很突出的情况下，这两种引资侧重点迥异的模式都有较大的适用空间。只是从区域发展层面来看，以进口替代加资本深化为特征的上海模式更加迎合了当前外资在华发展的投向趋势，在促进地区和全国整体经济发展方面，确实优于以出口导向加劳动密集为特征的广东模式。

第六章
当前 FDI 促进我国产业结构
优化中存在的问题

改革开放三十多年来，外商直接投资作为我国产业发展资金的一个重要来源，在弥补我国产业发展资金缺口、推动我国产业结构合理化与高度化等方面起到了积极的促进作用。但外资的流入是一把双刃剑，其对东道国产业结构的演变既有促进其优化升级的正面效应，也有加剧其结构失衡、低层次固化发展等负面影响。

FDI 促进我国产业结构优化效应经历了一个从小到大，再由大到小的过程。20 世纪 90 年代中期以来，随着我国经济从整体性短缺经济向结构性过剩经济的转变，资金缺口已不再成为制约我国产业发展的因素，但外资的流入仍然以数量型为主，这与我国利用外资产业政策的战略性转型是相悖的，不利于我国产业结构的战略性调整。FDI 对我国产业结构的优化效应正在弱化，其负面影响正在逐渐体现。就我国当前的情况来看，FDI 促进我国产业结构优化中所存在的主要问题包括：外商投资对我国产业结构优化效应的局限性、FDI 数量型扩张所导致的外资流入陷阱以及全球化背景下 FDI 对我国产业安全和可持续发展问题的影响等。

第一节　FDI 促进我国产业结构优化的局限性

从资本逐利的本性来看，外商直接投资总是追求自身利益最大化，是不以东道国利益为目的，其对东道国产业结构的优化效应是非自愿的，因此 FDI 促进东道国产业结构的优化总是有一定局限性的。就我国当前的情况来看，外商直接投资促进我国产业结构优化的局限性突出表现在两个方面：外商投资方向选择与我国引资目标的错位和外商对技术转移与溢出效应的限制。在一定程度上，这两个方面既是制约 FDI 促进我国产业结构优化的主要问题，也是导致在华 FDI 产业结构效应不理想的主要原因之一。

一、外商投资方向选择与我国引资目标的错位

利用外商直接投资促进我国产业结构优化升级一直是我国产业发展战略中的一项重要内容。

改革开放初期，我国处于严重的短缺经济时代，资金缺口与外汇缺口是制约我国产业发展的主要问题。当时，我国的产业结构调整基本上属于适应性调整，主要表现为：一是产业发展是以外延的数量扩张为主，主要任务是增加供给，缓和市场供求矛盾；二是产业结构调整是以数量型比例调整为主，拉长短线、压缩长线，大力发展与人民生活密切相关的轻工业和农业，以及加强基础产业、基础设施建设等措施。[①] 鉴于当时全国各地、各行业普遍存在资金短缺问题，我国利用外资战略也是数量扩张型的。外资的进入在很大程度上弥补了我国产业发展资金的短缺，促进了我国轻工业的快速发展，对矫正我国产业结构"重工业过重、轻工业过轻"的严重失衡状况起到了积极的优化促进作用。

随着我国经济发展与开放程度的不断提高，至 20 世纪 90 年代中期，我国经济已从整体性短缺经济逐步转变为结构性过剩经济，双缺口问题也已得到了相当程度的解决。我国产业结构的调整已从适应性调整转变为了战略性调整，也相应地要求我国利用外资政策进行战略性调整。我国政府从 1995 年开始颁布

---

① 陈明森. 产业升级外向推动与利用外资战略调整 [M]. 北京：科学出版社，2004：200.

实施《指导外商投资暂行规定》和《外商投资产业指导目录》，其后数次修订改进，旨在引导外商投资的方向，实现从规模数量型向质量效益型转变。我国引资的主要目的已从最初的弥补资金不足转为在充分发掘自身资源、市场、劳动力等要素优势的前提下，尽量换取国际上先进技术和管理经验，以促进国内产业升级，谋求长远发展利益。

但从现实情况来看，具体运行情况并不理想。这其中固然有我国产业发展基础薄弱、利用外资产业政策执行偏差等原因，但一个根本的制约因素是外商投资目的与价值取向与我国引资目标与战略的不一致。基于商业逐利的出发点，外商投资者总是着眼于自身的发展战略和利润获得，往往无视我国外资产业引导政策，总是寻找一切可以降低成本、提高运营效率的生产要素和投资机会，尽可能地获取短期最大利润。

外商投资者与我国利用外资在目标价值上的不一致，不可避免地造成外商投资方向选择与我国引资目标的错位。当前，这种错位主要表现为外商直接投资在我国产业分布和区域分布上的严重不均衡。

在前面，本书专门探讨了当前在华外商直接投资的产业与区域分布特点与演进趋势，在这里不再赘述。值得指出的是，与第二、第三产业的发展相比较，我国第一产业的发展长期滞后，是属于相对劳动生产率偏低、投资收益期偏长的弱质产业，需要政府的大力扶持，我国政府也在引资政策中予以强调与倾斜。但改革开放二十多年来，流入到我国第一产业的外商直接投资却是相当的少，截至 2004 年我国第一产业累计吸收外商直接投资仅占我国引资总额的 1.94%，合同利用外资总额为213.07 亿美元，平均每年不足 8 亿美元（见表 6 - 1）。这与发

展中国家第一产业平均利用外资比重约 **20%** 存在着明显差异①，
也与我国发展中的农业大国地位是不相符合的。

表 6 - 1　中国吸引外商直接投资产业项目统计（截至 2004 年）

产　业	项目数(个)	比重(%)	合同利用外资 （亿美元）	比重(%)
总计	508 941	100	10 966.10	100
第一产业	14 463	2.84	213.07	1.94
第二产业	381 701	75.00	7 486.31	68.27
第三产业	112 777	22.16	3 266.71	29.79

资料来源：根据《中国商务年鉴2005》相关统计数据计算得出。

　　即使是在外资投向集中的第二、第三产业，外商投资也是
集中在投资期短、见效快的项目上，一般性加工工业项目多，
劳动密集型项目多；即使投向资金或技术密集型产业，也多集
中在产业价值链的劳动密集型生产经营环节。而对于我国急需
发展的、具有长远利益的基础产业、基础设施、高新技术开发
等瓶颈项目却投资不多，这对我国产业结构的优化升级和长远
发展都是不利的。

　　在区域的分布上，在华外商直接投资也表现出明显的不均
衡性，过度集中在产业基础发展较好、投资环境更优的东部沿
海地区，尤其是珠江三角洲、长江三角洲和环渤海湾地区，占
了我国引资总额的八成以上；而幅员广大的、亟待发展的中西
部地区却仅占了不到两成。外商直接投资在投资区域上的过度
倾斜进一步加剧了我国产业结构的失衡，而且造成我国地区间
经济差距不断扩大，易于引发一系列的社会经济问题，不得不

---

　　①　刘亚娟. 外国直接投资与我国产业结构演进的实证分析 [J]. 财贸经济,
2006 (5).

引起我们的高度重视。

二、外商对技术转移与溢出效应的限制

技术转移与溢出效应是外商直接投资促进我国产业结构优化的重要途径。但在全球竞争日益激烈的今天，技术的领先与垄断往往是跨国公司赖以进行海外投资的基础，是决定其竞争优势的关键因素。保持与我国国内企业一定的产业技术级差，是跨国公司保持市场竞争实力、获得超额垄断利润的重要措施。因此，出于维持竞争优势的考虑，跨国公司总是会对其所掌控技术的转移与溢出作出严格的限制。

在产业技术转移方面，跨国公司采取了严格的技术保护措施。首先，跨国公司一般不会让其先进技术直接流入我国，而是通过公司内部化交易转让给其国内的子公司，对转让的技术尤其是核心技术采取了非常严格的保密措施（如在核心技术的使用范围、运用程序、涉密人员等方面有严格的行政安排和法律规定）；被转让技术的先进性与跨国公司占子公司股权的比例成正相关，而独资化正是当前在华外商投资企业的主要策略之一。其次，跨国公司在与我国企业合作时，也是严格控制核心技术或工艺，能与中方分享的大多是一般性的操作技术和组织技术，向我方转移的技术大部分是处于标准化阶段的二三流技术，在同产业中难以具有竞争优势。即使我们采用了"逆向工程解剖"，即通过对新产品的研究而获取生产该产品的技术，我们所得到的技术也具有明显的滞后性。[①] 最后，技术开发优势是保持技术创新与领先优势的重要力量。跨国公司历来对新产品、新技术的开发非常重视，其技术开发基本上都控制在母公司内部。近年来，随着我国对外开放程度的增进和高新技术人才队

---

① 杨健全，文雯. FDI 在我国技术溢出效应的局限性及因应策略 [J]. 现代财经，2006（8）.

伍的壮大，跨国公司出于降低成本、占领市场的考虑纷纷到我国设立专门的研究开发部门，但基本上都是采取独资方式；而与国内科研机构、高等院校的合作研究与开发，则多集中在基础性产业技术领域，商业化运作空间不大。

在产业技术溢出方面，跨国公司也是采取了种种措施来防止其先进技术的外溢。首先，为防止产业关联效应所造成的技术溢出和降低运营成本，跨国公司普遍实施了"内部化"策略，实现相关产业链的自我繁衍。① 一方面，来华投资的跨国公司在其产业链的延伸中，往往带动其国外关联企业或合作伙伴进行"组团式"投资进入我国市场，与我国国内企业关联较少。另一方面，跨国公司采取垂直一体化并购战略，对其产业链上下游环节的企业进行并购，将与之有直接产业关联的国内企业收购整合到自身体系中，通过公司内部行政管理和内部转移定价②等手段控制下属分支机构运作和实现利润最大化，同时将因产业关联而导致的技术溢出效应牢牢控制在自己的手中。其次，在对外直接投资方式的选择上，外商投资在我国近七成采用了加工贸易方式。加工贸易的突出特点是原材料投入与市场销售的"两头在外"，外商在华企业只负责中间环节的生产加工项目，与本土产业的关联度低，难以产生技术溢出效应，对本土上下游企业的技术改造和产业升级带动效应差。加之，目前在我国的外商投资加工贸易项目多为技术含量低、附加值低的劳动密集型项目，不足以给我国带来先进的技术；而一些高技术、深加工的项目，则由于在我国生产链太短，技术溢出的效应也很有限。

① 陈明森. 产业升级外向推动与利用外资战略调整 [J]. 北京：科学出版社，2004：189.
② 参见：吴凡，余林. 如何应对国际转让定价中的避税行为 [J]. 中国税务，2004（3）.

在控制因人员流动而造成的技术外溢方面，在华跨国公司也是煞费苦心。首先，对于公司内部能接触核心技术的人员，跨国公司有严格的筛选流程与管理规定。一般来说，在大型外资企业中中方雇员（尤其是当地雇员）往往很难介入企业的核心管理层和决策层，其管理权限和所能接触到技术等级有比较严格的限制，这就是我们常说的中方雇员在外企的"职场天花板"问题。笔者曾于 2005 年 6 ~ 8 月走访英特尔产品（成都）有限公司（全球最大的芯片制造商英特尔公司在成都的投资企业，总投资 3.75 亿美元）。据了解，在该公司近三十名中高层管理人员中，仅有行政部门和公共关系管理部门的负责人是中方人士，其余全为外籍人士，而总经理、财务总监、技术总监、人力总监等高管人员均为美籍人士。其次，为防止人员流动，外资企业往往会提供较高的薪酬待遇、详细的员工职业生涯规划以及系统的企业文化培训等措施来提高员工对企业的归属感和认同感；同时在制度上设置种种限制（如不少外企规定其离职人员在一定时间期限内不得在同行业竞争企业就职，否则予以经济惩罚），来阻止因人员流动而造成的技术外溢。

当然，应该承认的是，造成当前外商直接投资技术转移与溢出效应不理想的原因，除了与外商投资者的微观动因有关，更与我国地方政府和企业在引进外商直接投资中的重数量轻质量、对引进技术的消化吸收不足有着密切关系。中国的对外开放和引进外商直接投资是在放权让利的改革背景下展开的，资源配置的主要权力逐渐从中央政府转移到地方政府，在地方实力膨胀的同时形成了"诸侯经济"。出于显示政绩和维护地区局部利益的考虑，一些地方政府官员存在强烈的投资扩张冲动，并导致政府行为和企业行为严重短期化。政府和企业短期化在引资中主要表现为重引资规模轻技术含量，盲目和重复引进国外的技术，严重忽视消化吸收（陈明森，2004）。在中国以合资方式引进的技术中，属于硬技术的成套设备占 80% 以上，属于软技术的技术许可和技术咨询服务等占不到 20%，这一现实反映出中国企业普遍存在的技术依赖心理。

有关资料表明，日本和韩国经济发展中最重要的经验是重视技术的引进和消化创新，一般来说，用于消化创新的资金三倍于技术引进的资金。而中国的情况则相反，用于消化创新的资金投入仅占技术引进资金的三分之一。[①] 就总体而言，中国的不少企业未能通过设立合资企业消化、吸收引进的先进技术，逐步形成自主的研究与开发能力，如果这一状况不改变，极有可能重蹈拉美国家在引进欧美技术中曾出现的"等距离追赶"的覆辙。[②]

第二节 FDI 数量型扩张与外资流入陷阱

改革开放以来，我国利用外资基本属于数量扩张型，主要表现为利用外资总体规模较大，但技术含量不高，产业层次较低，以传统的轻纺工业为主。在短缺经济时代，这种利用外资的方式有一定的合理性。但是随着过剩经济的到来以及产业结构的战略转型，这种以数量扩张为主要特点的利用外资方式必然造成较大的问题，以致造成产业结构转换缺口、产业结构低层次固化等问题。

这种因过度引入低质低效 FDI，外资进入只能弥补国内资金短缺与物资缺口，无法发挥改善资源配置、促进技术进步与产

① 陈漫. 中国引进外商直接投资的实效分析 [J]. 战略与管理，2001 (3).
② 李东阳. 国际直接投资与经济发展 [M]. 北京：经济科学出版社，2002：267-268.

业升级的作用，而且与国内原有传统产业形成低层次水平竞争，以致产生产业发展的结构性问题被称之为"外资流入陷阱"（陈明森，2004）。

一、外资流入陷阱与我国产业结构转换缺口

产业结构合理化是一个动态的发展过程，它要求产业发展速度具有均衡性。当然这种均衡性并不是指平均化，而是指各产业之间的发展速度大致有一个合理比例，超出这一界限会导致产业结构失衡。即使在高速增长部门、减速增长部门和潜在增长部门之间增长速率差距也要合理，否则将会造成再生产过程中的结构性滞差。比如新兴产业与传统产业之间的兴衰消长，就有一个动态协调问题，新兴产业的成长速度要与传统产业增长速度的减缓乃至衰退速度相协调，使得传统产业在衰退过程中所释放出来的市场空间逐渐为新兴产业所填补，从而形成新兴产业与衰退产业此起彼伏、交替更换，推动产业结构不断向着高级化方向演进。如果新兴产业发展滞后或发展不够充分，无法及时弥补传统产业衰退后所带来的产业发展空白，将造成整个经济陷入下降与不断萎缩的局面。这一现象被称为"产业结构转换缺口"，往往出现在一种经济结构向另一种经济结构转化过程中，它是经济结构优化升级的障碍。①

产业结构转换缺口的特征主要表现在以下几个方面：①产业现代化水平偏低，新兴产业发展滞后；产品加工程度不高，以初级产品生产为中心转向以产品深加工生产为中心的过程缓慢；高附加值产品比重较低，技术进步对经济增长的贡献不高。②虽然引进外国资本和先进技术，但难以形成技术溢出效应，国外先进技术的吸收扩散效果不理想，难以在外商直接投资与

---

① 陈明森. 产业升级外向推动与利用外资战略调整［M］. 北京：科学出版社，2004：202.

本国企业之间建立起有效的产业关联；尽管东道国企业与跨国公司进行长期的合资合作，但由于产业发展的差异导致先进知识、技术、管理经验等难以顺利从跨国公司转移到东道国企业，易于陷入所谓的"引进—落后—再引进—再落后"的怪圈。

从理论上讲，产业结构转换实质是产业结构弹性的问题，即产品供给结构变化对需求结构变化反应的迟钝、滞后。在需求结构发生变化时，产品供给结构若不能及时作出反应并随之变动，就会出现产业"空洞化"问题。产业结构转换缺口是产业结构失衡的重要表现，它会给经济发展带来诸多的消极影响，这包括：

（1）结构性冲击。由于新兴产业发展滞后，使得衰退产业所释放出的生产要素缺乏吸收载体，无法顺利实现跨行业转移；而衰退产业本身缺乏转换能力，存量资产质量低下，资源长期闲置，特别是一些时间集中而且具有较强区域性的产业结构转换缺口，还会造成严重的下岗失业问题，影响社会安定团结。

（2）市场有效供给不足与市场过剩并存的结构性问题。产业结构转换往往是由需求结构转换所引起的，在社会由低收入向高收入发展过程中因产品需求收入弹性不同而造成产业之间的兴衰交替。但生产供给系统却往往受制于生产要素的供给、生产技术的提高等因素而导致对需求结构变化反应迟钝、滞后，进而导致新产品有效供给不足，无法满足变化了的需求，只好引进国外产品予以满足；而传统产业生产能力的过剩又导致传统产品的过量供给，从而形成市场有效供给与市场过剩并存的局面。

从20世纪90年代中期以来，我国经济开始出现一些与产业结构转换缺口特征相类似的现象。主要表现为产业结构升级延缓，不少传统产业出现衰退现象，生产能力严重过剩。目前我国工业企业生产能力的平均利用率只有60%左右，像彩电、电冰箱、VCD等行业的利用率甚至降到了50%左右。但新兴产业，特别是高新技术产业的成长却相当缓慢，造成产业结构缺口不断扩大，以致我国每年都要花费上千亿美元的外汇从国外进口先进设备和国内尚无法替代的原材料以供国内需求。

当然，这种产业结构转换缺口的内在原因是由于我国当前的经济体制、市场结构和资源禀赋结构所造成的，但是外商对工业投资的结构性倾斜也起着推波助澜的作用。^① 根据外商投资行业偏向指数表（见表 6-2），我们可以知道，在华外商投资所偏向的是：电子及通信设备制造业、文教体育用品制造业、服装及其纤维品制造业、金属制造业、食品制造业等行业，主要以低技术含量的劳动密集型产业为主，基本上都属于进入门槛较低、增长缓慢的传统产业；反之，外商投资进入较少的行业中，除了部分属于国家垄断行业（如烟草、石油开采等）之外，多数属于技术密集、资金密集或技术资金密集产业。这些大多属于我国急需发展的瓶颈产业，进而加剧了我国产业结构转换缺口。

表 6-2　　　　　　外商投资行业偏向指数分类表

行业偏向指数分组	行业数	行业名称
3 以上	2	电子及通信设备制造业、文教体育用品制造业
2～3	9	皮革、毛皮、羽绒及其制品业、塑料制品业、其他制品业、服装及其纤维品制造业、金属制造业、家具制造业、食品制造业、橡胶制品业、造纸及纸制品业
1～2	12	木材加工及竹、藤、棕、草制品业，仪器仪表及文化办公用机械制造，饮料制造业，电气机械及器材制造业，印刷业，记录媒介复制，化学纤维制造业，交通运输设备制造业，医药制造业，食品加工业，非金属矿物制品业，纺织业，普通机械制造业

① 陈明森. 产业升级外向推动与利用外资战略调整 [M]. 北京：科学出版社，2004：203-204.

表 6 - 2（续）

行业偏向 指数分组	行业数	行业名称
1 以下	15	化学原料及化学制品制造业，电力、蒸汽、热水生产与供应业，有色金属冶炼及延压加工业，专业设备制造业，煤气生产与供应业，黑色金属冶炼及延压加工业，石油加工及炼焦业，非金属矿采选业，烟草加工业，自来水生产与供应业，有色金属矿采选业，黑色金属矿采选业，木材及竹材采运业，煤炭采选业，石油及天然气开采业

资料来源：赵晋平. 吸引外资的产业结构升级效应及其影响机制分析［R］. 国务院发展研究中心报告，2002.

二、外资流入陷阱与我国地区产业结构同构化

我国地区产业结构的同构化主要表现为各地在产业发展与招商引资方面的一窝蜂，在地区产业发展中盲目引进外资、过分强调投资数量，追求地区产业结构的"小而全"或"大而全"，从而导致各地产业结构普遍趋同，且多为低水平的重复建设，进而导致各地区之间的恶性竞争，生产效率不高而产能却持续过剩的现象。这一点在我国各地的工业发展，尤其是制造业中表现比较明显。

地区之间产业结构的相似程度通常用地区产业结构相似系数来表示。假定两地之间产业结构向量分别记为 X、Y，即：$X = (x_1 + x_2 + \cdots + x_i + \cdots + x_n)$，$Y = (y_1 + y_2 + \cdots + y_i + \cdots + y_n)$，其中，$x_i$、$y_i$ 分别代表两地区中第 i 产业在该地区总产值中所占的比重；则两地区产业结构相似系数 ρ_i 为：

$$\rho_i = \sum_{i=1}^{n} x_i y_i \Big/ \sqrt{\sum_{i=1}^{n} x_i^2 y_i^2}$$

地区产业结构相似系数 ρ_i 在 0～1 之间，相似系数越趋于 1，

意味着地区之间产业结构的相似程度越高，当相似系数等于 1 时，意味着地区产业结构完全一样；反之，当相似系数趋于 0 时，意味着地区产业结构差异程度趋大，当相似系数为 0 时，则意味着地区产业结构完全不同。①

联合国工业发展组织认为地区产业结构相似系数以 0.85 为界，超过 0.85 则意味着两地区之间具有高度的同构化。表 6 - 3 为我国各省市自治区工业结构相似系数表。

表 6 - 3　　　　我国各省市自治区工业结构相似系数

地区	1989年	1995年	1989—1995年 相似系数变化值	地区	1989年	1995年	1989—1995年 相似系数变化值
北京	0.91	0.7757	- 0.1340	河南	0.96	0.9463	- 0.0137
天津	0.96	0.8643	- 0.0960	湖北	0.94	0.9230	- 0.0170
河北	0.96	0.9391	- 0.0210	湖南	0.94	0.9378	- 0.0022
山西	0.72	0.8602	0.1400	广东	0.91	0.7745	- 0.1355
内蒙古	0.90	0.9039	0.0040	广西	0.90	0.8788	- 0.0212
辽宁	0.80	0.9437	0.1440	海南	—	0.7280	—
吉林	0.86	0.7069	- 0.1530	四川	0.97	0.9543	- 0.0157
黑龙江	0.64	0.8778	0.2378	贵州	0.73	0.8422	0.1122
上海	0.94	0.9450	0.0050	云南	0.56	0.8197	0.2597
江苏	0.94	0.9308	- 0.0090	陕西	0.94	0.8875	- 0.0525
浙江	0.91	0.8741	- 0.0359	甘肃	0.77	0.8062	0.0362
安徽	0.96	0.9434	- 0.0166	青海	0.77	0.8755	0.0455
福建	0.87	0.9085	0.0385	宁夏	0.83	0.6258	- 0.2042
江西	0.94	0.9500	0.0100	新疆	0.70	0.6868	- 0.0132
山东	0.95	0.9534	0.0034	全国	0.87	0.8643	- 0.0057

资料来源：国家计委产业经济与技术经济研究所．中国产业发展报告（1997）[M] //陈明森．产业升级外向推动与利用外资战略调整．北京：科学出版社，2004：208.

---

①　陈明森．产业升级外向推动与利用外资战略调整 [M]．北京：科学出版社，2004：207 - 208.

　　从表6-3中可以看出,就发展趋势而言,1989—1995年我国产业结构趋同状况有所好转,工业结构相似系数在逐步减弱。但从总体而言,我国各地区产业结构趋同问题仍然比较严重,在1995年全国30个省市自治区(西藏除外)中,产业结构相似系数在0.9以上的省市自治区达到13个,占全国比例为45%;而产业结构差异较大的主要是西南、西北的欠发达地区,全国平均的产业结构相似系数仍然高达0.8643。

　　从产业结构演变的外部因素分析,我国产业结构同构化现象是与FDI流入陷阱密切相关的。它是地方政府受利益驱动与外商投资质量低下交互作用的结果。一方面各地政府为了追求地方利益,进行引进外资竞赛,往往只注重引资数量而忽视引资质量,导致利用外资的产业政策严重失效,重复引进、重复建设比较普遍,进而导致低水平生产能力的大量过剩;另一方面,由于外商投资的质量不高,不少三资企业(特别是以港澳台资金为主的三资企业)缺乏核心能力,无法进入技术和资金密集的高新技术产业和重化工业,各个地区的外资企业只能挤在传统产业和加工装配行业里,实行低层次产业外延扩张,这不仅未能充分引导新兴行业和基础产业的发展,反而在一定程度上加剧了我国产业结构的同构化,在总体上导致我国外资企业与内资企业产业结构的相似性,形成了利用外资和技术引进在低技术水平下的同质性过度投资。

　　这些低层次、同构化的外商资金的大量进入,与我国现有企业形成了低层次的恶性竞争,从而加剧了生产过剩和市场疲软,并产生外商投资排挤国内投资的"挤出效应"。这种挤出效应一方面是外商投资主要集中在竞争性的行业,外资的大量流入必然减少或取代国内企业的投资,造成国内投资流量的减少;另一方面,外商投资企业挤占了国内原有企业的市场份额,造成国内企业的市场萎缩,甚至倒闭破产,导致国内资本存量的萎缩。①

当然，外商资本的进入对国内资本形成与发展也存在着正外部效应，即通过产业关联效应带动其上游产业或下游产业的国内资本进入。但由于目前外资企业大多采取"两头在外，大进大出"的经营策略，产业关联效应比较微弱，加上不少国内企业与外资企业还存在着较大的技术落差，技术溢出效应也非常有限。根据杨柳勇等（2003）的总投资模型测算，我国外商直接投资对国内投资的效应小于1（为0.71），即长期的FDI对国内投资产生了负的外部性，外商直接投资的流入并没有增加我国的总投资形成，反而挤掉了部分国内投资。②

三、过度竞争与寡头垄断并存的二元市场结构

外商直接投资的进入往往在进入初期会因为厂商数量的增加、产量的扩充而降低东道国相关产业的市场集中度，但经过一段时间的竞争循环后，市场集中度普遍提高，并且该行业的规模经济效益越显著，集中效应越明显；产业的国际化程度越高，外商资本规模越大，市场的集中度也越高。同时，跨国公司对发展中国家竞相交叉渗透直接投资可明显促进东道国的产业市场竞争。关于这种竞争，有的学者认为是一种竞争性的市场结构（江小涓，2002），也有的学者认为是一种建立在高度市场集中基础上的寡头竞争，是过度竞争与寡头垄断并存的二元市场结构（张纪康，2000；陈明森，2004）。笔者的观点倾向后者。

有效市场竞争的概念最早是由 J. M. 克拉克于 1940 年提出

---

① 陈明森. 产业升级外向推动与利用外资战略调整 [M]. 北京：科学出版社，2004：210-211.

② 杨柳勇，等. 中国市场化进程中的利用外资研究 [M]. 北京：中国社会科学出版社，2003：19.

的，其后 E. S. 梅森（E. S. Mason）系统地提出了有效竞争的市场结构和市场绩效的标准。有效竞争市场结构是建立在一定数量和一定规模的企业之间竞争的基础上，它可以享受竞争活力效率和规模经济效率的双重利益。一个有效竞争的市场应具备：市场上存在着相当多的买者和卖者、市场信息是充分而自由流动且不存在进出入壁垒、企业之间不存在共谋或串谋行为、市场上存在着不断改进产品和工艺过程的压力、生产主要在大小适当且有效率的规模单位进行、生产能力和实际产量与市场需求较为协调等。

有效竞争的市场结构是一个比较理想的市场结构，能有效地发挥竞争与规模的双重效应。理想的有效竞争市场结构在现实中不为多见，但一个基本的共识是：一国或一地区的市场结构越趋向于有效竞争市场结构，对该国或该地区的经济发展、经济结构升级越有利。但是，从中国目前的情况来看，外资的进入加剧了我国市场结构的偏离，出现了过度竞争与寡头垄断并存的极端市场结构的"二元现象"。

一方面，入世后欧美日等跨国巨头大规模进入中国市场，凭借其在技术、资金、品牌、管理经验等方面的垄断优势，对我国某些行业进行了不同程度的市场控制行为和品牌倾销行为。这些大型跨国公司进入中国以后，不仅通过品牌与技术优势、规模经济、产品差异化、必要资本手段构筑结构性的市场壁垒，而且还采取系统化与标准化、产业链上下游企业的垂直一体化、增加用户的品牌忠诚度与转换成本等手段来实施战略性的市场壁垒，把大部分的内资企业以及其他进入者排挤在外，使其在这些行业保持着寡头垄断地位。跨国公司正是凭借其强大的垄断优势不断挤压我国本土企业而挤占当地市场，使我国产业发展缺乏动态比较优势而成长乏力，即所谓的产业压制。

国务院研究发展中心 2006 年 8 月发表的一份研究报告指出，

在中国已开放的产业中，每个产业中排名前 5 位的企业几乎都由外资控制，中国 28 个主要产业中，外资在 21 个产业中拥有多数资产控制权。比如：在玻璃行业，该行业中最大的 5 家企业已全部合资；占全国产量 80% 以上的最大的 5 家电梯生产厂家，已经由外商控股；18 家国家级定点家电企业中，11 家与外商合资；化妆品行业被 150 家外资企业控制着；20% 的医药行业在外资手中；汽车行业销售额的 90% 来自国外品牌；电脑操作系统、软包装产品、感光材料、子午线轮胎、手机等行业，外资均占有绝对垄断地位。而在轻工、化工、医药、机械、电子等行业，外资公司的产品已占据 1/3 以上的市场份额。① 这种垄断在一些行业已超过了国际垄断法规的不允许超过同行业市场 20% 的警戒线，在很大程度上已严重威胁到了我国民族产业的发展。

另一方面，在这些产业中内资企业又往往处于低水平的过度竞争状态，表现为企业数量多但规模小，产业集中度低，市场往往呈现出无序竞争，使得不少行业、企业处于低利润甚至亏损状态。然而由于存在 FDI 流入陷阱，外资源源不断地流入小规模、低效率的企业，又进一步加剧了市场过度竞争，企业之间的竞争往往呈现出低水平的无序状态。②

本土企业在激烈的竞争中为保持或提高自身的实力和市场地位，往往在内外压力的迫使下以极低的筹码与外商合资或合作，甚至不惜国有资产的流失，低价让渡企业股权，使一些战略性产业的主导权被外商所控制，进一步加剧了对我国国民经济安全的威胁。据统计，仅 2005 年一年国内并购案就创纪录地达到 1 251 宗，其中外资收购占到 10% 以上，而且外资的收购

① 时卫干. 外资角色再审视：28 个主要产业中 21 个外资控制 [J]. 南风窗，2006（9）.

② 陈明森. 产业升级外向推动与利用外资战略调整 [M]. 北京：科学出版社，2004：214.

标的额，平均高出内资收购的 50%。一般而言，外资收购中国本土企业，坚持着"必须绝对控股"、"必须是行业龙头企业"、"预期收益率必须超过 15%"的"三必须"原则。

从行业上看，银行、保险、电信、汽车、物流、零售、机械制造、能源、钢铁、IT、网络、房地产等，凡此种种，这些热门行业都已经有外资进入。并购方阵营中，来自美国的跨国公司最多，占比超过 30%；欧盟企业次之，约占 27%；其余来自东盟和日本等。从资金来源看，国外收购资金主要包括两种：跨国企业与各种投资基金。

网络及 IT 行业是外商资本传统上的偏爱行业，不过，种种迹象表明，近两年来其兴趣已经逐渐转向金融业及其他产业。在金融业方面，2004 年新桥资本最终控股深发展银行，高盛领导的投资基金安联公司购买中国工商银行 9.9% 的股份，淡马锡（亚洲金融控股私人有限公司）购买中国建设银行 5.1% 的股份，凯雷收购中国太平洋寿险公司 24.975% 的股份等。在产业方面，华平基金入主哈药股份，凯雷收购徐工机械（尚待中国有关部门审批），高盛下属基金入股海王生物及控股双汇，摩根斯坦利下属基金收购山水集团（中国最大的水泥企业），美国 Best Buy 控股五星集团（中国第四大消费电器连锁商），美国卡特彼勒计划收购厦门工程机械、广西柳工机械、河北宣化工程机械以及山东潍柴动力等，瑞士豪西盟（Holchin B. V.）拟通过定向增资发行 A 股方式最终控股 G 华新（中国水泥龙头企业），法国米塔尔钢铁公司入股湖南华菱管线，英博啤酒收购雪津啤酒，美国 AB 公司收购哈尔滨啤酒，佳通收购桦林，DSM 战略投资华北制药……①

---

① 时卫干. 外资角色再审视：28 个主要产业中 21 个外资控制 [J]. 南风窗，2006 (9).

全
球
化
背
景
下
外
商
直
接
投
资
与
中
国
产
业
结
构
优
化
研
究

第三节　FDI 与我国产业安全、可持续发展问题

一、外资依赖、产业压制与我国的产业安全问题

20 世纪 90 年代末期以来，随着外商直接投资的大量涌入，我国产业安全问题逐渐成为了国内理论界研究的重点问题。关于产业安全的具体内涵，目前国内理论界尚未形成比较一致的认识，有代表性的观点有：产业控制论、产业竞争力论、产业发展论、产业权益论以及产业可持续发展论等。

产业控制论是当前比较主流的观点，尽管学者们表述各异，但核心都是强调本国资本对本国产业的控制能力。这种观点认为，产业安全问题主要是由外商直接投资所引起的，外商在我国通过合资、并购等方式控制国内企业和国内市场，实现对某些重要产业和市场的垄断与控制，由此产生对我国产业发展自主权的削弱和危害问题。

产业竞争力论则是从产业竞争力的角度来理解产业安全，这种观点认为产业安全是指一国产业在开放竞争中具有竞争力，能抵御和抗衡来自国内外不利因素的威胁，保持产业部门的均衡协调发展（杨公朴，2000；王瑛，2001；景玉琴，2004）。

产业发展论则从动态、静态两个角度进行研究，认为产业安全的内涵一般是指一国拥有对涉及国家安全的产业和战略性产业的控制力及这些产业在国际比较意义上的发展力。控制力是对产业安全的静态描述，发展力是对产业安全的动态描述，是产业安全的本质特征（李连成、张波，2001）。

产业可持续发展论是近几年来随着可持续发展理论的兴起而逐渐为学者们所认同的一种观点。这种观点在产业控制论的

基础上，强调一国在对外开放的条件下，在国际竞争发展的进程中，具有保持民族产业持续生存和发展的能力，从而始终保持着本国资本对本国产业主体的控制，是产业安全的核心（张立，2002）。

也有部分学者（赵世洪，1998）提出了产业权益论。该观点认为，国民作为产业安全中的权益主体，在国界之内有明确的排他性经济主权。外国国民在东道国国内所取得的任何产业权益，都是对东道国国民权益在机会成本意义上的侵占，应得到东道国国民根据其自身利益的需要而作出权益让渡的许可。研究产业安全，归根到底是要使国民为主体的产业权益在国际竞争中得到保证并不受侵害。①

以上几种不同的观点从不同的研究角度对产业安全的内涵作了界定，各有各的道理，但也存在着一定的局限性。比如，笔者认为产业权益论是一种比较狭隘的观点，经济全球化已使传统的"绝对的经济主权观"② 发生了根本的转变，我国在参与国际分工和全球产业大循环时不可避免地会造成国家经济主权的部分让渡和产业权益的部分损失，但这并不意味我国经济自主权的丧失和产业发展威胁的出现。

结合以上观点，笔者认为，衡量一国产业安全的状况，具体可以从以下几个方面来把握：①国家的经济命脉是否被外资控制，即在关系到一国国计民生的关键产业（包括支柱产业、战略产业和基础产业）中，外资企业进入的深度和广度是否保持在一个合理的范围内，这是最为关键的。②国内市场结构状况，即在特定市场上的市场竞争格局和外资企业所占有的市场份额大小。通过对国内市场状况的分析，可以度量一国本土企业在该行业的发展前景，并进一步度量出该国政府对国民经济

第六章 当前 FDI 促进我国产业结构优化中存在的问题

命脉的控制能力。① ③产业结构安全状况，即一国在全球化中是否建立起基于国际分工体系中有利地位的产业结构，是否具有产业的可持续发展后劲。一个安全的产业结构体应是与外国产业进行合作但不依赖、主要依靠自身产业经济体系的不断优化升级来促使国民经济持续的增长，并能有效地抵御外部经济冲击的有效运转的产业结构体。

依照以上对产业安全内涵的理解，从我国当前的基本情况来判断，我国尚不存在较大的产业安全问题，但外资的持续、大量的进入确实给我国产业安全造成了一定的负面影响，值得我们重视。

1. 对外资过度依赖对我国产业安全的影响

目前，我国产业在一定程度上出现了对外资的过度依赖现象，这主要表现在产业资本的形成、出口产业的发展、生产技术的研发等方面。

在产业资本形成方面，外商直接投资一直是我国产业资本的重要来源，其在我国社会总投资中的比例不断上升。我国外资依存度（即累计吸收的 FDI 规模占 GDP 的比重）已从 1992 年的 7.47% 提高到 2003 年的 35.6%。② 外商投资已在我国产业资本形成中占有了比较重要的地位，而在华外资又集中投向第二、第三产业，尤其是投资周期短、见效快的加工制造业和消费热点行业，对这些特定产业的快速发展起了积极的推动作用。但从另一个角度来看，外资在这些特定行业内的大量积聚，在这些行业中所占的投资比重过高，也蕴涵着潜在的风险。这一方面极有可能形成外资对这些行业的垄断，损害我国国民社会福利；另一方面，也极易受到国际政治经济形势变化的波动与

---

① 赵娴. 开放经济下的产业安全问题探析 [J]. 中国流通经济，2005 (5).
② 刘旭宁. 利用外资与优化我国产业结构的辩证分析 [J]. 经济与管理，2006 (4).

干扰，直接危害到我国产业安全问题。

出口产业对外资的依赖现象比较突出。出口产业的快速发展是拉动我国经济持续增长的重要力量。据商务部统计，2006年1～9月我国共实现出口6 912.3亿美元，比上年同期增长26.5%；而我国对外贸易依存度也屡创新高，2003年为60.2%，而2005年则上升至77%，且有进一步上升的趋势。

我国已是全球出口大国，但在我国出口产业中，外资企业是主力军。2005年在华外资企业的出口商品总量占了全国出口总量的60%，2005年度"中国外贸200强"排行榜显示，在2005年中国出口额最大的200家企业中，外商投资企业达148家，外资企业数量占了七成多。① 在我国出口大项的产业中，无论是传统优势的纺织、服装、机电产品等产业，还是近几年迅速崛起的计算机、移动通信设备、电脑显示器等高新技术产业，外资企业都是出口的主力军；其中高新技术产业尤为突出，外资企业处于绝对优势地位，其高新技术产品出口占全国高新技术出口的比重持续上升，已从1996年的58.6%上升到2004年的87.3%。这些表明，在我国经济发展对外贸的依赖程度不断提高的情况下，我国出口产业对外资企业的依赖程度又不断提高，这种现象不能不引起我们的高度关注。

生产技术的研制开发对外资的依赖在一定程度上削弱了我国企业自主研发能力，威胁到了我国产业的安全。可以说，产业技术的自主研发能力是保持一国产业安全和可持续发展的基础。而在跨国投资条件下，无论其海外投资的规模有多大，所转移的技术有多少，"无国籍化"经营程度有多高，流入东道国的技术总是服从于跨国公司自身的全球经营战略的。特别是在跨国并购投资情况下，如果东道国当地被收购企业的研发活动

---

① 数据来源：国家商务部网站相关统计数据。

与跨国公司的全球经营战略有冲突，跨国公司的技术流入必然会削减被收购企业的研发活动，从而削弱被收购企业的原来的研发能力。①

20世纪90年代末以来，跨国公司纷纷投巨资合资或并购我国企业，且多选择行业的骨干企业。这些企业往往具有较强的技术开发能力，有的甚至是国内同行业中的佼佼者，但与外商合资或被并购后，原企业的技术研发机构往往被撤销，不再进行自主研发，而改为由外方母公司提供生产技术。即使有的企业仍然保持技术研发机构，但也仅能按照外方的意愿进行特定技术的研发或只是对外方现有技术的适应性改造。外商的这一做法，在一定程度上削弱了我国国内企业自主研发创新的能力，造成我国在核心技术和关键性中间产品的投入上对外资形成了严重依赖，成为制约我国产业发展的"技术瓶颈"，对我国产业的安全和可持续发展极为不利。以我国目前快速发展的汽车产业来看，国内骨干企业大多与欧美日韩等跨国汽车巨头合资、合作或被收购，表面上是产销两旺、一片繁荣，但实质上核心技术为外方所掌握，国内企业仅仅是外方的生产加工车间而已，从而逐渐步入技术依附型的产业发展道路，其发展前景不容乐观。

最近，美国麻省理工学院的一份研究报告指出：由于我国的高科技和工业产品的出口是由外资企业而不是我国企业在主导，我国企业严重依赖从美国和其他工业发达国家进口设计、关键性元件以及生产设备等，而且我国企业几乎没有采取有效措施去吸收消化和推广进口的技术，因此这使得我国在日益激烈的全球竞争中很难成为有力的竞争者。这一现实不能不令我们深思。

---

① 陈明森. 产业升级外向推动与利用外资战略调整 [M]. 北京：科学出版社，2004：190－191.

2. 市场垄断与产业压制对我国产业安全的影响

与国内产业发展对外资依赖程度不断加剧相伴随，在华外资企业对我国市场的垄断和对国内企业的产业压制也逐步显现，成为影响我国产业安全的重要因素。关于市场垄断行为，我们在上一节中已专门论述，在本节我们将更多地论述外商直接投资对我国内资企业的产业压制问题。

外商在华投资中，为保持其市场竞争优势，往往一方面通过对国内同类企业的并购，不断扩大自己的市场份额，消灭竞争对手；另一方面，则凭借其雄厚的资金、先进的技术和世界知名品牌等优势来排挤同行企业，对国内企业的成长实施产业压制。这种产业压制集中体现在股权控制、技术控制和品牌控制。

20 世纪 90 年代中期以后，尤其是入世以来，随着我国对外开放程度的不断加深，外商在华投资企业的独资化倾向日益明显，除新建项目多以独资为主，对原有的合资项目也不断提高股份，争夺控制权的意图表现比较明显。以电子行业为例，外商控股比例最高的是集成电路生产和通讯设备行业，目前外资平均控股比例在 60% 以上，形成了全行业控制态势①，进而通过产业竞争不断压缩我国内资企业的生存空间和利润空间。在技术控制方面，跨国公司严格控制核心产业技术的转移与溢出，通过对合资或并购国内企业的研发工作实施不同程度的限制，不断增强我国企业对其技术的依赖度；或者通过高薪待遇吸引国内技术研发人员纷纷加盟，在产业技术开发与运用上不断打压我国内资企业技术研发力量的成长，削弱我国内资企业的自主研发与创新能力。

对于我国民族品牌的压制是外商直接投资对我国内资企业

进行产业压制的一个突出表现。比如在日用产品市场上，我国本土的民族工业品牌，如活力 28、熊猫、白猫、天津加酶等都曾经家喻户晓；但当这些国内企业与外资合作或合资之后，却在外资的控制下逐渐淡出人们的视线，取而代之的是飘柔、海飞丝、潘婷等大量洋品牌，以至于在部分市场上外资品牌占据了垄断地位，形成对我国传统品牌的强大冲击，长此以往将对我国民族产业的发展带来严重的发展障碍。

二、FDI 与我国产业结构的可持续发展

在前面章节的分析中，我们知道，在全球化背景下产业结构的可持续发展问题主要包括两个方面：一是比较优势陷阱的问题，二是污染与环境保护的问题。从我国当前的情况来看，我国利用外资促进产业结构优化在这两个方面都存在着一定的问题。

1. 国际产业转移中的比较优势陷阱问题

由于外商直接投资的具体行为受制于跨国公司自身利益最大化的考虑，因此外商直接投资对一国产业结构的优化总是事后的被动结果，而非主动的意愿选择。在全球化产业结构调整浪潮中，国际产业转移是发达国家和发展中国家之间进行相关产业转接、分别实现自身产业结构优化升级的重要途径。但由于发达国家处于国际分工体系中的高层，在按照小岛清的边际产业转移理论和赤松要的雁行发展模式的指导下，发达国家向国外转移的产业都是那些在其本国已经失去或即将失去竞争力的劳动密集型产业或技术落后型产业。而发展中国家所承接的也正是这些被淘汰的劳动密集型、技术落后型的产业。

这就意味着处于国际分工低层的发展中国家将与发达国家始终保持一定的产业发展级差，始终处于对发达国家的产业发展与技术进步的追赶状态之中。如果发展中国家完全依赖国际

产业转移来实现自身产业结构的调整与升级，将不可能缩小自身与发达国家之间的产业技术级差和结构级差，始终落后并受制于发达国家，从而丧失经济发展主权，陷入比较优势陷阱之中。因此，发展中国家要想突破比较优势陷阱，就应该超越传统的比较优势观，在国际产业转移浪潮中主动出击，积极选择，大力发展高新技术产业，培育和提升自我研发能力，在比较优势的基础上实现向竞争优势的转变。

但我国目前的情况却不理想。从我国外商直接投资的来源结构来看，港澳台地区和新加坡、韩国等亚洲新兴工业国家以及东南亚一直是对华投资位居前列的国家与地区，其累计投资金额占到我国实际利用外商直接投资总额的近三分之二。来自这些国家与地区的外商直接投资项目主要是利用我国廉价的劳动力和广阔的消费市场，多集中在传统的劳动密集型产业中，普遍缺乏产品设计和技术开发能力。它们向我国内地转移的产业往往是经过二次甚至三次转移的落后产业（即先由欧美发达国家转移至这些新兴工业国家与地区，再由这些新兴工业国家与地区转移至我国内地）。从我国当前所承接的国际产业转移来看，我国在国际分工体系中处于比较低的层面，在全球产业转移链中的地位也处于比较末端的位置，易于陷入比较优势陷阱中。

在前面的分析中，我们知道外商投资在我国经济发展中处于比较重要的地位，我国产业发展已在一定程度上对外资产生了依赖性。而我国目前外资产业政策实施中的偏差、地方政府局部利益的膨胀等因素又导致我国在引进外资中普遍重数量规模轻质量效益、重设备引进轻消化吸收，这进一步加剧了我国对外资的依赖和低质低效外资的大量进入，导致我国产业重复建设和结构性过剩的问题日益突出。这在很大程度上将进一步加剧我国产业发展与发达国家的产业技术差距和结构差距，对我国产业结构的优化升级是极为不利的。

2. 环境污染与保护问题

发达国家在向我国进行国际产业转移时，除了劳动密集型、技术落后型产业外，还有不少是高污染、高能耗的产业，从而带来环境污染的国际转移。

生态环境的保护是关系到人类生存和发展的大事，各国都非常重视。从 1972 年的《斯德哥尔摩人类环境宣言》到 1992 年的《里约热内卢环境和发展宣言》再到现在，产生了大量保护环境的国际性协定和条约，如：《国际海洋公约》、《国际热带森林公约》、《联合国气候变化框架公约》、《控制危险废物越境转移及其处置的巴塞尔公约》等。这些国际性环保公约往往以法定条文的方式对各国政府、企业处理环境问题的行为进行强有力的规范与限制。其中，《控制危险废物越境转移及其处置的巴塞尔公约》是一项旨在控制危险废物越境转移的全球性公约，公约中明确规定："任何国家都享有禁止来自外国的危险废物和其他废物进入其领土或在其领土内处置的主权权利"。[①] 但令人遗憾的是，此公约主要针对的是以国际贸易方式（即发达国家向发展中国家出口垃圾废物转移污染）进行的污染转移，而以国际直接投资方式进行污染产业的转移并未做出过多的限制，从而为发达国家跨国公司利用跨国直接投资将高污染、高能耗产业转移到发展中国家打开了方便之门。

从我国利用外商直接投资的情况来看，外商投资大多集中在劳动密集型产业，这固然与我国丰富廉价劳动力的比较优势密切相关，但不排除部分跨国公司进行的恶意投资，即跨国公司将其在本国或本地区被禁止或限制的、对环境有重大危害的产业转移到我国。这种情况在外商在我国投资产业的选择与偏

---

① 谭晶荣，张德强．对我国利用 FDI 项目中环境保护问题的思考 [J]．国际贸易问题，2005（5）．

向性上表现较为突出。赵晋平（2002）的外商投资行业偏向指数分类表（见表 6-2）显示，电子及通信设备制造业和文教体育用品制造业的外商投资行业偏向指数①最高，达到 3 以上；皮革、毛皮、羽绒及其制品业，塑料制品业、橡胶制品业、造纸及纸制品业 9 个行业，外资投资行业偏向指数均在 2~3 之间。我们可以看出，在这些外商投资偏向性较大的行业中，多半都是高污染、高能耗的产业。而近几年来，我国频频发生的重大环境污染事件中，如松花江水污染事件、广东北江镉污染事件等，也不乏外资企业的身影。

造成国外污染产业大肆向我国转移的原因，一方面是跨国公司出于自身发展的需要和商业逐利的本能，另一方面则与我国当前利用外资战略的偏差有关。在利用外资的战略上，各地普遍存在重经济发展，轻环境保护的意识，往往只注重引资的规模与速度，而对控制污染转移的重要性、迫切性，对污染密集产业转移对我国生态环境危害的严重性缺乏足够认识，忽视甚至无视我国的长远发展利益，导致在实际利用外资的工作中对损害环境的问题视而不见或有意回避。

之所以造成这种状况，笔者认为，这与我国现行的地方政府官员政绩考核制度的不足有关。由于我国地方政府及其主要官员的政绩考核主要采用的是任期内显性政绩考核制，因而各地普遍把吸引外资的数量作为衡量当地政府及其主要领导政绩乃至开放程度的一项主要考核指标，吸收外资的数量甚至被作

---

①　所谓外商投资行业偏向指数，是指将某一行业外商投资企业固定资产占全部外资工业的比重与同一行业全部企业在全部工业中的比重相比，反映外资向该行业的相对集中程度。外商投资行业偏向指数＝某行业外资企业占全部外资企业比重/同行业全部企业占全部工业企业比重。指数值大于 1，说明外资向该行业集中程度相对较高；小于 1，则表明集中程度比较低。指数值越大，说明外商投资越偏向该行业投资；反之，则不然。参见：赵晋平. 吸引外资的产业结构升级效应及其影响机制分析 [R]. 国务院发展研究中心报告，2002.

为考核地方官员的指令性硬指标层层分解、层层分包，完不成引资任务者将面临处分、撤职等严厉的惩罚，由此不得不造成官员们指导思想的偏差、招商引资行为的扭曲。如2007年1月12日新华社所报道的安徽省阜南县"逼官招商、逼官造假"事件就是一个典型的案例。

与引资数量指标的硬约束相比，环境保护问题则是一个软约束指标，也是一个难以直接量化的指标（重大环境污染事件除外）。因而，为追求地方利益和政府政绩的短期显现，各地政府对外资的引进普遍采取"热烈欢迎之姿态"，即使知道外资是高污染高能耗的环境危害型投资项目也大开绿灯，积极引进；而对环境保护监督要么是不作为，要么是不正常的行政干预，导致外商投资项目环保审核与监督工作形同虚设，甚至不惜损害当地社会福利而盲目听从外商意愿。如全球最大的水泥生产商法国拉法基集团（LAFARGE Group）1999年在成都建设的中国西部最大的水泥生产基地（总投资1.5亿美元，年生产能力140万吨水泥），竟然选址在成都市上千万居民饮用水的水源地、紧邻国家自然风景区的都江堰市，当地民众曾对此提出极大的质疑和反对，但最终的结果仍是外商投资项目顺利建成并投入生产。

可以说，在这种"功利性"引资思想的指导下，其结果不仅导致我国各地在国际产业转移的承接中处于被动接受的地位，而且整个引资工作重引进轻管理、重短期轻长期，重表面文章轻实质发展，其所日益累积起来的环境问题必将成为制约我国经济可持续发展的一个重大问题。

第七章
引资博弈与 FDI 的数量型扩张
——基于制度层面的原因剖析

外资的流入可以直接弥补东道国的资金缺口与物质缺口，间接弥补东道国的技术缺口，FDI产业结构优化效应的有效发挥将对东道国经济发展、产业结构调整起到极大的促进作用。因而吸引外资成为众多国家或地区政府谋求本国或本地区发展的一项重大的经济政策。但是，FDI产业结构优化效应的发挥并不是自动的或自愿产生的，其效应发挥的高低将受到多种因素的制约。总的来说，FDI产业结构优化效应主要受到两方面因素的制约：一是跨国公司因素，这包括跨国公司的投资动机、投资方式、对海外子公司及其产业技术的产业控制程度、与东道国企业的产业关联关系以及对东道国市场占有情况等；二是东道国因素，这包括东道国自身产业基础、产业技术水平及学习提高的能力、经济管理制度、相关产业政策以及政府宏观管理的能力与水平等。

就我国的具体情况来看，自20世纪90年代中期以来，随着我国经济从整体性短缺经济过渡到结构性过剩经济，FDI促进我国产业结构优化效应开始逐步弱化，其负面效应正逐步显现。究其原因，除了跨国公司对其在华投资企业的严格产业控制、对国内企业的排挤和产业压制，以及我国自身产业基础薄弱、学习吸收能力有限、相关产业政策滞后等原因外，一个直接的原因是我国现行的政府经济管理体制的制度偏差所导致的在华FDI的数量型扩张，进而导致低质低效外资的过度进入。

在本章中，我们将运用博弈论的分析工具，从制度层面来具体剖析当前在各地方政府之间正在激烈开展的引资博弈，以及由此所产生的在华外资数量上的急剧扩张及所造成的后果，最后则对我国当前FDI的合理规模做一尝试性的判断。

第一节 基于多重目标选择的引资博弈

一定时期内的外资总量总是有限的，外资属于稀缺性生产要素且可以在不同国家与地区之间流动，这决定了外资在不同国家和地区之间的分布是不均衡和不稳定的，进而导致各国、各地区之间的利益不均衡。于是，众多的发展中国家与地区出于自身利益的考虑，竞相出台各种优惠政策来吸引更多的外资，从而开始了引资博弈。引资博弈既表现在引资国之间的竞争，也表现在东道国内部各地区之间的竞争。在我国，这种博弈主要体现在两个方面：一是政府之间的博弈，其又分为中央政府与地方政府之间、地方政府与地方政府之间两个层面的博弈；二是政府（主要是地方政府）与外商之间的博弈。现实博弈的结果往往是政府引资行为的扭曲导致了 FDI 流入陷阱的形成，最终导致 FDI 产业结构优化效应的弱化。

一、政府引资目标的多元化与短期化

引资主体是指在利用外资中具有特殊经济目标与决策权力的组织或个人。在发达市场经济条件下，引资主体主要是政府（包括中央政府和地方政府）和企业，前者主要承担基础设施、公共产品和战略性产业资金的引进，而后者主要承担一般竞争性产业资金的引进。

在传统计划经济条件下，我国实行的是高度集权经济管理体制，政府是我国一切经济活动的主体。改革开放以来，随着我国经济体制从传统的计划经济体制向市场经济体制的转轨，经济利益主体和经济决策主体逐渐发生变化，从政府独家垄断

资源配置逐步转向在政府和市场之间进行双轨资源配置。但是由于引进外资不同于企业的其他经济活动，它涉及宏观经济稳定、国家产业安全、区域资源配置等宏观问题，因此在引资过程中，大到利用外资的政策制定、外商投资审批、投资环境建设，小至招商项目设计、招商引资推介，乃至商务谈判等，往往都要政府的介入，政府（特别是地方政府）实际上成为了我国当前招商引资工作的重要主体。

从理论上讲，政府利用外资的总体目标应是利用外资促进本地经济的发展，谋求社会福利的最大化。其具体目标包括：利用外资弥补本地资金缺口和物质缺口；引进国外先进技术和管理经验，提升本地企业的技术水平和管理水平；促进本地产业结构的优化升级；通过利用外资加强国际经济联系，提高和扩大出口能力，提高本地国民社会福利水平等。然而现实情况并不如此，由于我国政府架构设计上是典型的中央、地方分层管理模式，存在着中央与地方目标利益的差异，导致政府的实际引资目标与理想引资目标存在着较大的差距。

究其原因，政府不是一个空洞的机构，它是由具有独立物质利益的组织与个人组成的，在政府的招商引资目标中，除了追求本地经济发展的目标之外，难免要混杂着政府官员的个人行政动机，如上级部门的评价、地方政府政绩、个人升迁等。[①]同时，客观地存在着政府部门及其官员追求自身的组织目标或自身利益而非公共利益或社会福利的政府利益内在性倾向，组织或个人的利益很可能支配公共政策的制定并决定政府机构和官员的行为，最终使其偏离甚至背离社会的公共利益。

我国现行的政府经济管理体制中，对地方政府官员的任命与考核是一种自上而下的政绩考核制与任期制的政体制度安排。

---

① 陈明森. 产业升级外向推动与利用外资战略调整 [M]. 北京：科学出版社，2004：215-216.

这种制度安排存在着一定的制度偏差，往往促使了地方政府在招商引资过程中引资目标的多元化与短期化。

当前，我国政府的组织管理体系具有比较典型的 M 型组织层级特点①（见图 7-1）。

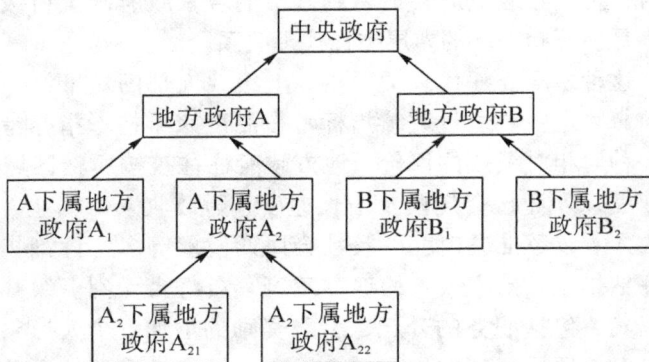

图 7-1　中国政府的 M 型组织管理体系

M 型组织结构的一个突出特征是，信息的流动是分层次的，各级地方政府在其上级政府的统一规划中对其所辖区域内的经济活动有较大的自主决策权。中国的对外开放和引进外商直接投资是在放权让利的改革背景下展开的，资源配置的主要权力逐渐从中央政府转移到地方政府，在地方实力膨胀的同时形成了"诸侯经济"；在一定程度上，我国的地方政府②属于强势政府，它不但掌握着当地主要大量的经济资源（如地方国企的国有资产和极为稀缺的土地资源供应），而且也垄断着行政资源（如投资许可的审批以及投资优惠政策的掌握），甚至能帮助投

---

① 具体特征参见：热若尔·罗兰. 转型与经济学 [M]. 张帆，潘佐红，译. 北京：北京大学出版社，2002：67-73.

② 本书所分析的地方政府主要针对拥有较大地方经济自主决策权的省市自治区政府和地市州政府。

资者得到金融支持。

地方政府与其上级政府部门之间（包括中央政府与地方政府之间，以及地方政府与其下属地方政府之间）都是典型的委托代理关系。在我国，从中央政府到省市自治区政府，到地市州政府，再到县级政府，最后到基层的乡镇政府甚至村级政府机构，是一环扣一环的多层委托代理关系。

在这种多层委托代理关系中，上级政府部门对下级地方政府的监督管理主要通过政绩指标考核制度来维持。指标考核机制是一种对相对绩效的评价，地方政府往往被按所辖区域 GDP增长速度、外商投资规模及增长速度、财政收入、就业、居民人均收入、改革推进速度以及社会协调发展等多种评判指标来进行评估排序。排序领先的地方政府官员将会受到上级政府部门的嘉奖，包括职务的升迁、薪酬奖励的增加、个人形象的提升以及上级领导好感的增加等；反之，排序靠后的地方政府官员则可能会被上级部门斥之为"无作为"、"不在状态"，将面临被处分、撤换或升迁受阻的不利状况。

应该说，指标考核制度作为一种显性激励机制，公开的数据和透明的排序相对以前地方政府官员选拔任命中的"黑箱"操作机制（主要由上级主管领导的偏好决定），较好地解决了各级政府以及地方政府和地方政府官员之间的委托代理问题，具有较大的公信力。① 但这种过于强调量化指标的指标考核制度对地方政府官员（尤其是决策层和负责人）的个人升迁发展具有至关重要的作用，不可避免地会对地方经济发展起着导向功能，

---

① 邱晓明（2005）认为，指标排序这种相对业绩比较方式类似于信息经济学中的"锦标制度"。在锦标制度下，每个代理人的所得只依赖于他在所有人中的排名，而与他的绝对表现无关。莱瑟尔和罗森证明，如果代理人的业绩是相关的，锦标制度是有价值的，那么它可以剔除更多的不确定因素从而使委托人对代理人的努力水平的判断更为准确，既能降低风险成本，又强化激励机制。参见：邱晓明. 地方政府利用外商投资中的博弈分析［D］. 中国学术期刊网，2005：31－32.

引导着地方政府的一举一动、一政一策；加之，我国实行的政府官员任期制，能否在任期内体现出政绩直接决定了该官员下一步的发展问题，其决策行为就会不可避免地陷入短期化、功利化。从一定程度上讲，这种政绩指标考核制度也是我国各级各地政府热衷于上"面子项目"、"政绩工程"的外在压力与内在驱动力。

地方政府引资目标的多元化与短期化在实质上反映的是地方政府与其上级政府部门之间的博弈，是政府官员个人利益追求目标与地方经济发展目标之间的博弈。我们可以将地方政府的引资总目标用下列简化的数学公式表示：

$$R = R_1 + R_2 = \alpha K + \beta \cdot f(K) \text{ ①}$$

其中，R 为地方政府招商引资的总目标，R_1 为地方政府官员个人行政目标，R_2 为地方经济发展目标，K 为引资规模，$f(K)$ 为引资的效益函数，α 为行政目标对总目标的贡献系数，β 为引资效益目标对总目标的贡献系数，且 $\alpha + \beta = 1$。

利用外资包括数量和质量两个方面。但在实际工作中，利用外资的质量往往难以直接量化，而且其效果是长期逐步显现的，可能要跨越多个政府任期才能显现出来。而引资规模是显性的，在短期内能够清楚地表示出来，往往成为评价地方政府及其官员的重要指标。因此，行政目标与招商引资规模呈正相关关系。

在改革开放初期，向中央政府争取项目、争取资金，一直是地方政府发展经济首要的议事日程。但近几年来中央财权的收紧，迫使各地方政府把投资资金的来源放在招商引资上，其中争取 FDI 是扩大投资规模的一条重要途径。于是，招商引资往往成为了各地政府的头号工程和一把手工程，引资规模成为

① 参见：陈明森. 产业升级外向推动与利用外资战略调整 [M]. 北京：科学出版社，2004：216.

了各级政府必须完成的指令性刚性指标，层层分解，层层分包；虽然 2006 年 8 月中央明令禁止政府层层分解并考核招商引资指标，但在现行的制度安排下收效甚微，如安徽阜南县"逼官招商、逼官造假"事件①层出不穷。

逼官招商的结果是导致各地外资规模的数量型膨胀。但我们知道，按照边际成本递增和边际收益递减的规律，地方政府引资效益曲线是一条向上凸起的曲线，达到最优规模之后，其收益必然下降，即地方经济发展目标与引资规模呈前升后降的函数关系。

在地方政府引资目标多元化与短期化的情况下，地方政府官员往往存在比地方经济效益最大化（往往是长期而难以直接量化的）更强烈的招商引资数量型扩张冲动，过于追求引资数量，其引资规模必然大于经济效益最大化的最优规模；而且行政目标的权重越大，α 值越大，与最优规模的偏离就越大，地方政府引资成本就越大，而这实际上是以牺牲引资收益为代价的。

二、地方政府之间的引资博弈：引资优惠政策之争

在流动性生产要素中，外商资本对于一个地方的 GDP、财政收入和劳动就业具有直接的带动效应，因而招商引资成为地方政府间经济竞争的核心内容，属于典型的非合作博弈。在政绩指标考核制度下的各地政府都把大力引进外资作为发展地方经济、提升地方政府及其官员形象的一条重要途径，但一定时期内外资的流入量总是有限的，为使有限的外资"花落自家"，各地政府不可避免地陷入争夺外资的竞争博弈之中。

在竞争的环境中，如果某个地方政府的外资政策发生变化导致外商投资规模的增加，促进当地 GDP 和财政收入的增加，

---

① 参见王圣志，新华社 2007 年 1 月 12 日新闻报道："安徽阜南县逼官招商、县委书记被处分"。四川日报，2007 - 01 - 12（A01）.

必然会使该地方政府在政绩指标考核制度下的排序发生变化并对其他地方政府产生影响。其他地方政府为了避免不利局面出现或使排序提前的内在需要出发，就会随之对外资政策作出调整。这样，为了吸引外商投资，地方政府之间的博弈就产生了，它的结果表现为地方政府竞相为外商投资者提供投资激励政策。

下面，我们运用投标博弈模型（Bidding Game Model）① 来具体分析在有限理性、不完全信息条件下的地方政府之间的引资博弈。

现假定外资公司 K_{FDI} 的投资区域在地方政府 A、B 之间进行选择。在不存在着地方政府投标博弈的情况下，该外资公司通过考察两个区域的原材料供应、劳动力成本、产业发展基础、区位位置、市场需求与引资政策等后预测出：在同等投资规模与条件下，在 A 地的投资收益为 R_A，在 B 地的投资收益为 R_B，且 $R_A > R_B$，即 A、B 两地不同质，A 地区位优势强于 B 地。那么，外资公司 K_{FDI} 的选择必定是 A 地。

但在引资博弈中的 B 地政府不会甘心于此，总会想方设法增强 B 地的区位优势以与 A 地进行抗衡。B 地政府的选择是投资激励策略，这主要包括两种策略：一是通过优惠政策，减低外商投资的成本或增加外商投资的收益，如税收优惠政策、土地优惠政策或产业资助政策等；二是通过提高本地区公共产品的供给数量和质量，如改善本地区交通、通讯、能源等基础设施建设、提升政府服务职能与办事效率等，通过提高本地区的生产效率来吸引投资者。前者我们称之为引资优惠策略，后者称之为公共产品策略。由于存在着地方政府官员任期限制和政绩的即期考核等因素的影响，地方政府总是愿意选择风险小、见效快的策略；而引资优惠策略与公共产品策略相比，具有见

① 参见：张维迎．博弈论与信息经济学［M］．上海：上海三联书店，1996：262－267．

效快、操作难度较小、风险小等特点，因此，地方政府在投标博弈中往往更愿意选择引资优惠策略。

B 地政府的引资优惠策略将直接影响外资公司 K_{FDI} 的区域投向决策，当 B 地的引资优惠政策足够大时，将吸引 K_{FDI} 选择 B 地，而非原定的 A 地。而这必然招致 A 地政府的强力反击，反击的策略也是引资优惠策略，由此展开了 A、B 两地政府之间引资博弈。

我们进一步假定：在不存在投标优惠博弈条件下，外资 K_{FDI} 的进入将给 A、B 两地所带来的区域引资收益分别为 V_A、V_B；在投标优惠竞争中，A、B 两地政府所付出的引资优惠成本分别为 C_A、C_B。下面我们做出 A、B 两地政府引资中的投标优惠博弈模型，见图 $7-2$。

地方政府 A

	不优惠	优　惠
不优惠	$(V_A, 0)$	$(V_A - C_A, 0)$
地方政府 B　**优　惠**	$(0, V_B - C_B)$	$\max (V_A - C_A - V_B, 0)$, $\max (V_B - C_B - V_A, 0)$

图 $7-2$　地方政府招商引资中投标优惠博弈模型①

第一种情况，A、B 两地都投标但两地都不提供引资优惠条件，因 $R_A > R_B$，外资 K_{FDI} 选择 A 地，A 地获得的引资收益为 V_A，而 B 地的收益为零。

---

① 笔者在参考原有的地方政府招商引资中投标博弈模型的基础上提出更完善的地方政府招商引资中投标优惠博弈模型。原有的地方政府招商引资中投标博弈模型中将每种政策组合下的地方政府收益均设为最大值，事实上收益值是由地方政府与投资方之间的博弈结果决定的，一般很难达到最大值，因此这里将原模型做出修正。原模型参见：王丽娅. 地方政府招商引资竞争的经济学分析及对策建议 [J]. 辽宁大学学报（哲学社会科学版），2005（6）.

第二种情况，A、B 两地投标但只有 A 地提供引资优惠条件 C_A，此时 A 地将获得比第一种情况更大的区位优势；外资 K_{FDI} 所获得的收益为 $R_A + C_A > R_B$，选择 A 地；A 地获得的引资收益 为 $V_A - C_A < V_A + R_A - R_B$，而 B 地的收益为零。

第三种情况，A、B 两地投标但只有 B 地提供引资优惠条件 C_B。若外资 K_{FDI} 选择 B 地，所获得的收益为 $R_B + C_B$，若选择 A 地，所获得的收益只有 R_A。B 地政府要确保引入外资 K_{FDI} 就要 保证外资 K_{FDI} 选择 B 地的收益大于选择 A 地的收益，即：$R_B + C_B > R_A$，所以 B 地所提供的外资优惠条件 $C_B > R_A - R_B$，即 B 地政府所提供的引资优惠条件应能够补偿外资 K_{FDI} 因选址本地 区而增加的成本或减少的收益。则 B 地获得的引资收益为 $V_B - C_B < V_B + R_B - R_A$，而 A 地因不提供优惠条件而失去外资 K_{FDI}，其引资收益为零。

第四种情况，A、B 两地都投标且都提供优惠条件，其所提 供的引资优惠条件分别是 C_A、C_B。A、B 两地政府要打败对方、 确保外资 K_{FDI} 进入本区域的条件是保证外资在本地的总收益大 于在对方区域内的总收益。由此，

A 地胜出的条件是：$R_A + C_A > R_B + C_B$

B 地胜出的条件是：$R_B + C_B > R_A + C_A$

由于 R_A、R_B 是既定的，且 $R_A > R_B$，A、B 两地政府之间的 竞争实质上是双方引资优惠条件的竞争。在此激烈的引资竞争 中，谁能给出的优惠条件越大，谁胜出的可能性就越大。出于 地方经济利益和政府政绩考核的需要，A、B 两个地方政府都不 轻言放弃，双方在优惠条件的提供上不断加码。按理说，A、B 政府所能给外资的最大优惠条件分别是 V_A、V_B，但现实中自我 利益驱动的政府官员往往出现政府行为的扭曲，为了获得外资 不惜突破极值条件，出现了"打破底线的竞次战略"（Race to the bottom）。据江苏省政府的一份刊物披露，2004 年苏州的土

地开发成本为每亩（1 亩 = 666.7 平方米）20 万元，但为了引进外资，却将土地价格压至每亩 15 万元。恶性竞争的驱使下，周边的吴江、宁波、杭州地区只好将土地价格压到每亩 5 万元的超低水平。由于地处相邻，号称寸土寸金的上海也加入了这种杀价竞争。在上海市郊区，每亩土地的价格竟压至 5 万 ~ 6 万元。如此，就出现了 GDP 不断增长，但招商用地价格不断下滑的怪现象。在苏州昆山，每亩工业用地的价格从 2001 年的 9.5 万元降到 2002 年的 8 万元，再降到 2003 年的 6 万元。对这种恶性降价，昆山经济技术开发区的一位负责人说："如不降价就会失去引资竞争力"。①

从以上分析我们可以看出，引资优惠策略博弈是一种囚徒困境博弈，其均衡解是所有地区都选择引资优惠策略。在引资优惠策略的引导下，外资的进入虽然导致了地区就业机会和收入水平的提高，但一个地区从就业和工资收入增加所获得的福利来看，其不足以抵消优惠政策所导致的税收、土地等收益损失所带来的负效用。总体来看，引资优惠博弈导致了地区福利的下降，而且参与竞争的地方政府越多，就业、收入增加与社会福利之间的背离将越大，优惠政策所导致的社会福利损失将会越大。

引资优惠政策的竞争不仅在国内各地区之间普遍存在，而且在国际领域中也依然存在。适当的外资优惠政策可以弥补本国的区位劣势，纠正市场失灵；但外资总量的有限以及在不同东道国之间的流动，决定了外资在不同东道国的分布是不均衡和不稳定的，进而导致不同东道国之间利益的不均衡。各东道国从自身利益出发，竞相出台优惠政策来吸引更多的外资流入，于是就出现了所谓的"外资优惠政策的国际竞争"现象，而且

---

① 资料来源：佚名. 发展战略由"竞次"转向"竞优"任重道远. 中国管理联盟网，2006.12.

不断加剧。据联合国贸易和发展会议统计，在 1991—2004 年期间，各国对外商直接投资管理的制度发生了总共 2 156 项变化，其中有 2 006 项是为了创造对外商直接投资更有利的环境，占总数的 93%。仅在 2004 年就有 102 个国家进行了 271 项规制变化，其中有 235 项对外商直接投资是更有利的。而中国的情况也不例外，自 2001 年入世以来，中国外资政策鼓励类由 186 条增加到 262 条，限制类由 112 条减少到 75 条①；这其中固然有入世后进一步开放的承诺，但更多更好地吸引外资却是一个不容否认的动机。

联合国贸易和发展会议《1998 年世界投资报告》指出：近年来，越来越多的国家通过优惠税收制度来吸引外资，一旦有一个国家引入这种制度，其他国家就发现也必须采取类似的措施，于是就引发了一场"奔向最低点的国际竞赛"。外资优惠政策竞争不仅损害东道国的利益，而且因为存在外资企业的政策寻租，对整个世界的福利也是有害的；由于外资优惠政策削弱了市场竞争效应，外资企业凭借优惠政策的优势就可以轻而易举地在市场竞争中取胜，其内在的创新动力必然弱化，导致所谓的"动态无效率"。目前发达国家是资本净流出国，发展中国家是资本净流入国，这势必减少广大发展中国家从外资流入中取得的收益；对于单个发展中国家来说，由于其他发展中国家普遍对外资采取优惠政策，该国为了吸引外资，不得不实行更优惠的外资政策，结果势必导致严重的恶性循环，即一旦走上"外资优惠政策之路"，就不得不继续不断地走下去，本国应得利益也就将持续不断地流失。长此下去，这不仅会降低东道国和整个世界的经济福利，而且会产生诸如发达国家与发展中国家差距拉大、世界性劳资矛盾加剧和主权国家意志受损等结构

---

① 王志乐. 跨国公司在中国投资报告（2002—2003 年）［M］. 北京：中国经济出版社，2003：13.

性问题。①

三、东道国政府与外商投资者之间的博弈

跨国公司与东道国政府之间的关系问题一直是跨国公司发展进程中的一个重要内容。东道国政府对跨国公司及其对外直接投资的政策变化实质上是主权国家对跨国公司权力扩张的一种反映,从中可以折射出东道国政府与跨国公司在谈判和博弈中的力量变化(谢康,1999)。在经济全球化趋势中的跨国公司凭借其强大的垄断竞争优势,进行全球范围内的经济扩张,由此也衍生出巨大的超经济权力,它不仅将触角延伸到母国经济活动以外的诸如政治、文化和社会等领域,而且还通过在东道国建立子公司以及国家之间的经济政治外交等关系对东道国外资政策施加影响。

以全球利益最大化为导向的跨国公司在逐利本性的驱动下,其发展目标值往往与东道国发展目标值不一致甚至是冲突,这必然在跨国公司与东道国政府之间展开博弈,并最终形成一种不完全信息条件下的动态合作博弈均衡②。从某种程度上来讲,东道国外资政策正是这种动态合作博弈均衡的反映。

合作博弈的结果是双方在互惠互利条件下达成约束性利益分配协议,而这一协议的均衡点取决于二者的讨价还价能力(或称谈判实力)。我们可用图 7 - 3 表示跨国公司与东道国政府

---

① 陈继勇,等. 国际直接投资的新发展与外商对华直接投资研究 [M]. 北京:人民出版社,2004:356 - 357.

② 博弈可以划分为合作博弈(Cooperative Game)与非合作博弈(Non - Cooperative Game)。合作博弈与非合作博弈之间的区别主要在于人们的行为相互作用时,博弈主体之间能否达成一个具有约束力的协议,如果有,就是合作博弈;反之,则是非合作博弈。合作博弈强调的是团体理性(Collective Rationality)、效率(Efficiency)、公正(Fairness)和公平(Equality),而非合作博弈强调的是个人理性、个人最优决策,其结果可能是有效率的,也可能是无效率的。参见:张维迎. 博弈论与信息经济学 [M]. 上海:上海三联书店,1996:5.

之间的合作均衡博弈。

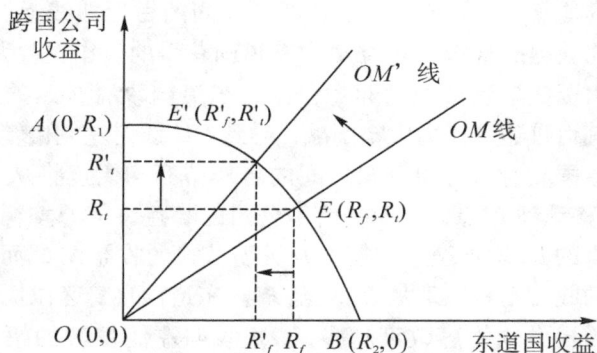

图7-3 跨国公司与东道国政府的合作均衡博弈

此处，我们假设跨国公司与东道国政府都是理性的经济人，在该模型中均为局中人，并设 $\xi = \{1,2,\cdots,n\}$ 为局中人集合。合作博弈的利益分配和约束协议的达成必须满足两个条件：① $\sum x_i = V(\xi),(i = 1,2,\cdots,n)$ ；② $x_i \geqslant V(i)$ 。其中，x_i 表示第 i 个局中人的收益 $(i = 1,2,\cdots,n)$ ，$V(\xi)$ 表示 n 个局中人的总最大收益，$V(i)$ 表示局中人 i 不参与合作时的收益。第一条件表示跨国公司与东道国政府的收益之和等于合作产生的收益；第二条件表示无论跨国公司还是东道国政府参与合作获得的收益都大于或等于不参加合作所获得的收益。

图7-3中，横轴代表东道国所获得的收益，纵轴代表跨国公司所获得的收益，在原点 O 上为跨国公司与东道国不能取得合作，即外资不进入，双方的收益均为零。当二者取得合作可以使双方获得合作收益时，假设 OM 线为双方的收益分割曲线，这一曲线的斜率取决于双方的讨价还价能力。在 A 点，跨国公司获得最大收益 R_1，东道国收益为零；反之在 B 点，东道国获得最大收益 R_2，跨国公司收益为零。实际上，A、B 两点为极端

现象，一般无法达成合作协议。跨国公司与东道国政府达成合作协议的均衡点 E 必定在 A、B 两点之间的弓形曲线上；此时，跨国公司获得的合作收益为 R_t，东道国获得的合作收益为 R_f。[①]

在引资优惠政策的博弈竞争中，东道国政府必然处于不利地位，其讨价还价能力大幅削减，导致 OM 线向左侧偏转至 OM' 线，东道国政府与跨国公司之间的合作博弈均衡点将从 E 点沿 AB 曲线移动到 E' 点。此时，跨国公司的收益将从原均衡位置 E 点所获得的 R_t 增加至新均衡点 E' 处所获得的收益 R'_t，而东道国所获得的收益则相应地从 R_f 减至 R'_f。东道国自身区位优势越不足，所需提供的优惠政策越多，OM 线向左侧偏转的幅度就越大，所获得的收益则越小。

双方的博弈能力都会随时间推移而发生变化。在投资决策阶段，跨国公司的讨价还价能力是最强的，在投资环境基本相同的两个地方，它可以根据投资优惠政策的不同而作出抉择。随着外商投资者大量固定资产的投入，"沉没成本"的产生使东道国政府的讨价还价能力有所增强。

但在政绩指标考核体系最大化原则指导下的地方政府，是在不完全信息条件下有限理性的经济人。对引资地区与其上级考核部门来说，易于掌握的信息是外商投资的数量，而对外商投资的质量，包括投资项目的技术含量、产业关联程度、产业结构优化效应等，难以直接了解和准确量化。因此，在具体的招商引资工作中便不可避免地以引资规模为工作的重点，从而对外资质量要求的约束力降低，双方的博弈也可能从强调团体理性的合作博弈演变为强调个体理性或个体最优决策的非合作博弈，其结果往往导致引资中的良莠不齐，大量低质低效率外资的流入，出现"劣质资本驱逐优质资本"的逆向选择现象。

---

① 楚永生. 中国政府利用外资政策的变革及趋势探析：基于跨国公司与东道国政府之间的博弈分析 [J]. 太原理工大学学报（社会科学版），2005（3）.

一方面，各地方政府之间总是选择风险小、操作难度小、见效快的引资优惠政策来吸引外资，不惜在优惠条件上实施"竞次战略"或进行被陈明森（2004）称之为的"奔向贫困的竞赛"；甚至在其他地区都采用优惠政策而此时并不能够给本地区经济发展带来优势时，地方政府仍然会采取优惠策略。究其原因在于，如果该地区从优惠政策竞争中退出，将导致该地区社会福利在博弈的均衡水平之下，因为优惠策略博弈的解是一个贝叶斯均衡解，而其他地区也不会有从竞争中退出的激励。因此，所有的地区都继续将优惠政策作为一种防御性政策，以保证它们的利益不会被其他地区所吸引。其结果将会出现如图7-4所示的引资优惠政策与外资的过度进入。

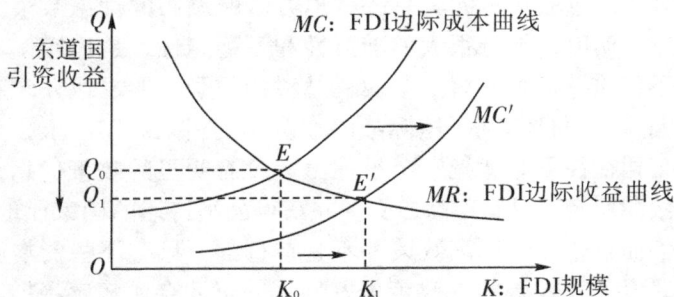

图7-4 引资优惠政策与 FDI 的过度进入

图中，横轴表示 FDI 流入东道国的具体规模 K，纵轴表示东道国的引资收益 Q，MR、MC 分别为 FDI 在当地的边际收益曲线和边际成本曲线。在东道国的正常引资政策下，按照边际成本等于边际收益（$MR = MC$）的最优规模判断标准，进入该地的 FDI 规模将是在均衡点 E 处的 K_0，此时东道国的引资收益为 Q_0。

东道国政府实行引资优惠政策，主要体现在税收减免、低成本甚至零成本土地的供给以及其他产业发展优惠政策。这些优惠实际上是直接或间接减少了外资企业的生产运营成本、导致其边际成本曲线移动，即从原来的 MC 曲线右移至 MC' 曲线。此时，外资规模在优惠政策的刺激下增加到了 K_1，在新的均衡点 E' 处达到均衡，即 $MR = MC'$；而此时东道国的引资收益则从 Q_0 下降到 Q_1。

我们可以从外商投资的质量角度，将外商投资分为成本导向性投资和战略性投资。前者追求低成本，往往是资本质量较低的"政策偏好型"资本；后者往往拥有较先进的技术水平和管理水平，是资本质量较高的"环境偏好型"资本。与前者相比，后者具有较强的产业结构带动效应，对东道国的经济发展有较强的促进作用，也是东道国政府所普遍欢迎的资本。

许多优惠政策，尤其是一些地方政府颁布的优惠政策，往往缺乏透明度，带有很大的随意性和不稳定性，具体操作不规范，不仅给外资企业留下了偷税逃税的空子，形成地方政府腐败的温床，而且不利于国际战略性资本的引入。实际上，大型跨国公司往往更愿意把资金投向虽然没有明显的政策优惠，但政策法律稳定、具有很高透明度并获得公平待遇的国家或地区。对它们而言，外资优惠政策并不是首选的，只有那些资本质量较差、竞争力较差的"政策偏好型"外资才会比较感兴趣。各地政府滥用引资优惠政策，实际上是人为地降低了外资企业的生产成本，使原来效率低下的外资企业也可以轻松进入我国市场，从而在整体上降低了利用外资的质量与效率。

另一方面，对外资企业的政策过于优惠，与内资企业形成鲜明的反差，人为地破坏了市场经济的公平竞争原则，造成两者之间竞争的外部条件极不平等，使得内资企业在与外资企业的竞争中处于不利的地位。这种外资企业不是依靠自身质量、成本、技术等内在因素，而是依靠优惠政策优势排挤内资企业的不平等竞争现象，称为"政策挤出效应"。① 目前我国不少行业出现外资大量进入、内资企业逐步退出，整个行业增长缓慢甚至出现负增长的现象，其原因可能是多方面的，但"政策挤出效应"不能不是一个重要原因。这在我国当前的塑料制品业、皮革制造业、橡胶制品业、文教体育用品制造业、食品加工业、家具制造业、纤维制品制造业等行业都有较明显的表现。

在市场激烈竞争的压力和引资优惠政策的刺激下，部分内资企业的行为不免出现扭曲，甚至有以假外资企业的名义来获取优惠政策的现象。自 2001 年入世以来对华投资位居前列的国家与地区是中国香港、中国台湾、美国、日本、韩国、新加坡、中国澳门、英属维尔京群岛、德国、法国等。以 2005 年对华投资前十位国家或地区为例，以实际投入外资金额计，依次为：中国香港（179.49 亿美元）、英属维尔京群岛（90.22 亿美元）、日本（65.30 亿美元）、韩国（51.68 亿美元）、美国（30.61 亿美元）、新加坡（22.04 亿美元）、中国台湾（21.52 亿美元）、开曼群岛（19.48 亿美元）、德国（15.30 亿美元）、萨摩亚（13.52 亿美元），前十位国家与地区实际投入外资金额占当年全国实际使用外资金额的 84.4%。②

其中，英属维尔京群岛、开曼群岛以及萨摩亚都是众所周知的世界级的"投资避税天堂"。这些地区资金的大量涌入在一定程度上说明：除了真正的国际性资金外，部分内资企业借其道、假借外资名义，获取外资优惠政策的现象也屡屡出现，这进一步降低了外资的结构优化效应，降低了该地区的社会总福利。

---

① 陈明森. 我国利用外资优惠政策偏差及其政策转型［J］. 福建论坛·人文社会科学版，2006（9）.

② 数据来源：国家商务部网站相关统计数据。

第二节 FDI 的数量型扩张与适度规模研究

一、FDI 的数量型扩张与 FDI 绩效拐点区的出现

改革开放以来，我国利用外资基本属于数量扩张型，主要表现为利用外资总体规模较大，但技术含量不高，产业层次较低，以传统的轻纺工业为主。在短缺经济时代，这种利用外资的方式有一定的合理性。但是随着过剩经济的到来以及产业结构的战略转型，这种以数量扩张为主要特点的利用外资方式必然造成较大的问题，以致造成产业结构转换缺口、产业结构低层次固化等 FDI 流入陷阱。

表 7 - 1 为改革开放以来我国实际吸收 FDI 的统计数据。

表 7 - 1 改革开放以来我国实际吸收的境外直接投资

年 份	实际吸收 FDI		GDP（年末汇率）（亿美元）	FDI/GDP（％）
	金额（亿美元）	增长率%		
1979—1982	11.7	—	11 190.7	0.1
1983	6.4	—	2 995.9	0.2
1984	12.6	97.8	2 565.0	0.5
1985	16.6	32.0	2 800.1	0.6
1986	18.7	12.8	2 741.0	0.7
1987	23.1	3.1	3 213.9	0.7
1988	31.9	38.0	4 010.7	0.8
1989	33.9	6.2	3 580.9	1.0
1990	34.9	2.8	3 551.8	1.0

表 7 - 1（续）

年 份	实际吸收 FDI		GDP(年末汇率) （亿美元）	FDI/GDP （％）
	金额（亿美元）	增长率％		
1991	43.7	25.2	4 901.9	0.9
1992	110.1	152.1	4 631.3	2.4
1993	275.2	150.0	5 971.5	4.6
1994	337.7	22.7	5 536.2	6.1
1995	375.2	11.1	7 030.8	5.3
1996	417.3	11.2	8 180.6	5.1
1997	452.6	8.5	8 993.3	5.0
1998	454.6	0.5	9 590.4	4.7
1999	403.2	−11.1	9 910.5	4.1
2000	407.2	0.9	10 800.1	3.8
2001	468.8	15.1	97 314.8 *	
2002	527.4	12.5	104 790.6 *	
2003	535.1	1.5	117 251.9 *	
2004	606.3	13.3	136 515.6 *	
2005	724.1	19.4	185 496.0 *	

数据来源：根据《中国统计年鉴（2005）》、《中国对外经济统计年鉴（2005）》、国家统计局网站、商务部网站等相关数据计算得出。

＊单位为亿元人民币，数据来源于国家统计局 2006 年 5 月 16 日发布的《关于2005 年重要数据和部分历史数据修订的公告》。

从表 7 - 1 中，我们可以看出，1997 年以前我国利用外商直接投资一直处于快速增长时期，年均增长率高达 40% 左右。1998—2000 年受 1997 年东南亚金融危机影响，出现了低速增长甚至负增长，但 2001 年迅速恢复强劲吸引力，增幅高达

15.1%。1993—2001 年，年均流入中国内地的 FDI 为 403.1 亿美元。2001 年，受美国"9·11"恐怖袭击事件的影响，全球经济出现衰退，当年全球 FDI 流量下降了 51%，但是流入中国内地的 FDI 仍然十分强劲，高达 468.8 亿美元，占全球 FDI 流入量的 6.4%。2002 年则增长至 527.4 亿美元，占全球 FDI 总流入量的 10% 左右。2003 年更是达到 535.1 亿美元，位居全球第一，占亚非拉所有发展中国家吸引 FDI 总量的三分之一。2004 和 2005 年依然保持十分强劲的增长势头，增幅分别高达 13.3% 和 19.4%，位居全球引资前列①（见表 7－1、图 7－5）。

　　FDI 的大规模流入在很大程度上弥补了我国长期以来的资金缺口和先进生产要素缺口，促进了我国经济体制的改革与创新，对产业结构的优化升级起到了明显的促进作用。但 FDI 的负面影响效应正逐步显现，地方政府引资博弈中优惠政策的隐形成本（损害当地的社会福利、对内资企业的政策性排挤效应等）也逐渐突显，尤其是近几年来，引入的 FDI 出现了明显的阶段性边际收益递减趋势，FDI 的绩效曲线正进入拐点区。

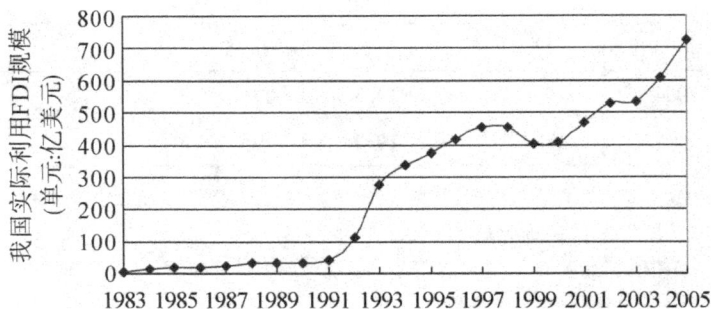

图 7－5　1983—2005 年我国实际利用的外商直接投资

---

　　① 陈达. 2005 年中国 FDI 流入量全球第三 [N]. 第一财经日报，2006－10－17（A01）.

鉴于很难直接量化 FDI 的作用绩效，联合国贸易和发展会议（UNCTAD）往往采用 FDI 流入业绩指数来评价 FDI 的流入表现。所谓 FDI 流入业绩指数，即指一国 FDI 流入量占全球 FDI 流入量的比例与该国 GDP 占全球 GDP 比例的比值，这一指数的变动在一定程度上反映了一国利用 FDI 的效益波动。我们借用这个业绩指数对我国 FDI 的绩效表现做一个粗略的判断。图 7-6 是我国 FDI 流入业绩指数值与国际排名。

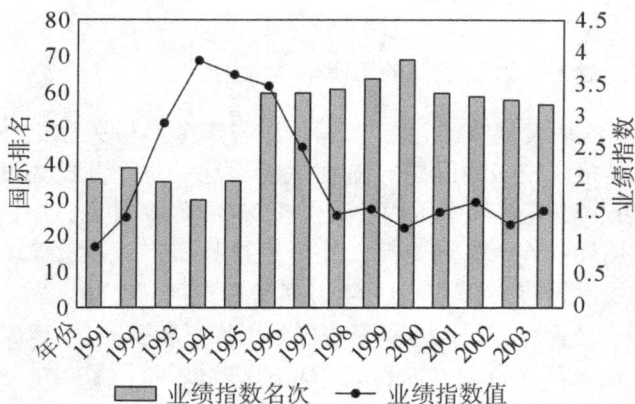

图 7-6　我国 FDI 流入业绩指数值与国际排名

数据来源：联合国贸易和发展会议（UNCTAD），《世界投资报告》（2002、2003、2004）。转引自：金润圭，王浩. 关于 FDI 绩效拐点的战略思考 [J]. 华东师范大学学报（哲学社会科学版），2006（1）.

图 7-6 表示，我国 FDI 流入业绩指数在 1991—1994 年间呈现上升趋势，1994 年在 140 个国家与地区参与的排位中，中国 FDI 流入指数值为 3.86，名列 28 位；1994 年以后开始出现下降趋势，1995—2000 年期间大幅下降，2000 年该指数值为 1.1，排名下滑至 70 名左右；2001 年中国入世虽促进了 FDI 流入业绩指数值的回升，但回升幅度很小，其后在 1~2 之间波动，2004 年该业绩指数值又降为 1.2，名列全球第 57 名。

从我国 FDI 流入业绩指数值的变动曲线，我们大致可以得出，2000 年以后我国进入了一个比较明显的 FDI "吸引力再造"的盘整期，可以大致判断我国利用 FDI 的绩效开始进入了拐点区，FDI 产业结构效应的负面影响正逐渐增强，将在很大程度上抵消甚至超过其正外部性效应（金润圭、王浩，2006）。① 在现实经济中，这个拐点不会是一个单独的时点，而往往表现为绩效异常值波动的一个区间，这种特征是经济系统的复杂性和混沌性决定的。

二、对 FDI 适度规模的思考

FDI 的适度规模是近年来理论界与实务界所关注的热点问题，也是争议较多的问题。随着中国入世后对外开放力度的加大，FDI 大规模进入中国内地，截至 2006 年 6 月底，中国累计实际使用外资 6 508 亿美元，外商直接投资存量达 2 721 亿美元，位居世界前列，连续 14 年名列发展中国家首位。关于我国利用 FDI 是否过度，近几年来在国内引发了较多的争议。

一种观点认为，中国利用 FDI 的总量还是不够的。这种观点认为，衡量一个国家吸收 FDI 的数量不能仅仅看绝对量，而应该按国际标准综合量化。衡量的指标主要是两个：外资依存度和当年吸收外商投资占当年固定资产投资的比重。2005 年世界投资报告显示外资依存度世界平均水平是 22.9%，发达国家平均水平为 20.7%，而我国是 27.4%；表面看似乎我国外资依存度过高，但世界投资报告使用的数据采用的是我国的"累计实际使用外资量"，而不是真正的"外国直接投资存量"，即累计实际使用外资的存量资产。实际上，按国际货币基金组织界定的方式测算，2005 年我国实际外资依存度不超过 12%，远低

---

① 金润圭，王浩. 关于 FDI 绩效拐点的战略思考 [J]. 华东师范大学学报（哲学社会科学版），2006（1）.

于世界平均水平。从人均拥有 FDI 存量数量来看，目前我国人均值仅有 218 美元，远低于 2002 年世界人均 1 178 美元的水平，既低于发达国家 5 330 美元的水平，又低于发展中国家 480 美元的水平。从我国吸收 FDI 占当年全国固定资产投资的比重来看，1994 年我国曾一度达到 17.08%，但此后中国国内经济的迅速发展，该指标却呈一路下滑趋势，2003 年为 7.95%，2005 年为 5.5%，而世界平均水平为 7.5%。①

因此，尽管近年来，我国每年吸收 FDI 的绝对量很大，但按相对指标比较，我国吸收 FDI 还有相当大的空间；尤其我国是个人口大国，劳动力资源丰富、二元经济特征突出，又处于经济起飞阶段，吸引更多的外商资金是当务之急，不存在中国利用 FDI 过度的问题。

另一种观点认为，当前我国吸收 FDI 已经过度。这种观点认为，利用 FDI 规模的大小，关键看是否有效益，如果有效益，规模稍大也不怕；如果无效益或者效益很差，小规模也有危险。而事实也证明，我国目前无论是行业还是企业状况都不理想，当然这不能完全怪罪于所引入的 FDI，而是自身存在着吸收能力限制的原因。从我国的市场发育程度和我国吸收利用外资的能力来看，远远不能与美国、日本、韩国等国家相比，我国的经济基础、市场条件、技术水平从根本上决定了我国不可能向发达国家那样大规模地引进 FDI，引进外资必须要考虑本国的实际情况。一方面，从经济增长目标来看，我国政府把经济增长速度定在 7% ~ 8%，以控制过高的增长速度所带来的通货膨胀、产业结构畸形发展等问题。引进 FDI 与经济增长的逻辑关系应当是 FDI 服从于经济增长，而不是经济增长被动地表现为 FDI 推进的结果。根据英国经济学家贝里尔的测算，外国资本通常

① 王健君. 中国利用外资过度了吗？[J]. 瞭望·新闻周刊，2006 (38).

第七章 引资博弈与 FDI 的数量型扩张——基于制度层面的原因剖析

占到经济起飞所需资金的 30% 是最好的，过分依赖 FDI 推动经济增长会有巨大风险；FDI 虽好，但不能过量引入。另一方面，当前我国国内资金已处于充裕乃至盈余状况，特别是国内超过 17 万亿元的居民储蓄和上万亿美元的庞大的外汇储备显示，原有的外汇缺口和储蓄缺口都不存在了，而过量的低质低效率 FDI①的流入在很大程度上挤占了我国内资企业的市场，出现了较严重的外资替代内资的负面效应状况，从而导致整个资金使用效率过低，浪费严重。

因此，我国的当务之急不是大量地利用 FDI，而是通过经济体制改革，建立现代企业制度，通过多样化的投资渠道促使国内储蓄转化为投资，吸引 FDI 从数量型向质量型的转变，从而确保资金这一稀缺资源得到优化配置，提高 FDI 的利用效益。

笔者支持后者的观点。所谓 FDI 的适度规模，是指一国在其经济发展的一定时期，FDI 对内资只起追加而不起替代作用的情况下，国内经济发展客观需要的、能被经济发展所实际吸收，并且能够确保民族工业的独立性和经济自主性的 FDI 规模。它包括三个方面：①外资的必要规模，这是保证一国一定时期内经济增长客观需要的外资规模；②外资的吸收规模，这是指一国一定时期内由人才、技术、资源配套设施等因素决定的所能消化吸收的外资规模；③外资的安全规模，这是指一国一定时期内具有偿还能力且不影响国际收支平衡、能够确保民族工业的独立性与经济自主性的外资规模。

① 目前国内已有部分学者运用计量分析工具和我国利用外资的相关统计数据来定量分析在华 FDI 的产出绩效。如：王兰（2004）运用索罗—斯旺（Solow - Swan）生产函数模型，采用 1991—2002 年全国统计数据进行计量分析，得出：1991—2002 年期间，在整体上外商投资企业边际产出效率要明显高于国内企业，但 1995 年以后，外商投资企业的边际产出效率逐渐下降，甚至出现了 1999 年其边际产出率为 0.42。FDI 资本存量的边际产出与国内资本边际产出之间的差距逐渐缩小，显示外资规模的盲目扩大导致了外资对我国经济增长贡献率的下降。参见：王兰. 外国直接投资在中国的经济效应实证分析 [J]. 甘肃社会科学，2004（3）.

FDI 的适度规模主要是由东道国的资本缺口和东道国的吸纳能力所决定的。当然，吸引 FDI 不能脱离东道国利用 FDI 的必要规模和安全规模。一般而言，满足了吸纳能力的 FDI 是安全的，也是必要的。严格地说，FDI 安全规模应该是适度规模的上限，其最优原则应是：首先符合安全规模要求，其次符合吸收规模要求，最后才是必要规模要求。但是，在实际操作中，很难有一个统一而明确的标准去判断 FDI 的安全规模、吸收规模和必要规模，这也是导致争议过多的主要原因之一。

在我国当前不存在资本缺口的情况下，决定我国 FDI 适度规模的因素主要是我国对 FDI 的吸纳能力，这包括我国的经济总量、人力资本、政府 R&D 支出、基础设施等经济因素和政府的引资政策、经济开放程度等制度性因素，其中，经济总量与人力资本是两个关键因素。

任何一个国家或地区对外资的吸收能力总是有限的，其根本原因在于，FDI 作为东道国经济发展的要素之一，必须与国内的生产要素相结合才能发挥作用。国内要素的配合能力决定了 FDI 对东道国可能的贡献程度，反过来，在国内配合能力（实际上可以说吸收能力）一定的情况下，它所能有效吸收和利用的 FDI 规模也就一定了（适度规模）。如果背离了两者的最优结合点，经济的实际产出水平将由相对不足的要素来决定，这就是经济发展中的"木桶效应"。

FDI 的适度规模是由一个国家或地区的实际的、客观情况所决定的，在短时期内，这种客观情况是很难大幅改变的，因此 FDI 适度规模在短时期内具有刚性，它只随着东道国的投资环境等吸收能力的改变而改变。在正常情况来说，FDI 的实际规模在一定时期内并不一定就等于适度规模，但也不会过分偏离适度规模，就像价格围绕价值上下波动一样，利用 FDI 实际规模会围绕适度规模上下波动，它们之间有一种内在的稳定机制，使得实际规模不会过分波动而稳定在适度规模左右。因为，如果过度超越了 FDI 适度规模，会带来严重的危害，政府将采取各种政策进行宏观调控，抑制 FDI 的实际规模；即使政府不进行宏观政策调控，产业结构、地区结构的扭曲也会导致投资环境的不断恶化，从而使理性的 FDI 退出，减少 FDI 的实际规模；反之，当实际规模严重低于适度规模时，政府往往会采用引资激励政策去吸引更多的 FDI，如改善投资环境、减免税收等。但在非理性的情况下，政府招商引资行为的扭曲将可能导致 FDI 实际规模严重偏离适度规模，尤其是在引资博弈过程中，过量 FDI 的进入将扭曲这种内在稳定机制。①

在这里，我们可以根据利用 FDI 的收益与成本因素，运用微观经济学的成本—收益分析方法来推断我国利用 FDI 的适度规模。

东道国要想使其利用 FDI 的总收益最大，即：

$$\max R(R_d, C) = R_d(Q_d, Q_w) - C(Q_w, B) \tag{1}$$

式中，Q_w 为外商实际投资规模，Q_d 是东道国资本缺口和吸收能力所决定的外资吸收规模，C 为东道国的引资成本，其中主要表现为引资优惠政策 B。

使东道国利用 FDI 总收益最大的条件是：利用外商投资的边际成本等于边际收益，即：$\dfrac{\partial R_d}{\partial Q_w} = 0$

我们可用一个二次函数来描述外商实际投资规模 Q_w 与东道国收益水平 R_d 之间的函数关系，如下式：

$$R_d = R_d{}^* - k \times (Q_d{}^* - Q_w)^2 \tag{2}$$

其中，$R_d{}^*$ 是东道国利用外商投资潜在的最大收益水平；k 是东道国的收益损失系数，是由其他很多被假设不变的因素共

① 生延超. 中国外商直接投资适度规模研究 [D]. 中国学术期刊网，2005：20 - 21.

同决定的一个综合性参数；$k \times (Q_d{}^* - Q_w)$ 表示由于外商投资实际规模与东道国对外商投资需求的最优规模不相符合，而使东道国损失的潜在收益。

将 $Q_w = 0$，$R_d = 0$ 代入公式（2），可得：$R_d{}^* = k \times Q_d{}^{*2}$，进而将公式（2）改为：

$$R_d = 2kQ_dQ_w - kQ_w{}^2 \tag{3}$$

考虑到引资优惠政策的成本效应，东道国的收益函数可写成：

$$R_d(Q_d, Q_w, B) = 2k_1Q_dQ_w - k_1Q_w{}^2 - k_2BQ_w \tag{4}$$

公式（4）中，k_1 即为东道国利用外商投资的收益损失系数，k_2 为东道国利用外商投资的成本系数。

对公式（4）的东道国收益函数求关于 Q_w 的偏导数，即求取在有引资优惠政策条件下，东道国为实现引资收益最大化而选取的最优利用外商投资规模，可得：

$$\frac{\partial R_d(Q_d, Q_w, B)}{\partial Q_w} = 2k_1(Q_d - Q_w) - k_2B$$

令：$\dfrac{\partial R_d(Q_d, Q_w, B)}{\partial Q_w} = 0$，则得：$R_d = \dfrac{k_2B}{2k_1} + Q_w$ （5）

下面我们再来分析外商投资规模的确定。我们把东道国影响外商投资的因素归纳为两大类：投资环境（H）和引资优惠政策（B）。则外商投资的供给函数可表示如下：

$$Q_w(B, H) = \alpha \cdot B + \beta \cdot H \tag{6}$$

其中，α、β 分别为东道国的引资优惠政策、投资环境对外商实际投资规模的影响系数，且 $\alpha + \beta = 1$。

由此，外商和东道国之间的博弈过程，表现为两个博弈主体之间的反应函数，公式（5）、公式（6）构成二元方程组求解，得：

$$Q = \frac{2k_1 \cdot \alpha}{2\alpha k_1 + k_2} \cdot Q_d + \frac{k_2 \cdot \beta}{2\alpha k_1 + k_2} \cdot H \tag{7}$$

此处的 Q 即为东道国利用外商投资的适度规模①。

通过以上分析，我们得出如下结论：

（1）FDI 的适度规模与东道国的资本缺口和资本吸纳能力成正比，即东道国的资本缺口越大、资本吸纳能力越强，东道国利用 FDI 的适度规模也越大。

（2）东道国利用 FDI 的适度规模与外商对引资优惠政策的偏好程度成反比，与投资环境成正比。其原因在于，当外商高度偏好东道国的引资优惠政策时，就会诱使东道国通过不断地提高对外商投资的政策优惠程度来吸引外商投资，从而导致引资成本不断增加，进而使其引进外商投资的适度规模降低，吸纳能力下降。

（3）由于存在着引资成本的问题，东道国对 FDI 的适度规模往往是小于其 FDI 的吸收能力。如同企业的产量决策，并不是取决于企业的生产能力，而取决于企业的边际生产成本和边际收益所决定的使企业利润最大化的均衡产出水平。

我们可以利用以上模型结论来具体分析我国 FDI 的规模。生延超（2005）运用该相关模型，通过对 1985—2002 年的相关统计数据（含 GDP、FDI、人力资本、技术含量、政府研发投入、基础设施建设等多种因素）的回归分析后，得出了以 1985 年为基期的我国利用 FDI 的适度规模函数。②

$$
\begin{aligned}
FDI_{t+1}{}^* &= K_{f,t+1}{}^* - K_{f,t} \\
&= 0.934(1 + \alpha)Y_t - 0.929K_{d,t} - 0.146L_{1,t} \\
&\quad - 9.536L_{2,t} + 2\,283
\end{aligned}
$$

运用该函数对我国利用 FDI 的适度规模与实际利用规模进

---

① 详细推算过程参见：张笑芳，李燕燕. 海外资本利用与反利用的博弈分析 [J]. 北方经贸，2006（7）.

② 参见：生延超. 中国外商直接投资适度规模研究 [D]. 中国学术期刊网，2005：41-45.

行验证，得出 2003—2008 年间我国利用 FDI 的适度规模，见表 7–2。

表 7–2　2003—2008 年我国利用 FDI 适度规模的测算值

单位：亿美元

年份 ＼ GDP 增长率	7%	8%	9%	10%
2003	460.9	470.1	496.7	510.3
2004	486.4	503.6	532.2	569.8
2005	533.6	559.1	564.3	588.0
2006	576.8	592.8	601.1	629.7
2007	601.9	623.3	623.8	662.3
2008	622.6	659.7	687.2	712.0

将表 7–2 中的测算值与我国实际吸收 FDI 的规模（见表 7–1）进行比较，可以清楚地看到，2003 年我国 GDP 增长率是 9.1%，FDI 适度规模是 496.7 亿美元，而实际吸收外资 535.1 亿美元，超量 38.5 亿美元，超过当年 FDI 适度规模 7.8%；2004 年我国 GDP 增长率是 10.1%，FDI 适度规模是 569.8 亿美元，而实际吸收外资 606.3 亿美元，超量 36.5 亿美元，超过当年 FDI 适度规模 6.4%；2005 年我国 GDP 增长率是 10.2%，FDI 适度规模是 588 亿美元，而实际吸收外资 724.1 亿美元，超量 136.1 亿美元，超过当年 FDI 适度规模 23.2%。

实事求是地讲，对 FDI 适度规模的确定，目前尚未有明确而统一的方法，在具体的分析过程中仍存在着较大分歧。不同的学者从不同的角度来确定其模型的变量与参数，所得出的具体数值也有较大的差异。在这里，我们运用以上函数模型来对我国利用 FDI 适度规模进行的推算，虽然具体数值仍显粗略，但结论可以给我们有所借鉴：我国当前吸收的外商投资确实已出现过量现象，并且这种趋势仍在不断加强；在我国已拥有

17.25 万亿人民币的城乡居民储蓄和 1.53 万亿美元外汇储备（截至 2007 年 12 月底）的情况下，已不存在资金和外汇缺口，我们不能再像以前那样片面地追求外商投资的规模，毕竟外商投资具有双重效应，我们应对 FDI 的规模和投资结构进行适当的控制，以达到我们所希望的 FDI 适度规模；而且应对目前因外资过度增长所带来的威胁国民经济安全、产业结构扭曲、资源浪费、技术溢出效应差等负面影响引起高度重视，并采取相应的应对措施。

第八章
全球化背景下我国利用外资促进产业结构优化的政策

世界各国经济发展的实践证明，一国产业结构的变动受到多种因素的影响与制约，其中，政府的产业结构优化政策是促进产业结构优化升级的重要因素。只要顺应了产业结构演变的规律，制定和推行符合国情的产业结构政策，就可以较好地减少产业结构优化调整的制约因素，促进资源的合理配置，推动产业结构的优化升级。

在经济全球化背景下，外商直接投资是影响我国产业结构演变的重要因素。外商直接投资是一把"双刃剑"，其对我国产业结构的优化效应也带有明显的双重性。一方面，外资的流入可以有效地弥补我国资金与物质缺口，通过技术转移与溢出效应、产业关联效应、竞争与示范效应等途径促进我国产业结构的优化升级；另一方面，也会因为投资方向的偏向性、产业技术控制、市场垄断和对我国国内企业的产业压制、排挤等造成我国产业结构偏差加剧、政府宏观调控失灵、国内企业自主创新能力削弱以及威胁我国产业安全和可持续发展等严重问题。

21世纪初的全球产业结构调整是在经济全球化背景下由发达国家主导的、以外商直接投资为主要手段的全球范围内的国际产业转移浪潮。如何在此浪潮中抓住机遇、趋利避害，是我国政府当前所面临的一个重大课题。本章拟从制度建设的角度，在探讨提高我国利用外资产业政策有效性的基础上，研究在全球化背景下我国利用外资促进产业结构优化政策的战略性转型与创新。

第一节　我国利用外资产业政策及其有效性

一、我国的利用外资产业政策①

产业政策（Industrial Policy）是经济政策的重要组成部分，它是政府为优化配置资源、实现产业发展目标，以产业和企业为对象实施的、以产业结构转换和生产集中为核心内容的一系列政策的总和②。它主要包括产业结构政策、产业组织政策、产业技术政策、产业布局政策等。

产业政策的本质是国家对产业经济活动的主动干预，是政府管理与调控产业经济发展的基本工具。由于市场机制的缺陷和国际分工体系的不均衡，在全球化竞争日趋激烈，国际经济关系和国际分工体系正经历前所未有的变化时，世界各国政府，尤其是发展中国家政府纷纷把产业政策作为基本政策工具，审时度势，引导资源的优化配置，充分发挥政府的宏观调控职能，增强本国产业的国际竞争力，从而实现赶超战略，争取本国产业在经济全球化过程中的有利竞争地位。

利用外资促进本国产业结构优化升级是全球化背景下一国产业结构政策的重要内容。所谓产业结构政策，是指政府制定

第八章　全球化背景下我国利用外资促进产业结构优化的政策

---

① 陈明森（2004）认为，利用外资政策是产业政策中不可或缺的部分，利用外资政策经常成为实现产业政策目标的基本工具，它们之间相互交叉、不可截然分离，从而形成所谓的利用外资产业政策。利用外资产业政策是经济全球化背景下一国产业政策中重要组成部分，它包括利用外资产业结构政策、利用外资产业组织政策、利用外资产业技术政策和利用外资产业布局政策等多个方面。鉴于本书研究的目的和视角，在本章仅从产业结构优化的角度来探讨我国的利用外资产业政策。

② 龙茂发，马明宗.产业经济学［M］.成都：西南财经大学出版社，2001：377.

的通过影响与推动产业结构的调整和优化来促进经济增长的产业政策，其中战略产业扶持政策和衰退产业调整政策是最基本的产业结构政策内容。而以利用外资为手段推动产业结构优化调整的政策总和便是利用外资产业结构政策。在我国当前主要表现为对外商投资的产业导向政策，其目的是为了指导与规范外商投资方向和投资行为，使外商投资方向与行为与我国国民经济和社会发展的规划相适应。①

1986年以前，我国利用外商直接投资尚处于探索阶段。这一时期，吸引外商直接投资的目的主要是为了弥补我国建设资金不足，在引资政策上只注重引进外商直接投资的规模，而对外商直接投资的质量和结构基本上没有引导与调控。1986年以后，我国逐渐认识到外商直接投资在我国经济发展中的重要作用，出台了《关于鼓励外商投资的规定》、《中华人民共和国外资企业法》等法令法规，开始有意识地加强对外资的引导与调控；但在20世纪90年代中期以前，我国对外商直接投资的引导一直以地区导向为主，在引资政策导向上仍以引资规模为主。

从20世纪90年代中期以来，随着我国经济从整体性短缺经济向结构性过剩经济的逐步转变，我国开始注重对外商直接投资的产业导向和调控，政策导向开始从注重引资规模向注重引资质量转变，我国的利用外资产业结构政策开始逐步出台。1995年我国发布了《指导外商投资方向暂行规定》和《外商投资产业指导目录》，将外商在我国的投资项目分为鼓励类、允许类、限制类和禁止类。其中，国家鼓励外商投资的产业主要是国家政策鼓励发展的瓶颈产业、基础产业、高新技术产业和出口创汇产业；限制类产业主要是出于市场状况和保护民族经济的考虑，即对于市场供过于求的产业和民族竞争力较弱的产业

---

① 陈明森. 产业升级外向推动与利用外资战略调整 [M]. 北京：科学出版社，2004：251.

限制外资进入；列入禁止类的产业主要是出于对国家安全和社会发展的考虑。

这两个法规的出台对于指导外商产业投资方向、优化我国产业结构发挥了积极的政策引导作用。其后，我国又根据国内外经济形势的发展对这两个法规多次进行了修订与完善，并配套了一系列的法令法规。如：1997年12月我国修订了《外商投资产业指导目录》，扩大了鼓励外商投资的范围，突出重点发展产业和鼓励外商向中西部地区投资，提出适应我国产业结构调整的要求和有利于引进先进技术的原则；1999年8月对外经济贸易合作部等部门为鼓励外商投资企业的技术开发和创新，制定了加大对外商投资企业的金融支持力度的规定。

这一阶段的外资政策重在加强对外商投资的规范和管理，逐步取消对外商投资的限制，积极鼓励外商对我国鼓励发展产业的投资；在政策导向上，单纯依靠优惠政策来吸引外资的倾向有所缓和，但尚没有发生根本性变化，外资超国民待遇的现象仍然很突出。

2001年，入世给我国原来的利用外资产业政策造成极大的冲击。为适应世界贸易组织（WTO）的相关规定与国际惯例，我国政府对原来的利用外资产业政策做了重大修改，于2002年4月1日起施行新的《指导外商投资方向规定》和《外商投资产业指导目录》。

坚持扩大对外开放，进一步鼓励外商投资，提高利用外资质量，是此次修订的重要原则。新《外商投资产业指导目录》在内容上，一是增加鼓励类目录，由186条增加到262条；减少限制类目录，由112条减少到75条；放宽外商投资的股比限制，并将原禁止外商投资的电信和燃气、热力、供排水等城市管网首次列为对外开放领域。二是进一步开放银行、保险、商业、外贸、旅游、电信、运输、会计、审计、法律等服务贸易领域，按照承诺的地域、数量、经营范围、股比要求和时间表，履行我国加入世贸组织的承诺。三是积极发挥市场竞争机制作用，将一般性工业产品划入允许类，通过竞争促进产业、产品结构升级。四是鼓励外商投资西部地区的优势产业，放宽外商投资西部地区的股比和行业限制。

新《外商投资产业指导目录》特别指出在今后一个时期内我国将鼓励外商投资以下领域：①鼓励外商投资改造传统农业，发展现代农业，促进农业产业化；②鼓励外商投资交通、能源、原材料等基础设施和基础产业；③鼓励外商投资电子信息、生物工程、新材料和航空航天等高新技术产业，鼓励外商在华设立研发中心；④鼓励外商运用先进适用技术改造机械、轻工、纺织等传统工业，实现装备工业的升级换代；⑤鼓励外商投资综合利用资源和再生资源、环境保护工程和市政工程；⑥配合西部大开发战略，鼓励外商投资西部地区的优势产业；⑦鼓励外商投资产品全部出口的允许类项目。①

新的产业政策和新《外商投资产业指导目录》的出台是顺应我国入世后新形势的要求、与国际惯例逐步接轨的重大举措。在政策导向上，新法规继续贯彻了积极、合理、有效利用外资的方针，更加注重对外商投资的产业导向和地区导向，强调建立健全统一公平的市场竞争机制和良好的法律环境，努力实现外资企业的国民待遇。在这一阶段，促进产业结构优化调整是产业导向的重要目的，也是利用外资产业政策的主要着力点。

总的来看，我国利用外资产业结构政策对指导我国引进与利用外资、规范与管理外商投资的产业方向起到了一定的积极作用，但在具体实施过程中也出现了一些偏差，导致实施效果并不理想。目前，外商投资在我国仍享有"超国民待遇"，而我

① 资料来源：佚名. 我国对外商投资实行新的导向政策［J］. 中国投资，2002（4）.

国利用外资的产业政策工具主要是税收优惠，采取税收减免的方法，鼓励外资进入政策鼓励发展的行业，主要是基础产业和高新技术产业。但是这一政策工具的利益指向，对于不同的投资者所作出的反应是不一样的。就我国利用外资情况来看，以港澳台地区资金为主的中小型外商企业往往比较注重优惠政策，政策的优惠程度是决定其投资与否的重要因素；但是它们往往规模较小、技术含量较低，主要集中在投资少、见效快的劳动密集型产业。而基础产业和高新技术产业的投资往往投资规模大、周期长、风险高，以欧美日大型跨国公司为投资主力的外商投资者更看重投资环境和法律政策的稳定性、连续性和透明性，仅仅是税收上的优惠是不会产生多大的吸引力的。这种政策设计上的偏差是造成我国利用外资产业政策效果不佳的一个主要原因。[①] 与此相类似的还有我国长期执行的"以市场换技术"战略，也是因为我国政府在政策设计上不遵从市场经济规律的"一厢情愿"而导致实施效果不佳，对此问题我们将在后面部分专门论述。

在产业政策的具体实施过程中，我国利用外资产业政策主要是由国家有关部委统一规划与制定的，而具体的政策执行主体则是拥有较大经济自主权的各级地方政府。正如我们在前面所分析的，在现行的地方政府及其主要官员的政绩指标考核制度下，各级地方政府更倾向于短期的显性政绩指标，更关注的是引进外资的具体数量而非引资质量，更关注的是"短平快"项目而非长期投资、多年运作才能见效益的长线项目。而基础产业和高新技术产业往往是属于后一种情况，于是在各级地方政府招商引资工作中常常被冷落，我国利用外资促进产业结构优化的政策目的便被淡化了。虽然中央针对这种政策执行中的

---

① 陈明森. 产业升级外向推动与利用外资战略调整 [M]. 北京：科学出版社，2004：264－265.

偏差问题曾多次下文要求整改，但在现行的制度安排下，地方政府往往"上有政策、下有对策"，我国利用外资产业政策的有效性就相当有限了。如：2006 年 8 月中央明令禁止各级政府层层分解并考核招商引资指标，但实施效果收效甚微。

二、我国利用外资产业政策的有效性分析

各国产业发展的经验表明，技术创新是产业结构优化的根本动力。无论是产业结构的合理化，还是产业结构的高度化，都离不开技术创新的支持。没有持续的技术创新，产业结构的合理化和高度化就会失去动力和物质基础。因此，一国产业结构优化政策的核心和焦点无疑应当是推动技术创新。[1]

改革开放三十多年来，我国一直努力通过引进外商来华产业投资以引进国外先进的设备与技术，进而促进我国企业自身技术水平的提高和自主研发创新能力的飞跃。为此，我国政府先后制定了许多促进利用外资的产业政策，但具体实施的效果却不理想，其中，"以市场换技术"战略就是一个典型的案例。下面我们就以"以市场换技术"战略及其实施效果为例，来具体探讨我国利用外资产业政策的有效性问题。

"以市场换技术"战略是我国政府在 20 世纪 90 年代初开始实施的一项重要的利用外资促进产业技术发展的政策。实施该战略的初衷是希望通过开放国内市场，出让部分市场份额以吸引外商直接投资，通过外商直接投资的技术转移与溢出效应，获取外商的先进技术，在消化吸收的基础上最终形成我国独立自主的研发能力，从而在整体上提高我国产业的技术水平和国际竞争力。该战略实施十多年来，对我国产业结构的升级、生产技术水平的提高起了一定的推动作用，但是具体实施的效果

① 苏东水. 产业经济学 [M]. 北京：高等教育出版社，2000：352.

与当初的预期目标有较大差距。

1. "以市场换技术"战略的实施效果

自改革开放以来，我国吸引的境外直接投资呈现持续增长态势，尤其是 20 世纪 90 年代初实施"以市场换技术"战略以来，FDI 出现了大幅增长。外商投资的大幅增长极大地改善了我国产业发展资金短缺的状况，提高了投资质量，加快了我国产业结构的升级，对我国 GDP 增长起到了相当的作用。

但令人遗憾的是，我们所希望的通过出让部分市场份额换来国内产业技术的大提升、大发展，却未能实现。到目前，我国还没有形成具有自主知识产权的产业技术体系，大多数产业的关键部件、核心技术还源自国外，国有企业的产业技术自主研发和创新能力依然薄弱。许多在我国国民经济中发挥重要作用的产业，其主导产品的生产不是建立在自有知识产权或自主创新技术的基础上，而是依靠外国技术和装备进行生产。例如，作为装备制造业核心的数控机床就一直是我国制造业界的心病，目前国产数控机床的国内市场占有率仅为 30%，且主要集中在经济型和普及型上，高级数控机床基本为发达国家跨国公司所垄断。

从技术引进与创新的角度来看，国内企业技术创新能力严重不足，难于对引进技术进行再创新。在技术引进过程中，国内企业往往更倾向于引进短期见效的硬件设备，而很少愿意引进技术专利和专有技术①，更缺乏对引进技术的深度消化与创

① 对 1990—1996 年我国重大引进项目的抽样调查，软件与硬件的比例不足 0.2∶1；1997 年技术转让、技术许可、技术服务和技术咨询四类软件技术、引进合同共 705 项，合同金额为 21.79 亿美元，分别占合同总数和总金额的 11.7% 和 13.68%，软硬件引进技术比例仅 0.158∶1。从这组数据可见我国在招商引资活动中，重视硬件设备引进的程度远远大于重视技术引进的程度。参见：余际从，李凤. 国外矿产资源型城市转型过程中可供借鉴的做法、经验和教训 [J]. 中国矿业，2004 (2).

新。以我国国内的专利申请来看，2000 年全国企业专利申请总量为 45 862 件，若按全国有 1.5 万家国有大中型企业计算，平均每个企业年申请量仅为 3 件，而日本日立公司一家企业仅 1996 年就申请专利 1 800 余件，平均每天 5.1 件，差距之大可见一斑。①

产业技术进步的滞后、自主研发能力提升的缓慢已成为了制约我国产业结构优化和产业持续发展的一个重要因素。

2. 从"以市场换技术"战略实施效果看利用外资产业政策的有效性

"以市场换技术"战略实施效果不佳的原因是多方面的。这既有外资逐利本性和国内产业基础薄弱的限制，更有我国在利用外资产业政策的制定与实施上的偏差。笔者认为，后者是最根本的原因。资本的本性是追逐利润最大化，不论是国内公司还是跨国公司，尽量占领市场以获得垄断地位是获取高额利润的一条重要途径。如果政府政策导向不明或市场监管力量薄弱，无论跨国公司还是国内企业，都有可能产生垄断行为，特别是技术垄断行为。

"以市场换技术"的一个政策取向是：在一个行业中只引进一家或少数几家跨国公司，给予各种投资优惠政策，希望通过对这些企业出让部分市场以换得先进技术。但事与愿违的是，"以市场换技术"本身就是一个内资与外资相互博弈的过程，内外资企业双方实力的不对称从根本上决定了该策略不会取得明显效果。国内企业无论是在生产规模、技术水平上，还是价格和服务上，都远远落后于跨国公司，往往在激烈的市场竞争中

① 董书礼. 以市场换技术战略成效不佳的原因辨析及我国的对策 [J]. 科技与管理, 2004 (4).

落于下风，成为这些跨国公司兼并的对象。① 当一个或几个跨国公司在某一个产品市场上占有较高市场份额时，独占或寡占的垄断市场结构就逐步形成了。在独占或寡占的市场中，跨国公司往往只需要维持现有的生产就可以获得高额利润，自然没有动力采取更先进的技术；出于维持垄断优势的考虑，跨国公司也不会主动向中方转让先进技术，而是根据自身利益需要逐步转让有关技术，甚至会采取种种手段限制先进技术扩散。

因此，这种片面的、带有一相情愿意味的"以市场换技术"战略，其结果是导致了国内不少行业中跨国公司取得了市场垄断的地位。而我国政府对国内产业实施的高保护措施和对外商投资者数量的限制，本意是想保护国内弱小企业，实际上却是保护了现有市场中居于优势地位的外商投资者的利益，加剧了市场垄断格局，反而妨碍了我国产业技术的升级换代。

"以市场换技术"战略实施效果的不佳，实际上证实了产业经济学的一个基本原理，即在垄断市场中，垄断企业普遍存在着创新动力不足、技术更新惰性、对先进技术使用与扩散的限制等问题，这对整体产业技术水平的提高是不利的。② 西方国家产业发展的经验也证明，在缺少竞争的市场环境中，发达国家向发展中国家进行产业国际转移时，总是先转移已经失去或即将失去竞争优势的产业，其转移的技术水平肯定是不高的。这是不以东道国政府的意志为转移的，是市场机制运作的必然结果，要打破这种不利格局，只有引入竞争性市场结构，通过竞

① 事实上，20世纪90年代后期以来，我国的轿车制造业、无线通讯业、程控交换机、精密机床等行业中排名前十位的大企业，跨国公司投资企业都占据着三分之二以上的席位。由此可见，在"一个行业只引进少数几家跨国公司"的政策取向条件下，内外资博弈的结果往往是国内企业被跨国集团公司所兼并。参见：江小涓.中国的外资经济对增长、结构升级和竞争力的贡献［J］.中国社会科学，2002（6）.
② 江小涓.跨国投资、市场结构与外商投资企业的竞争行为［J］.经济研究，2002（9）.

争促进技术创新。

事实上，"以市场换技术"战略的效果是与东道国技术水平和市场竞争状况密切相关的，东道国国内市场竞争越激烈，外资越有可能转移先进技术（王洛林，等；2000）。因此，20 世纪 90 年代中期以后，我们逐步认识到了原来"以市场换技术"战略的不足①，开始放弃以往所坚持的"一个行业只引进少数几家跨国公司"的政策取向，开始允许更多的跨国公司进入中国市场。从跨国公司的角度来看，当一两家跨国公司进入中国市场并获得较高收益时，其他跨国公司不会长期对这个潜力极大的市场视而不见，而是跟随先行的投资者，也竞相进入中国市场，在中国市场上相互竞争，从而逐步打破以往由几家跨国巨头垄断的市场格局，形成竞争性的市场结构，进而加快新技术的扩散、新产品的更新换代。

"以市场换技术"案例清楚地告诉我们，利用外资产业政策的制定与实施必定是在一定国际经济条件下的，我们在制定相关政策时不能孤立地、主观地分析该政策的效果，要遵从市场规律，综合考虑可能影响甚至削弱政策效果的各方面因素，才能提高政策的有效性。毕竟，政府的主观意愿是难以敌过市场竞争规律的，尤其在当前全球经济一体化发展的大趋势中，各国经济联系日益紧密，市场经济作用将愈发突出。

三、提高我国利用外资产业政策有效性的制度创新

随着我国经济体制改革的逐步深入，我国政府陆续颁布实施了《国家产业政策纲要》、《指导外商投资方向暂行规定》、《外商投资产业指导目录》等政策，并根据国内外形势的变化不断修订和完善，在指导我国利用外资促进产业结构优化升级中

---

① 笔者认为，从一定程度上来说，这也是得益于我国 20 世纪 90 年代末的入世压力：市场开放与实行"普惠制"。

发挥了较大的作用，初步塑造了外资产业结构调整的制度环境。

但正如我们在前面所分析的，由于我国现行的政府经济管理体制中，对地方政府官员的任命与考核是一种自上而下的政绩考核制与任期制的政体制度安排。这种制度安排存在着一定的制度偏差，直接促使了各级地方政府在招商引资过程中引资目标的多元化与短期化。以"竞次战略"为主要竞争手段的引资博弈不可避免地导致各地政府"对自然资源、环境、市场，甚至是政府税收的甩卖"，其结果是大量低质量低效率外资的涌入。而低质低效外资的涌入，在给我们带来引资规模屡创新高、GDP 数值不断攀升的表面繁荣的同时，对我国国民社会福利的损害也不断增强。如在我国所有城市中，FDI 雄居首位、GDP 排名全国第四的苏州市，在多项衡量居民富裕水平的指标上竟远远落后于地处我国内陆的成都市。在华 FDI 在增进投资地人民社会福利水平上的作用局限性可见一斑。

应该说，当前我国利用外资促进产业结构优化的效应不理想，一个根本原因正是这种制度安排上的偏差，成为了制约我国利用外资产业政策有效性的制度性障碍。片面强调各地经济发展，以损害人民社会福利、产业安全和生态环境为代价换取当地经济数值的增长，正是这种制度安排偏差所导致的恶果。

虽然我国中央政府有全面的战略规划、良好的引资意愿和完善的利用外资产业政策，但由于制度基础建设上的缺失与不完善，各地地方政府及其官员在短期显性政绩考核的压力下所导致的引资行为扭曲，不可避免地导致在招商引资中重数量轻质量、重引进轻消化、重产值轻环境等问题的出现。可以说，不在制度基础上作出重大的改进与完善，即使有完善的利用外资产业政策，其有效性也是难以保证的。

以科学的发展观来统领我国经济社会发展全局是改变传统的政府官员政绩考核制、扭转制度安排偏差的重要措施。党的十七大报告明确提出，我们要高举中国特色社会主义伟大旗帜，以邓小平理论和"三个代表"的重要思想为指导，深入贯彻落实科学发展观，坚持以人为本，树立全面、协调、可持续的发展观，促进经济社会的和谐发展，用科学的发展观统领经济社会发展全局。

首先，这要求改变我国现行的政府官员政绩考核体系。现行政府官员政绩考核指标中，过多强调 GDP 增长率、招商引资规模等短期而显性的经济效益指标，它们是决定官员政绩好坏、职位升迁的硬约束指标；而把社会福利保障、人民生活水平、产业结构状况与发展潜力、生态环境保护等长期而隐性的社会效益指标放在比较次要甚至是不重要的地位，属于弹性极大的软约束指标。在这种政绩考核制度的主导下，不可避免会出现"奔向贫困的引资竞赛"（陈明森，2004）。因此，我们必须尽快以科学发展观为指导，树立正确的政绩观，改进现行的政府官员政绩考核制度，尽快建立基于科学发展观的政府绩效评估体系，促进引资行为走向注重质量和效益的高效化道路。

其次，各级政府应以科学发展观为指导，从我国基本国情出发，树立科学的引资观和开放观，建立以科学发展观贯穿始终的利用外资产业政策体系，在引进外资时进行科学决策。科学引资观就是把科学发展观贯穿于招商引资的各个环节，全面提高引资水平，科学评估引资效益，加快树立新的开放理念，深入探索新的引资政策与战略。科学引资观是科学发展观在经济全球化和国际产业大转移的新背景下的一种理论和实践创新，它以统筹国内发展与对外开放，构建和谐社会、和谐产业发展为目标；具体工作中要求我们必须转变引资观念，引资工作不能只注重引进外资的数量，要更多地着眼于提高利用外资的质量和水平，提高引进外资对我国产业结构优化的促进作用，使对外开放和招商引资为国民经济建设作出更大的贡献。

总之，只有在科学发展观的指导下，对我国利用外资产业政策贯彻实施的制度基础进行重大的制度改进与创新，才能突破制约产业政策有效性发挥的制度性障碍，促使各地在招商引资工作中实现从"竞次战略"向"竞优战略"的转变，推动我国利用外资促进产业结构优化政策效应的有效发挥。

第二节　全球化背景下我国利用外资促进产业结构优化的政策建议

一、实施自主型引资战略，引导规范外商投资方向

总体上看，我国当前所实施的引资战略仍然是一种注重外资数量型扩张的引资战略，其主要特点和不足是：重数量轻质量、重引资轻引智、重引入轻管理、重政策优惠轻基础建设等。这种引资战略与我国当前经济发展对外资的要求是不相适应的，尤其在我国目前已经解决了资金短缺、国内居民储蓄和外汇储备居高不下、产业结构偏差较突出的情况下，低质量低效率外资的大量流入将进一步加剧我国经济发展所面临的结构性矛盾，成为我国经济长远发展的制约因素。

在新形势下，对引资战略进行战略性的转变与创新已成为人们的共识。但如何转变与创新，理论界观点纷争，对此尚未达成一致的意见。比较一致的观点是：我国引资战略首先应实现从以政策为主导向以市场为主导的转变、从注重数量粗放型向注重质量效益型的转变，在引资导向上应积极引导外资从劳动密集型产业项目向技术密集型产业项目转变，由地区倾斜向产业倾斜转变。

可以说，实施自主型引资战略是我国引资战略实行战略性

转变与创新的重要内容，也是保证我国在日益激烈的国际市场竞争中实现产业发展目标的重要举措。

一方面，自主型引资战略强调我国经济发展应采取自主发展模式。我们在积极引进外资的同时，应立足于发展自主型民族产业体系，以培育我国产业自我发展能力和国际竞争力为核心目的。自主发展模式并不是排外，它始终以培养、促进我国产业成长、壮大为核心，强调对外资的引进与利用要服从我国的发展目标和要求，这是基于我国这个发展中大国现实国情的必然选择。①

同时，也只有提高了我国国内企业的自身实力后，才能实现国内企业真正消化吸收外资企业的先进技术和管理经验，进而把先进技术和管理经验扩散到全国其他地区，使外资的技术转移与溢出效应得到充分发挥，进而实现我国产业结构的高度化。

另一方面，自主型引资战略强调在引资工作中应"以我为主"，根据我国经济发展的需要和产业结构优化的要求，主动对外商直接投资进行甄别选择，在引资的入口关加强管理，同时注重引导和规范外商投资的产业方向和地区方向。毕竟，外商投资的目的与我国产业发展目标是不可能完全一致的。因此，要使外资促进我国产业结构优化效应合理有效发挥，就必须积极引导和规范外资的投资方向、改善外资结构，使外资结构与我国产业结构优化调整方向相一致。

外资投向的结构性政策要兼顾国内产业区域政策的目标，与国家总体发展战略协调一致。从我国目前的情况来看，外资投向的选择依据和原则主要有三点：①外资投向应符合国家的产业政策；②外资投向应从经济效益和社会效益相结合的角度

---

① 吴文武. 跨国公司与经济发展 [J]. 经济研究，2003（6）.

出发，应有助于提高相关产业的竞争力；③外资投向应有助于提高我国国民经济各产业的协调发展，有助于促进产业结构层次的递进调整和技术水平的提升。①

　　具体来说，我们应首先引导外商加大对第一产业的投资力度，相对降低对工业的投资比重，提高农业的发展水平特别是科技水平，以适应和有利于我国产业结构优化的推进。农业是我国国民经济的基础，长期发展滞后，但由于投资周期长、投资收益率低，外商投资数量一直都很少。为了解决这个矛盾，我们应在相关产业政策上予以倾斜，主动出台一些既不违背WTO规则又能吸引外资的优惠政策，给予外商的优惠幅度应足以消除其风险、方便其经营，使其得到较大的实惠。这样，在双赢格局中实现农业结构的优化调整，提高农业现代化水平。

　　在第二产业中，特别是工业领域，引进外资要以提高质量效益和技术水平为中心，以利于提高我国的经济实力和技术水平，实现我国经济的可持续发展战略。正如国务院发展研究中心的一份报告所指出的，十一五期间，我国应着手培育国家比较优势的升级，提高我国制造业在全球价值链分工的地位，增强产业创新能力，转变在国际分工体系中处在较低端的状态，由加工组装型向精密制造型升级，由粗加工向高加工度升级，提高产品的附加价值，鼓励发展国产品牌，实现我国由制造业大国向制造业强国的转变。为此，要求我们引导外资更多地流入技术密集型产业，着力将外资引向高新技术项目，相应减少对一般加工工业的投资。

　　根据加入WTO的有关协议，我国第三产业的开放领域最大，因此其受到的冲击也是最大的。为此，我们应引导外商投资更多地流向一些薄弱的第三产业部门，有步骤地推进服务领

　　① 陈荣辉. 经济开放与产业发展研究［M］. 上海：立信会计出版社，1999：118－126.

域的对外开放，这既是 WTO 协议的要求，也是我国经济发展结构性调整的要求。

同时，应加强对第三产业的外资的引导与调控。目前，外商对我国第三产业的直接投资主要集中在房地产业和一般社会服务业，而对社会福利业、科研和综合技术服务业、教育文化艺术以及卫生体育等部门的投资很少，所占比重也微不足道，但这些产业的发展对我国国民经济持续健康的发展意义重大。为此，我们在引资过程中要以产业结构优化调整为导向，把握住服务业国际转移的新机遇，将我国入世承诺开放服务贸易作为发展现代服务业的加速器，在承接服务业国际转移过程中主动出击，通过产业政策的倾斜鼓励外商对我国教育及科学研究投资，培育技术型人力资源等高级生产要素，提升生产要素的品质，使我国逐步形成发展高新技术的动态比较优势。

在区域调整方面，十一五期间，我国产业发展规划应从过去的总量规划（事实上总量规划在具体实施过程中往往出现较大偏差）转向产业地区结构规划，以地区的环境容量、基础设施条件等为约束变量，以形成地区间的合理分工、优化布局结构为目标，制定产业发展地区规划，并建立相应的管理手段。[①] 由于我国目前东中西部经济发展差距较大、地区产业结构偏差较突出，为此，我们应加大中西部引资力度，完善外商投资的地区布局，引导外商投资按照国家宏观经济发展战略和各地区产业布局政策的要求进行，从而逐渐缩小地区差异，促进区域间经济协调发展。

近年来，为推动外商对中西部地区投资，我国政府外资优惠政策越来越倾向于中西部地区。但是，这些外资优惠政策的实施效果并不明显，八成以上外资仍集中在东部地区，并且还

---

① 课题组，产业结构演进趋势与"十一五"时期产业结构调整的基本方向．国务院发展研究中心，2005（4）．

有进一步向东部地区集中的趋势。这说明优惠政策、廉价劳动力及资源已不再是外商（尤其是发达国家跨国公司）投资区位选择的首要因素。相反，环境优越、政策透明、服务优良、配套体系健全和社会环境稳定等因素已成为了外商投资区位选择的重要因素。因此，要推动外商到中西部地区投资，外资产业政策的重点应该放在增强中西部地区基础设施建设、改善投资环境以及鼓励中西部地区企业与跨国公司形成配套产业群等方面。①

二、规范外资优惠政策，建立健全市场竞争机制

改革开放初期，我国投资环境尚不完善，为加强对外商直接投资的吸引力，我国政府（包括中央政府和各级地方政府）实行了一系列的外资优惠政策，如减免所得税、免征投资品进口关税和增值税、在普遍实行贸易垄断和严格外汇管制的条件下给予外贸经营权和允许设立外汇账户等。这些优惠政策在吸引外商来华投资中发挥了积极的作用，被作为了我国利用外资产业政策的重要政策工具。

但这种给外商投资企业过于倾斜的优惠政策也带来了严重的问题。首先，外商投资企业获得了"超国民待遇"，导致内外资企业之间的不公平竞争，进而导致市场价格和企业行为的扭曲，加剧了资本外逃和"假外资"现象。② 其次，外资企业利用其强大的实力和"超国民待遇"，较容易地获得了市场垄断地位；并利用其垄断优势对我国部分产业实行产业控制、对内资企业进行压制与排挤，在一定程度上已经威胁到了我国的产业

安全和可持续发展。探究在华外资企业形成垄断势力的原因，除了外资企业自身的所有权优势与内部化优势外，更主要的原因则是我国政府所实施的各种外资优惠政策。

当前，这些外资优惠政策不仅包括中央政府明文规定的各种显性优惠政策（如中央政府明文规定的税收减免政策），而且还包括各级地方政府为了争夺外商企业在本地投资所制定的名目繁多的各种隐性优惠政策，这包括：地方政府违规减免税收、廉价批地、以各种借口对外商进行直接或间接的财政补贴、有意放松对外资企业的环保监管以降低外资企业运营成本等。① 现在，这些隐性优惠政策的影响早已经超过了中央政府显性优惠政策的影响，同时也带来了相当大的社会危害，如地方政府引资行为扭曲、权钱交易滋生腐败、单纯注重引资数量导致低质低效外资的过度进入等。

因此，对外资优惠政策进行战略性调整、削弱外资企业依靠非市场因素取得的垄断势力已是必然之举。笔者认为，这一战略性调整的核心是利用国民待遇原则，将现行的激励性外资政策向规制性政策转变，在对现行的各类显性和隐性外资优惠政策进行严格规范管理和逐步取消的基础上，以建立健全市场竞争机制为主导，按照 WTO 规则对内外资企业实行普遍的国民待遇，营造一个内外资公平竞争的市场经济环境。

建立健全市场竞争机制，一个主要的内容是促进我国产业结构优化升级机制由政府主导向市场主导的转变。多年来，我国的产业结构调整与升级基本依靠政府主导作用。虽然我们给予了外商投资企业大量的优惠政策，希望能利用外资促进我国产业结构优化，但实施的效果并不理想，政策的有效性不高。一个根本原因在于没有充分发挥市场机制的作用，在政策制定

---

① 陈柳. 外资优惠政策与外资企业垄断［J］. 产业经济研究，2006（2）.

上往往过多突出政府主导的作用，而忽视或轻视市场经济规律的作用。

因此，转变我国产业结构优化升级机制是提高产业结构调整效率的重要途径，这既是建立健全市场竞争机制的重要组成部分，也是有效实现我国产业结构战略性调整的重要方面。从当前跨国公司在华投资区位的选择上来看，跨国公司更看重的是当地的投资环境、市场潜力、基础设施建设、资源禀赋等因素，而不是政府的行政指令和单纯的优惠政策。这说明以市场为主导的产业结构优化升级机制已经开始发挥作用了。①

三、有效利用国际产业转移，培育自主技术创新能力

一国在国际分工体系中所处的位置，主要取决于该国的技术创新能力、产业升级的内在动力和实绩。一个国家只有高度重视和积极培育本国自主技术创新能力，才能在长期的产业和技术发展竞赛中把握主动，才能避免陷入技术依赖型经济困境②，获得持续健康的发展（高梁，2001）。

要实现我国产业结构的优化升级，无疑主要依靠的是我国的自主技术创新能力，但这并不排斥我们利用外资引进技术。根据日本和韩国的经验，在开放条件下，落后国家的自主技术创新体系的建立一般要经历对国外先进技术的引进、消化、吸收、模仿、创新的过程，要在这个过程中不断尝试、不断积累，才能逐步完成自主技术创新体系的建立。③ 在经济全球化的时

---

① 宋群．"十一五"时期统筹我国产业结构升级与国际产业转移的建议［J］. 经济研究参考，2005（52）.

② 技术依赖型经济困境即是指发展中国家在技术追赶的过程中需要不断地引进发达国家的技术，而在核心技术的创新方面则长期处于落后的状况。陈飞翔．对外开放与产业结构调整［J］. 财贸经济，2001（6）.

③ 裴长洪．吸收外商直接投资与产业结构优化升级："十一五"时期利用外资政策目标的思考［J］. 中国工业经济，2006（1）.

代，我们要充分利用国际产业技术转移的机会，通过引进外资带来先进的技术和管理经验，这是全球化背景下借力、使力、少费力的途径，也是充分利用国内外两种技术资源、两个市场提高技术开发效率、降低研发成本的有效方式。

十一五期间，发达国家一些由于生产能力过剩和生产成本增加而失去国际竞争力的重化工业，如钢铁、化工、汽车、造船等，将继续进行更大范围和更深层次的国际转移。与此同时，与传统制造业不同，由于高新技术转移的快速性、综合性等特点，高新技术的国际转移速度将大大加快，从而使与此相适应的各类现代服务业的国际转移也将进入快速发展的阶段。这种趋势与我国当前通过促进重化工业内部升级与现代服务业的快速发展进而实现产业结构的全面升级趋势是基本吻合的，这将给我国引进先进技术、促进产业结构优化升级带来难得的发展机遇。

在这一轮产业技术的国际转移中，一个重要的特点是市场的进一步细分使产业及技术的转移出现多层次化和多形式化。而这正好符合了我国当前对产业技术的需求特点，由于我国各地区之间、城乡之间经济发展水平和产业结构存在较大的层次差距，因此对产业与技术的转移需求也是多层次的。我们可以利用这种多层次、多形式的产业与技术转移，将其配置到与之发展水平相适应的不同产业和不同地区，形成不同结构层次的动态比较优势，力争在一些有条件的领域提升国际分工水平，在还只能处于国际垂直分工序列的领域中继续保持对后进入者的竞争优势。但也要看到，由于高科技发展快速化和综合化的特点，大大缩短了技术更新的时间，使后发优势的空间日趋缩小，实现后发优势的难度加大，后起国家必须更加善于抓住机遇，用好机遇，才能发挥其后发优势，实现经济的跨越性发展。①

---

① 宋群．"十一五"时期统筹我国产业结构升级与国际产业转移的建议［J］. 经济研究参考，2005（52）.

在利用外资产业政策的制定上，我们要吸收"以市场换技术"战略的经验教训，实现从"以市场换技术"向"以竞争换技术"的转变。我国的实践经验表明，提高市场竞争强度是促使跨国公司转移先进技术的有效手段，只有通过足够强的竞争环境才能给跨国公司带来引进先进技术的动力和压力，也才能形成有利于我国技术发展的博弈局面。[①] 因此在引资中，一方面应在我国对外开放的每一个产业领域里多吸收几家跨国公司来华投资，形成跨国公司之间相互竞争的格局；另一方面则应加快国内企业改革步伐，提高国内企业产业技术水平，形成对外资企业的竞争压力，促进外资产业技术溢出效应的有效发挥。

在引进和利用外资先进技术的基础上，加快建设以国内企业为主体的技术创新体系，将引进国外技术与消化、吸收、创新相结合，充分利用国外先进技术资源，培育自主创新能力，开发具有自主知识产权的核心技术。

四、加强法制建设，实现产业安全和可持续发展

外商直接投资对我国经济发展、产业结构优化升级具有典型的"双刃剑"效应，它在促进我国经济发展、产业结构优化升级等方面做出了积极贡献，但同时也带来了冲击我国国内产业发展、威胁我国产业安全和可持续发展等问题。因此，在引进外资的同时，我们必须对外资流入所带来的负面影响引起足够的重视。

充分发挥外资对我国产业发展的促进作用，同时消除其不利影响，重点在于加强我国的法制建设，完善规范和管理外商投资的法律体系，培育国内优势主导产业，从而形成利用外资与我国产业安全的良性共进的状况（祝年贵，2003）。

---

① 李晓华. 对加入 WTO 后"以市场换技术"的思考 [J]. 中国工业经济，2004（4）.

在积极引进外资的同时，我们要根据建立社会主义市场经济体制的要求，参照 WTO 的规则和国际惯例，逐步修订现行的涉及外商直接投资的法律法规，健全利用外资的法律法规体系。

目前，我国相关法律尚不完善，部分法令条规尚不符合 WTO 的相关规定，导致外商直接投资行为尚未完全处于我国法律法规体系的约束范围内，易于造成对外商的监管真空或让外商钻政策空子。为此，我们要抓紧时间制定相关法律法规及政策，大力加强涉外经济法律法规体系的建设完善，以把所有利用外商投资工作的全过程纳入法制化和规范化的轨道，降低外资可能带来的经济风险。

尤其是要针对当前跨国公司在我国市场上出现的市场垄断、技术控制、对国内企业实行产业压制与排挤等行为，必须从法制建设的角度对其进行严格的规范与管理。为此，应积极借鉴国外的先进经验，加紧制定并出台《反垄断法》，可明确规定具体行业中外商占有市场的最高份额，同时对协议定价、划分市场、价格歧视、垄断性并购等行为进行限制；同时，进一步完善《反不正当竞争法》，制约反倾销行为，限制采购协议、出口协议和歧视性的技术引进协议等不公平竞争行为。[1] 总之，应尽快构建以反垄断法、反不正当竞争法为核心的法律体系，加强对跨国企业竞争行为的监督与管理，建立起符合我国国情的产业安全法律保障体制。

同时应该强调的是，我们对外商直接投资的监督管理应是建立在动态、良性共进基础之上的。要实现长期、动态的产业保护，在国民经济中培育出具有国际竞争力的主导产业是关键性的推动力量之一。从当前的情况来看，主导产业应充分抢占高新技术的制高点，既要有高的技术含量，维持一定的技术领

---

① 参见：王树恩，左大鹏. 在华外商直接投资对我国产业结构的双重影响与对策研究 [J]. 科学管理研究，2005（6）.

先优势，又要有实用性，能创造出巨大经济价值，同时还应有前瞻性和可持续发展能力，使我国在国际产业竞争中能"抢先一步"。这一点，不仅对主导产业本身的发展和壮大极为重要，而且对提高我国产业的安全度和可持续发展能力也是至关重要的。①

此外，在制定利用外资产业政策时，我国还面临着如何降低资源消耗与强化环境保护、促进国民经济可持续发展的挑战。积极应对挑战，认真思考产业结构优化如何促进经济可持续发展的问题，是当前我们面临的重大任务。为此应尽快出台有关环境保护和资源节约方面的法律法规，为制定利用外资产业政策、实现产业结构优化提供一个刚性约束条件。

五、加强配套制度建设，改善外商投资软环境

投资环境的优劣是决定一国能否吸收和利用好外资的关键因素，改善投资环境可以增强吸引外资的能力和利用外资的效率。制度建设是改善投资环境的核心和基础，加强以完善市场经济体制，深化金融、财税和投资体制改革，积极推进行政管理体制和政府机构改革等为主要内容的制度建设是改善投资环境，增强吸引外资能力和利用外资效率的必要途径。

第一，尽快建立起以产业政策与金融、财税、投融资、就业等紧密配合的，符合社会主义市场经济体制要求的产业配套政策体系。产业配套政策体系是一个开放的宏观经济调控体系，金融、财税、投融资、就业政策等都与之相互关联配套，因此，加强产业政策与其他各种政策之间的协调配合至关重要。随着我国对外开放水平进一步提高，国内改革进程加快，金融体系改革、人民币汇率制度改革、资本项目管制的逐步放松等政策

---

① 祝年贵．利用外资与中国产业安全［J］．财经科学，2003（5）．

都将对利用外资带来重大影响。只有加强产业政策与货币、财政、投融资、就业、环保等配套政策之间的协调配合，发挥政策系统功能，对外商直接投资的宏观调控才能真正取得实效，达到优化产业结构的目的。

2004 年 8 月国家发改委与中国人民银行、银监会联合下发的《关于进一步加强产业政策和信贷政策的协调配合，控制信贷风险有关问题的通知》，提出了产业政策和价格政策相配合的政策措施，在实际运行中取得了较好的效果，是建立产业配套政策体系方法的一个良好典范。我们应沿着这样的思路，继续研究探讨产业政策与财税政策、货币政策、投融资政策、价格政策、对外经济合作和贸易政策等的协调配合方案，建立相互之间长期有效的协调配合机制，充分发挥产业配套政策体系的综合效力。

这里特别要指出的是，由于当前我国经济发展面临着就业压力不断增加、资源不足和环境污染严重的现实问题，因此在引进外商投资时必须考虑如何解决好产业结构升级与减轻就业压力之间、产业结构升级与可持续发展之间的矛盾，制定与利用外资产业政策配套的就业政策和环保政策。

第二，建立新型的政府管理方式，更大程度地发挥市场机制在资源配置中的基础性作用。目前各级政府的招商引资行为中还存在着许多的弊端：一些地方政府为扩大引资，实现其短期化、个人功利化的追求官员个人政绩的目的，往往过度滥用优惠政策，造成地区间的恶性竞争和权利寻租现象；一些地方政府在招商引资过程中存在钻政策漏洞、以地方政策代替法律法规，损害国家利益的现象；一些地方政府在招商引资中仍然存在较大盲目性，引资成本过高并造成土地等资源的巨大浪费和对资源环境的破坏等。

针对这些问题，必须进行制度创新，在以科学的发展观指导我国对现行的政府政绩考核指标制度改革的基础上，将政府的管制职能由经济性管制转变到社会性管制上来，即将政府的管制职能主要集中在解决社会领域的外部性问题和提供市场所缺乏的公共产品上来，实现政府职能的转变以及其职能边界的合理定位。① 政府应更多地运用法律、经济、信息等手段，以间接的方式来调控经济，不断加强市场对资源配置的基础性作用。比如改进对外资项目的审批方法，简化审批程序；优化研发投资环境，增加科研投入，健全完善知识产权保护体系等。此外，还应该尽快将政府对产业发展的干预纳入法制化轨道，减少政府产业干预行为的随意性，增强政策的透明度和稳定性，这样将更有利于企业市场预期和投资行为的合理化。

第三，当前国内落后产业还占到相当比重，在这些产业中的一些国有企业改革步伐缓慢，迫使政府从维持社会安定等角度出发实行较多的保护政策，这很不利于社会主义市场经济体制的完善，不利于市场竞争态势的形成，进而也妨碍了利用外资促进产业结构优化和经济发展机制的效力。为此，我们应加快现代企业制度的建立，培育和提高国内企业引进和消化技术的能力与意识，将引进吸收外国先进技术和实现自主创新有机结合起来，以此推动我国产业结构的优化升级。此外，还应创新市场准入制度，减少对国内落后企业的不合理保护，建立落后技术产业市场退出机制，防止外商直接投资与国内投资过度重复建设。同时建立市场化的、科学的外商投资评估指标和技术指标体系，重点促进优势产业、高新技术产业的外资引进。

① 课题组. 产业结构演进的趋势与"十一五"时期产业结构调整的基本方向. 国务院发展研究中心，2005（4）.

参考文献

[1] UNCTAD. World Investment Report. United Nations Publication, 1994—2005.

[2] DAVID STERNBERG. How to Complete and Survive A Doctoral Dissertation [M]. New York: St. Martin's Griffin Press, 1981.

[3] THOMAS L. FRIEDMAN. The Lexus and the Olive Tree: Understanding Globalization [M]. New York: Anchor Books House, 2000.

[4] CHARLES W L. HILL. International Business (Fifth Edition) [M]. New York: McGraw Hill Press, 2005.

[5] HYMER S H. The International Operations of National Firms: A Study Of Direct Foreign Investment [M]. Cambridge: MIT Press, 1976.

[6] GIDDY I H, YOUNG S. Conventional Theory and Unconventional Multinationals, in A. M. Rugman, ed [M]. Croom Helm: New Theories of Multinational Enterprise, 1983.

［7］KINDLEBERGER C P. American Business Abroad ［M］. New Haven: Yale University Press, 1969.

［8］JOHN DUNNING. International Production and The Multinational Enterprise ［M］. London: George Allen & Unwin, 1981.

［9］JOHN DUNNING. The Eclectic Paradigm as an Envelope for Economic and Business Theories of MNE Activity ［J］. International Business Review, 2000 (9).

［10］SANJAYA LALL. Linking FDI, Technology Development for Capacity Building and Strategic Competitiveness ［J］. Transnational Corporations, 2000, Vol. 11 (3).

［11］HASKEL, PEREIRA, SLAUGHTER. Does Inward FDI Boost the Productivity of Domestic Firms? ［J］. NBER Working Paper Series, 2002 (8724).

［12］KELLER, YEAPLE. Multinational Enterprises, International Trade, and Productivity Growth: Firm Level Evidence from the U. S. ［J］. NBER Working Paper Series, 2003 (9504).

［13］JENKINS, R OWEN. Dependent Industrialization in Latin American: The Automotive Industry in Argentina ［M］. Chile and Mexico: Praeger Publishers, 1977.

［14］BLOOMSTROM, KOKKO, ZEJAN. Host Country Competition and Technology Transfer by Multinationals ［M］. Weltwirtschaftliches Archiv: Band 130, 1994.

［15］FINDLAY RONALD. Relative Backwardness, Direct Foreign Investment and the Transfer of Technology: A Simple Dynamic Model ［J］. Quarterly Journal of Economics, 1978, vol. 92.

［16］FREDRIK SJOHOLM. Technology Gap, Competition and Spillovers from Direct Foreign Investment: Evidence from Establishment Data ［M］. London: The Journal of Development Studies,

参考文献

1999.

[17] B AITKEN, A E HARRISON. Do Domestic Firms Benefit from Direct Foreign Investment? [J]. American Economic Review, vol. 89, 1999 (3).

[18] DIMELIS, LOURI. Efficiency Spillovers form Foreign Direct Investment in the EU Periphery: A Comparative Study of Greece, Ireland and Spain [J]. FEDEA, DP series 2002.

[19] HASKEL, PEREIRA, SLAUGHTER,. Does Inward FDI Boost the Productivity of Domestic Firms? [J]. NBER Working paper Series, 2002 (8724).

[20] 尼尔·胡德, 斯蒂芬·扬. 跨国企业经济学 [M]. 叶刚, 等, 译. 北京: 经济科学出版社, 1990.

[21] 简·阿特·斯图尔特. 解析全球化 [M]. 王艳, 译. 长春: 吉林人民出版社, 2003.

[22] 迈克尔·波特. 国家竞争优势 [M]. 李明轩, 邱如美, 译. 北京: 华夏出版社, 2002.

[23] 西蒙·库兹涅茨. 各国的经济增长 [M]. 常勋, 等, 译. 北京: 商务印书馆, 1999.

[24] 西蒙·库兹涅茨. 现代经济增长: 速度、结构与扩展 [M]. 戴睿, 易诚, 译. 北京: 北京经济学院出版社, 1989.

[25] W. 阿瑟·刘易斯. 经济增长理论 [M]. 上海: 上海三联书店, 1990.

[26] W. W. 罗斯托. 从起飞进入持续增长的经济学 [M]. 贺力平, 等, 译. 成都: 四川人民出版社, 1988.

[27] J. 卡布尔. 产业经济学前沿问题 [M]. 于立, 等, 译. 北京: 中国税务出版社, 2000.

[28] 科斯, 哈特, 斯蒂格利茨, 等. 契约经济学 [M]. 李风圣, 译. 北京: 经济科学出版社, 1999.

[29] 柯武刚，史漫飞．制度经济学：社会秩序与公共政策[M]．韩朝华，译．北京：商务印书馆，2000.

[30] 安德鲁·肖特．社会制度的经济理论［M］．陆铭，陈钊，译．上海：上海财经大学出版社，2003.

[31] 道格拉斯·C. 诺斯，张五常，等．制度变革的经验研究［M］．罗仲伟，译．北京：经济科学出版社，2003.

[32] 盖瑞·J. 米勒．管理困境：科层的政治经济学［M］．王勇，等，译．上海：上海三联书店，2002.

[33] 马克·布劳格，罗杰·巴克豪斯．经济学方法论的新趋势［M］．张大宝，等，译．北京：经济科学出版社，2003.

[34] 中共中央马克思恩格斯列宁斯大林著作编译局．马克思恩格斯选集：第一卷［M］．北京：人民出版社，1995.

[35] 中共中央关于制定国民经济和社会发展第十一个五年规划的建议编写组．中共中央关于制定国民经济和社会发展第十一个五年规划的建议［M］．北京：人民出版社，2005.

[36] 胡代光．西方经济学说的演变及其影响［M］．北京：北京大学出版社，1998.

[37] 张维迎．博弈论与信息经济学［M］．上海：上海人民出版社，1996.

[38] 段文斌，陈国富，等．制度经济学：制度主义与经济分析［M］．天津：南开大学出版社，2003.

[39] 张俊山．经济学方法论［M］．天津：南开大学出版社，2003.

[40] 杨治．产业经济学导论［M］．北京：中国人民大学出版社，1985.

[41] 李悦．产业经济学［M］．北京：中国人民大学出版社，1998.

[42] 苏东水．产业经济学［M］．北京：高等教育出版

社，2000.

[43] 杨公朴，夏大慰. 现代产业经济学 [M]. 2 版. 上海：上海财经大学出版社，2005.

[44] 龙茂发，马明宗. 产业经济学 [M]. 成都：西南财经大学出版社，2001.

[45] 斯蒂芬·马丁. 高级产业经济学 [M]. 史东辉，等，译. 上海：上海财经大学出版社，2003.

[46] 朱明春. 产业结构·机制·政策 [M]. 北京：中国人民大学出版社，1990.

[47] 周振华. 现代经济增长中的结构效应 [M]. 上海：上海三联书店，1996.

[48] 周振华. 产业结构优化论 [M]. 上海：上海人民出版社，1992.

[49] 方甲. 产业结构问题研究 [M]. 北京：中国人民大学出版社，1997.

[50] 何诚颖. 中国产业结构理论和政策研究 [M]. 北京：中国财政经济出版社，1997.

[51] 刘伟. 工业化进程中的产业结构研究 [M]. 北京：中国人民大学出版社，1995.

[52] 龚仰军，应勤俭. 产业结构与产业政策 [M]. 上海：立信会计出版社，1999.

[53] 龚仰军. 产业结构研究 [M]. 上海：上海财经大学出版社，2002.

[54] 贾晓峰. 中国产业结构研究 [M]. 南京：南京师范大学出版社，2004.

[55] 中国社科院工业经济研究所. 中国工业发展报告（2000）[R]. 北京：经济管理出版社，2000.

[56] 蒋选. 面向新世纪的我国产业结构政策 [M]. 北京：

中国计划出版社，2003.

[57] 邓伟根. 产业经济学研究 [M]. 北京：经济管理出版社，2001.

[58] 林善炜. 中国经济结构调整战略 [M]. 北京：中国社会科学出版社，2003.

[59] 李京文，郑友敬. 技术进步与产业结构选择 [M]. 北京：经济科学出版社，1989.

[60] 林峰. 可持续发展与产业结构调整 [M]. 北京：社会科学文献出版社，2006.

[61] 金碚. 竞争力经济学 [M]. 广州：广东经济出版社，2003.

[62] 金碚. 中国工业竞争力——理论、方法与实证分析 [M]. 北京：经济管理出版社，1997.

[63] 史东明. 核心能力论：构筑企业与产业的国际竞争力 [M]. 北京：北京大学出版社，2002.

[64] 国家体改委经济体制改革研究院，中国人民大学，等. 中国国际竞争力发展报告（1997）——产业结构主题研究 [M]. 北京：中国人民大学出版社，1998.

[65] 白树强. 全球竞争论——经济全球化下国际竞争理论与政策研究 [M]. 北京：中国社会科学出版社，2000.

[66] 史炜. 中国入世各产业开放时间表与对策 [M]. 广州：羊城晚报出版社，2001.

[67] 余永定，郑秉文，等. 中国入世研究报告：进入WTO的中国产业 [M]. 北京：社会科学文献出版社，2000.

[68] 陈继勇，刘崇仪. 21世纪初世界经济格局与中美经贸关系 [M]. 成都：西南财经大学出版社，2005.

[69] 袁奇. 当代国际分工格局下中国产业发展战略研究 [M]. 成都：西南财经大学出版社，2006.

322

[70] 沈玉良．多边贸易体制与我国经济体制变迁 [M]．上海：上海社会科学院出版社，2003．

[71] 连玉明，武建忠．中国国策报告——新境界：从"发展是硬道理"到"科学发展观" [M]．北京：中国时代经济出版社，2006．

[72] 林善浪．中国核心竞争力问题报告 [M]．北京：中国发展出版社，2005．

[73] 姚战琪．跨国并购与国际资本流动 [M]．北京：经济管理出版社，2005．

[74] 陈飞翔，胡靖．利用外资与技术转移 [M]．北京：经济科学出版社，2006．

[75] 裴长洪．利用外资与产业竞争力 [M]．北京：社会科学文献出版社，1998．

[76] 王述祖．经济全球化与发展中大国的经济发展战略 [M]．北京：中国财政经济出版社，2003．

[77] 谢康．超越国界：全球化中的跨国公司 [M]．北京：高等教育出版社，1999．

[78] 李洪江．跨国公司新发展及其经济效应分析 [M]．哈尔滨：黑龙江人民出版社，2002．

[79] 彭迪云，甘筱青．跨国公司发展论 [M]．北京：经济科学出版社，2004．

[80] 张纪康．跨国公司与直接投资 [M]．上海：复旦大学出版社，2005．

[81] 毛蕴诗．跨国公司战略竞争与国际直接投资 [M]．广州：中山大学出版社，1997．

[82] 杨先明．发展阶段与国际直接投资 [M]．北京：商务印书馆，2000．

[83] 赵英．中国产业政策实证分析 [M]．北京：社会科

学文献出版社，2000.

[84] 李东阳. 国际直接投资与经济发展 [M]. 北京：经济科学出版社，2002.

[85] 杨大楷. 国际投资学 [M]. 3版. 上海：上海财经大学出版社，2003.

[86] 傅梦孜. 世界直接投资：发展、理论与现实 [M]. 北京：时事出版社，1999.

[87] 武海峰，陆晓阳. 国际直接投资发展研究 [M]. 北京：中国财政经济出版社，2002.

[88] 陈继勇. 国际直接投资的新发展与外商对华直接投资研究 [M]. 北京：人民出版社，2004.

[89] 陈明森. 产业升级外向推动与利用外资战略调整 [M]. 北京：科学出版社，2004.

[90] 冼国明. 跨国公司与当代国际分工 [M]. 天津：南开大学出版社，1994.

[91] 谢光亚. 跨国公司在中国的投资分析 [M]. 北京：经济管理出版社，2006.

[92] 宋泓. 关于跨国公司及其直接投资活动研究的最新进展 [J] //裴长洪. 中国对外经贸理论前沿 (4). 北京：社会科学文献出版社，2006.

[93] 江小涓. 中国的外资经济对增长、结构升级和竞争力的贡献 [J]. 中国社会科学，2002 (6).

[94] 江小涓. 跨国投资、市场结构与外商投资企业的竞争行为 [J]. 经济研究，2002 (9).

[95] 陈涛涛. 影响中国外商直接投资溢出效应的行业特征 [J]. 中国社会科学，2003 (4).

[96] 江锦凡. 外国直接投资在中国经济增长中的作用机制 [J]. 世界经济，2004 (1).

［97］吴彬，黄韬．二阶段理论：外商直接投资新的分析模型［J］．经济研究，1997（7）．

［98］冼国明，杨锐．技术积累、竞争策略与发展中国家对外直接投资［J］．经济研究，1998（11）．

［99］宋泓，柴瑜．三资企业对我国工业结构效益影响的实证研究［J］．经济研究，1998（1）．

［100］张帆，郑京平．跨国公司对中国经济结构和效率的影响［J］．经济研究，1999（1）．

［101］王洛林，江小涓，等．大型跨国公司投资对中国产业结构、技术进步和经济国际化的影响［J］．中国工业经济，2000（4、5）．

［102］王飞．外商直接投资促进了国内工业企业技术进步吗？［J］．世界经济研究，2003（4）．

［103］王述英，姜琰．论产业全球化和我国产业走向全球化的政策选择［J］．世界经济与政治，2001（10）．

［104］王述英．当前全球产业结构调整的趋势和特点及我国产业结构调整对策［J］．南开经济研究，2001（6）．

［105］刘亚娟．外国直接投资与我国产业结构演进的实证分析［J］．财贸经济，2006（5）．

［106］苏东水，任浩．国内外产业结构变动研究［J］．中国经贸展望，1999（1）．

［107］王艳丽，刘传哲．外商直接投资与我国经济增长问题研究综述［J］．中国矿业大学学报（社会科学版），2005（12）．

［108］张斌．FDI与东道国相关理论综述［J］．黑龙江对外经贸，2006（2）．

［109］李善民，钟良，于军威．FDI对东道国产业结构和产业组织的影响研究综述［J］．湖南社会科学，2005（2）．

[110] 苏海燕，徐策. FDI 对中国经济发展作用理论综述 [J]. 湖南社会科学，2005（2）.

[111] 董有德. 跨国公司与东道国的合作内生增长 [J]. 经济理论与经济管理，2003（7）.

[112] 王新. 外商直接投资对中国经济增长的贡献 [J]. 外国经济与管理，1999（3）.

[113] 任永菊. 外国直接投资与中国经济增长之间的实证分析 [J]. 经济科学，2003（5）.

[114] 梁琦，施晓苏. 中国对外贸易和 FDI 相互关系的研究 [J]. 经济学（季刊），2004（3）.

[115] 陈迅，高远东. FDI 与中国产业结构变动相互影响的实证研究 [J]. 开发研究，2006（1）.

[116] 姚君. 外商直接投资对产业结构升级的作用机制研究 [J]. 经济与管理，2005（11）.

[117] 高峰. 利用外资促进我国产业结构优化作用机理探讨 [J]. 经济问题，2002（11）.

[118] 徐学红. 利用外资、引进技术与产业结构升级的良性循环模型分析 [J]. 浙江万里学院学报，2004（6）.

[119] 王述英，高伟. 产业全球化及其新特点 [J]. 理论与现代化，2002（1）.

[120] 何太平. 马克思列宁的资本国际化理论及其现实意义 [J]. 当代经济研究，2000（11）.

[121] 张骁，杨忠，等. 国际直接投资理论的发展脉络及最新进展 [J]. 国际贸易问题，2006（2）.

[122] 彭继民. 从垄断优势到比较优势：直接投资理论在中国的影响 [J]. 科学决策，2003（11）.

[123] 胡峰. 传统跨国公司理论及其发展路径 [J]. 石家庄经济学院学报，2003（4）.

参考文献

[124] 马亚明，郑飞虎．动态模式的对外直接投资理论评述 [J]．国外社会科学，2001 (1)．

[125] 佘海丰，冯忠铨．二战后国际直接投资理论的发展演变 [J]．国际经贸探索，2001 (2)．

[126] 杨润生．逆向型 FDI 动因理论与逆向 FDI 动因探讨 [J]．广东经济管理学院学报，2005 (6)．

[127] 张鹏．出口平台型直接投资研究综述 [J]．当代财经，2005 (12)．

[128] 杨丹辉．国际产业转移的动因与趋势 [J]．河北经贸大学学报，2006 (3)．

[129] 栾文莲．新一轮国际产业转移的八大特点 [J]．河北经贸大学学报，2006 (2)．

[130] 吕政，杨丹辉．国际产业转移的趋势和对策 [J]．经济与管理研究，2006 (5)．

[131] 宋群．"十一五"时期统筹我国产业结构升级与国际产业转移的建议 [J]．经济研究参考，2005 (52)．

[132] 胡红梅．国际产业转移与我国产业结构优化 [J]．探索，2006 (1)．

[133] 宋燕，牛冲槐．国际产业转移趋势与我国的基本对策 [J]．工业技术经济，2005 (8)．

[134] 毕吉耀．经济全球化时代国际产业转移新趋势与我国面临的机遇和挑战 [J]．中国物价，2006 (9)．

[135] 胡长顺．中国工业化经济与新工业化战略 [J]．经济工作者参考资料，2000 (50)．

[136] 张中华．产业结构、投资结构决定的理论考察 [J]．中南财经大学学报，1999 (5)．

[137] 钟坤明，等．产业结构变动的决定因素探讨 [J]．四川财政，2003 (1)．

［138］陈飞翔. 对外开放与产业结构调整［J］. 财贸经济，2001（6）.

［139］汪斌. 经济全球化和当代产业结构研究的新视角［J］. 福建论坛（经济社会版），2002（9）.

［140］汪斌. 当代国际区域产业结构整体性演进的理论研究和实证分析［J］. 浙江大学学报（人文社科版），2001（5）.

［141］唐志红. 基于全球视角下的产业结构开放与互动［J］. 财经科学，2004（3）.

［142］唐志红. 经济全球化下一国产业结构优化：一般理论及中国的运用［D］. 中国学术期刊网，2005.

［143］宋国宇，等. 产业结构优化的经济学分析及测度指标体系研究［J］. 科技和产业，2005（7）.

［144］伦蕊. 产业结构合理化的基本内涵与水平测评［J］. 特区经济，2005（6）.

［145］黄中伟，陈刚. 我国产业结构合理化理论研究综述［J］. 经济纵横，2003（3）.

［146］方湖柳. 结构自组织能力：产业结构合理化的本质标准［J］. 经济论坛，2003（10）.

［147］吴进红，王丽萍. 开放条件下产业结构升级的动力机制分析［J］. 生产力研究，2006（2）.

［148］孔令丞. 全球化背景下产业开放的结构升级效应［J］. 江汉论坛，2005（2）.

［149］焦继文，李冻菊. 再论产业结构合理化的评判标准［J］. 经济经纬，2004（4）.

［150］刘恩专. 外国直接投资产业带动效应分析［J］. 财贸经济，1998（10）.

［151］阎敏. FDI 经营方式选择实证分析［J］. 经济经纬，2006（1）.

[152] 韩燕. FDI 对东道国外溢效应及影响因素研究综述 [J]. 产业经济研究, 2004 (4).

[153] 韩燕. 利用 FDI 优化中国产业结构模式研究 [J]. 北方经贸, 2002 (12).

[154] 金利娟, 刘虹, 等. 外商投资于东道国经济效应的机理分析 [J]. 武汉工业学院学报, 2005 (6).

[155] 姚君. 外商直接投资对产业结构升级的作用机制研究 [J]. 经济与管理, 2005 (11).

[156] 赵红, 张茜. 外商直接投资对中国产业结构影响的实证研究 [J]. 国际贸易问题, 2006 (8).

[157] 王兰. 外国直接投资在中国的经济效应实证分析 [J]. 甘肃社会科学, 2004 (3).

[158] 姜睿. 产业结构、市场结构与外国直接投资 [D]. 中国学术期刊网, 2004.

[159] 陈玉学. 外商直接投资对中国产业结构的影响 [D]. 中国学术期刊网, 2004.5

[160] 许慧青. 利用外资与产业结构优化 [D]. 中国学术期刊网, 2004.

[161] 苏屹. 引进国际直接投资与优化我国产业结构 [D]. 中国学术期刊网, 2004.

[162] 金润圭, 王浩. 关于 FDI 绩效拐点的战略思考 [J]. 华东师范大学学报 (哲学社会科学版), 2006 (1).

[163] 卢荻. 外商投资与中国经济发展——产业和区域分析证据 [J]. 经济研究, 2003 (9).

[164] 李具恒. FDI 的区位选择与中国区域经济发展 [J]. 中国软科学, 2004 (6).

[165] 傅元海, 彭民安, 等. FDI 区位研究综述 [J]. 湖南行政学院学报, 2005 (1).

329

[166] 严兵. 外商在华直接投资的溢出效应: 基于地区层面的研究 [J]. 山西财经大学学报, 2006 (4).

[167] 丁明智. 我国外商直接投资产业分布非均衡结构探析 [J]. 特区经济, 2005 (6).

[168] 付敏, 陶长高. 我国外资问题讨论综述 [J]. 经济理论与经济管理, 2005 (11).

[169] 梁华. 外商在华直接投资问题研究综述 [J]. 当代经济科学, 2004 (5).

[170] 宋宪萍, 范晓志. 中国利用 FDI 的多维结构效应分析 [J]. 商业研究, 2006 (12).

[171] 郭克莎. 加入 WTO 后外商投资结构的变动趋势及效应分析 [J]. 开放导报, 2000 (2、3).

[172] 陈春. 我国利用外资结构分析及政策调整 [J]. 河南商业高等专科学校学报, 2006 (5).

[173] 张德修. 入世后的中国外商直接投资结构变化趋势探析 [J]. 经济科学, 2001 (6).

[174] 杨健全, 文雯. FDI 在我国技术溢出效应的局限性及因应策略 [J]. 现代财经, 2006 (8).

[175] 刘旭宁. 利用外资与优化中国产业结构的辩证分析 [J]. 经济与管理, 2006 (4).

[176] 何维达, 李冬梅. 我国产业安全理论研究综述 [J]. 经济纵横, 2006 (8).

[177] 于倩, 向君. 后过渡期 FDI 与中国产业安全问题研究 [J]. 社科纵横, 2006 (3).

[178] 张中山, 李冬梅. 开放市场下我国产业安全形成机理 [J]. 商业时代·学术评论, 2006 (17).

[179] 王莉. 外商直接投资对我国产业安全的影响及对策 [J]. 经济纵横, 2005 (10).

参考文献

［180］祝年贵．利用外资与中国产业安全［J］．财经科学，2003（3）．

［181］赵娴．开放经济下的产业安全问题探析［J］．中国流通经济，2005（5）．

［182］虞学群，杨金娥．对我国持续大量引进外资的思考［J］．南京工程学院学报（社会科学版），2006（12）．

［183］赵树森．经济全球化与国家主权［J］．国际关系学院学报，2003（3）．

［184］谭晶荣，张德强．对我国利用FDI项目中环境保护问题的思考［J］．国际贸易问题，2005（5）．

［185］曹洪．地方政府在招商引资中的竞争策略演变探析［J］．当代财经，2005（10）．

［186］邱晓明．地方政府利用外商投资中的博弈分析［D］．中国学术期刊网，2005．

［187］生延超．中国外商直接投资适度规模研究［D］．中国学术期刊网，2005．

［188］王丽娅．地方政府招商引资竞争的经济学分析及对策建议［J］．辽宁大学学报（哲学社会科学版），2005（6）．

［189］季燕霞．我国地方政府间竞争的博弈论分析［J］．江汉论坛，2004（11）．

［190］石一帆．东道国吸引FDI政策的博弈理论分析［J］．世界经济研究，2006（5）．

［191］时卫干．外资角色再审视：28个主要产业中21个外资控制［J］．南风窗，2006（9）．

［192］张笑芳，李燕燕．海外资本利用与反利用的博弈分析［J］．北方经贸，2006（7）．

［193］楚永生．中国政府利用外资政策的变革及趋势探析：基于跨国公司与东道国政府之间的博弈分析［J］．太原理工大

学学报（社会科学版），2005（3）.

[194] 彭金荣. 论后过渡期利用外资政策的选择 [J]. 天津师范大学学报（社会科学版），2004（4）.

[195] 唐绍祥. WTO 背景下外商在华直接投资的新动向及其对策 [J]. 世界经济，2002（12）.

[196] 卢晓勇，李红，等. 外商对华直接投资的双重效应与适度规模分析 [J]. 江西社会科学，2006（7）.

[197] 伊文君. 中国利用外资适度规模分析及政策选择 [J]. 科技情报开发与经济，2005（5）.

[198] 刘建民. FDI 对我国产业结构影响分析与对策 [J]. 集团经济研究，2006（4）.

[199] 杨刚. FDI 促进我国产业结构升级的传导机制研究 [J]. 科技创业月刊，2005（7）.

[200] 喻华伟. 产业结构调整的机遇与产业导向 [J]. 理论月刊，2005（10）.

[201] 方辉振. 产业结构优化升级的动力机制研究 [J]. 珠海市行政学院学报，2006（2）.

[202] 王健君. 加快调整优化产业结构 [J]. 瞭望新闻周刊，2005（40）.

[203] 李剑. 经济发展的产业结构优化问题研究 [J]. 特区经济，2005（3）.

[204] 孙军. 外商直接投资对我国产业结构的影响分析 [J]. 北京科技大学学报，2006（1）.

[205] 吴晓燕. 新时期我国利用 FDI 的形势与对策 [J]. 四川师范学院学报（哲学社会科学版），2002（3）.

[206] 王树恩，左大鹏. 在华外商直接投资对我国产业结构的双重影响与对策研究 [J]. 科学管理研究，2005（6）.

[207] 赵春明，刘振林. 从"以市场换技术"战略绩效看

FDI 的技术外溢 [J]. 黑龙江社会科学, 2006 (4).

[208] 江小涓. 产业结构优化升级: 新阶段和新任务 [J]. 财贸经济, 2005 (4).

[209] 李晓华. 对加入 WTO 后"以市场换技术"的思考 [J]. 中国工业经济, 2004 (4).

[210] 董书礼. 以市场换技术战略成效不佳的原因辨析及我国的对策 [J]. 科技与管理, 2004 (4).

[211] 李远. 美国、日本产业政策: 比较分析与启示 [J]. 经济经纬, 2006 (1).

[212] 张燕文. 利用 FDI 促进湖北省产业结构优化升级的思考 [J]. 统计与决策, 2006 (3),

[213] 陆沪根. 正确把握发展观与政绩观的辩证关系 [N]. 人民日报, 2006 - 04 - 10 (9).

[214] 王晓丽, 姜泽华. 邓小平的产业结构思想与中国产业结构升级 [J]. 中央社会主义学院学报, 2006 (2).

[215] 舒洪冰. 地方投资扩张与地方官员的政绩考核分析 [J]. 吉林财税高等专科学校学报, 2006 (3).

[216] 王雪峰, 徐勇. 跨国公司投资与中国工业技术进步 [J]. 科技与管理, 2002 (1).

[217] 杨晓丽. 我国外资政策的演变及效果分析 [J]. 科技创业月刊, 2005 (1).

[218] 胡育娟. 国家利益观: 我国 FDI 政策的核心思想 [J]. 山西财经大学学报, 2004 (3).

[219] 陈柳. 外资优惠政策与外资垄断 [J]. 产业经济研究, 2006 (2).

[220] 裴长洪. 吸收外商直接投资与产业结构优化升级: "十一五"时期利用外资政策目标的思考 [J]. 中国工业经济, 2006 (1).

致　谢

　　本书的完成，首先要衷心感谢我的导师赵振铣教授和师母毛代锦老师。能够师从赵振铣教授是我一生的幸事，"学高为师，身正为范"，他严谨的治学态度、渊博的学识、正直无私的高贵品质、对真知的执著追求和忘我工作的牺牲精神，无一不影响着我，使我无论在治学态度上还是为人处世方面都受益匪浅。本书从选题、资料收集、结构构思、撰写到修改定稿，都得到了导师的悉心指导，本书的完成凝结着导师的大量心血。导师的悉心培养、谆谆教诲和对我及家人的关怀与照顾，学生将永难忘怀！

　　其次，我要诚挚地感谢在我攻读博士学位其间所有教过我、给我指导的老师们，尤其是本专业博士生导师组的各位老师：赵国良教授、郭元晞教授、李一鸣教授、何永方教授、白云升教授、李永禄教授等，感谢他们以渊博的学识、精湛的学理、高尚的品格对我悉心的传授和无私的教导。

　　同时我也要真诚地感谢我的硕士生导师易敏利教授。感谢他及师母瞿丽老师对我及家人多年来在学业、工作和生活等方面的关心与照顾，感谢他将我引入经济学的殿堂，投身于高校教育事业，在多年的教导中时时给我传授学识与人生哲理，促我前行，促我进步。

衷心感谢美国 Thunderbird University 的 C. Roe Goddard 教授。我和 Goddard 教授的交往已近十年，他诙谐幽默、乐观豁达、热情助人的人生态度给我留下了深刻的印象。他不仅在我访美研修期间给予了大量生活和学业上的关心与帮助，而且在我撰写博士论文期间，他还专门从遥远的大洋彼岸给我寄来如何撰写博士论文以及有关 FDI 的专业书籍。2005 年夏，他又邀请我与其进行了一项有关欧美跨国企业在华投资抉择的国际合作研究项目；其间我们先后走访了四川省招商局、成都市外商投资促进中心、成都高新技术出口加工区、Intel 公司、Molex 公司等机构与企业，使我有机会近距离了解跨国企业在华投资的具体情况，为博士论文的完成收集了不少素材。

在我求学期间也得到了众多同学的关心与帮助，感谢谷玉安博士、曾永江博士、文杰博士、许宁博士、张伟博士、李勇博士、程林林博士、郭玉坤博士、何志强博士等各位师兄弟、师姐妹，他们对我的帮助和关怀将成为我一生中难忘的记忆。我想即使我在这里列出一个长长的名单，也恐挂一漏万，在此唯有真诚地说一声：真诚地谢谢你们，在我生命中一直给予关怀和爱的所有同学们、朋友们！

最后，我要感谢我的父母及家人。父母殷切的希望和无私的给予一直是我前进的动力和最大的精神支柱，无论是早年的求学，还是现在博士学业的完成，我所取得的每一步成绩，无不得益于父母多年的养育之恩和殷殷企盼。感谢兄嫂对父母多年的照顾，尤其是在父母年事已高之时，主动承担了大量照顾父母的责任，让我能集中精力完成学业。感谢我的妻子卢阳春博士对我生活和学业上的关心与支持，她对本书的形成和最后定稿做了大量的工作，提了大量建设性的修改意见，在此表示深深的感谢。

后　记

　　本书从最初的构思到今日的成稿，历时一年有余。当本书即将完成之时，掩卷长思，感慨万千。

　　之所以最终选题"全球化背景下外商直接投资与我国产业结构优化研究"，是因为自己长期以来致力于经济全球化与转轨经济、国际投融资与涉外经营管理等领域的研究与教学工作。2001—2003年曾参加西南财经大学211重点科研课题"经济全球化与我国产业竞争力问题研究"，撰写文稿数万字；期间又由学校公派到美国辛辛那提大学商学院进行了为期一年的研修学习，专门研究经济全球化的作用机理与影响效应以及转轨国家产业发展、企业国际竞争力提升等问题，有了一定的基础与前期研究的铺垫。其后，在导师的指导下，专注于外商直接投资对我国产业结构影响问题的研究，略有心得，遂以成文。

　　在攻读博士学位的这三年多的时间，正是学校人事管理制度改革几起几落之时，也是我本人心情从激情到浮躁，再到平和之时；也是自己人生旅程中心路历程最多、感慨最多的几年，人生如意与不如意之事如潮涌。曾有过宏伟计划要按期结束学业，虽长住光华园寒窗苦读，但常在疲惫的学业中有懈怠之意，期间又因教学科研等工作而几度中断，每每在懈怠自责与自我鞭策中辗转前行。一路走来，既是对自己学识的考验，也是对毅力与体力的考验。曾在酷暑闷热的夏日为一个论点苦苦思索，茶饭不思，也曾在寒风刺骨的冬夜为一个数据而彻夜难眠，燃灯至天明……，这一段人生苦旅将成为我生命中永难忘怀的一幕！

关于外商直接投资与我国产业结构优化的问题，是当前研究的热点问题，相关文献可谓是汗牛充栋，论点纷争。一方面，我得益于这些众多的观点，让自己的思想逐渐成熟；另一方面，也是一种无形的压力，让自己在思想观点的构思与创新上时时有一种紧迫感和压力感。在本书的写作过程中，我虽竭尽心力，努力在相关理论与研究方法上做一些创新尝试，但限于我本人学识水平和成文时间的仓促，最后的成稿中仍存在着一些遗憾或不足。如：本书原拟采用相关计量经济模型来对 FDI 对我国产业结构优化的影响绩效进行定量的描述与评价，但由于产业结构优化指标多以定性为主，难以找到与之对应的统计数据来进行分析；而在计量经济模型的选择与建立上难有突破，故最终采用的仍是以定性的分析为主、加以数据引证的方式来佐证，理论说服力略嫌不足。又如：本书对经济全球化背景下的一国产业结构优化评价指标体系的构建以及书中所提出的相关论点与政策建议，是基于个人研究的深度和研究视角的，虽可说是一定程度上的创新，但也存在一定的局限性或不成熟性，需要在今后的研究中进一步修正或完善。书中不当之处，还请各位专家学者批评指正。

博士学业的完成，意味着人生一个阶段的完成，新的一个阶段又将拉开帷幕。回首过去十多年的求学路，虽然艰辛，虽然蹒跚，但一路前行，一路无悔；展望前方，路漫漫其修远兮，吾唯有谨记导师"高标做事、低调做人"之教诲，追求真知，追求希望。

吴 凡

于成都·光华园